全国建设行业职业教育规划推荐教材

房地产估价综合实践

(房地产类专业适用)

忻健强 主编

中国建筑工业出版社

图书在版编目（CIP）数据

房地产估价综合实践（房地产类专业适用）/忻健强主编. —北京：中国建筑工业出版社，2007
全国建设行业职业教育规划推荐教材
ISBN 978-7-112-08947-5

Ⅰ. 房… Ⅱ. 忻… Ⅲ. 房地产-价格-评估-专业学校-教材 Ⅳ. F293.35

中国版本图书馆 CIP 数据核字（2007）第 063656 号

全国建设行业职业教育规划推荐教材
房地产估价综合实践
（房地产类专业适用）

忻健强　　　　　　主　编
朱　刚　林明晖　副主编
王立霞　张翠菊　主　审

*

中国建筑工业出版社出版、发行（北京西郊百万庄）
各地新华书店、建筑书店经销
北京密云红光制版公司制版
北京富生印刷厂印刷

*

开本：787×1092 毫米　1/16　印张：15¼　字数：368 千字
2007 年 7 月第一版　2007 年 7 月第一次印刷
印数：1—3000 册　定价：**21.00** 元
ISBN 978-7-112-08947-5
（15611）
版权所有　翻印必究
如有印装质量问题，可寄本社退换
（邮政编码 100037）

本书是全国建设行业职业教育房地产经营与管理专业主干课系列教材之一。

本书以《房地产估价规范》的程序为主线展开，包括房地产估价规范和估价程序、估价业务的获取及其受理、明确估价的基本事项、拟定估价作业方案、实际查勘估价对象、房地产估价报告的撰写等内容，共14章。

书中所举各类案例，多选自房地产行业中的实际报告，采用《房地产估价规范》的标准格式、内容详实、计算清楚、分析深透，并有犀利精到的点评。这对学生深入理解，准确应用，大有益处。

本书除供作中职教材外，也可作为高职房地产类专业教材和房地产专业人员作估价工作时的借鉴和参考。

*　　*　　*

责任编辑：张　晶　刘平平

责任设计：董建平

责任校对：关　健　王　爽

前　言

房地产估价是一项实践性很强的专业技术工作，房地产估价人员除了必须精通房地产估价的基本理论、熟练掌握各种估价方法外，更重要的是能够将房地产估价理论运用到实际估价工作中去，并最终完成估价业务。

"房地产估价综合实践"课程是中等职业学校房地产经营与管理专业中的一门关于房地产估价的实训课程，是学生在毕业前夕的一个重要的实践性教学环节。它的任务是：使学生进一步巩固和提高房地产估价中的基本理论和基本知识；使学生具备将各种专业技能系统地、有机地结合与运用的能力；使学生掌握各种估价方法在实际工作中的基本操作步骤、程序、规范与技巧，为提高和增强学生尽快适应本专业工作的能力奠定良好的基础。本书的宗旨是指导学生在已经学习了房地产估价基本理论和方法的基础上，能够学会独立从事简单的估价业务，并撰写出合格的房地产估价报告书。

本书以中华人民共和国国家标准《房地产估价规范》（GB/T 50291—1999）中规定的房地产估价规范程序为主线展开，其中包括：房地产估价规范和估价程序、估价业务的获取及其受理、明确估价的基本事项、拟定估价作业方案、实地查勘估价对象、不同估价方法在实务中的运用、不同用途房地产的估价、房地产估价报告的撰写等内容。

全书共分14章，每章内容又分为2至4节。为加强学生的感性认识和今后工作时的实务操作能力，书中每个章节都相应地加入了有针对性的实务估价案例，以帮助学生理解。书中引用的估价案例绝大多数是估价行业中房地产估价师实际完成估价业务后所撰写的房地产估价报告书，为了使书中的有关内容更具针对性，部分估价案例进行了适当的调整和缩略。同时，为了向学生提供可供借鉴性的参考资料，本书选用的估价案例报告的格式一般都采用了《房地产估价规范》的标准格式。

本书基于房地产估价基本理论和方法的基础上，按照国家标准《房地产估价规范》的规定进行编写，由上海市房地产学校的忻健强同志编写了第一章至第五章，朱刚同志编写了前言、第六章至第十一章，林明晖同志编写了第十二章至第十四章由朱刚同志完成本书总纂并定稿。在本书编写中，华东师范大学崔裴教授向编者提供了宝贵的建议，书稿完成后，王立霞、张翠菊两位专家进行了审稿，在此表示感谢。

由于编写者主观认识的局限性，书中个别内容可能不尽如人意，甚或与读者的认识有差异，笔者由衷欢迎各位批评、指正。

目 录

第一章 房地产估价相关知识 ·········· 1
- 第一节 建筑工程知识 ·········· 1
- 第二节 工程造价知识 ·········· 12
- 第三节 房地产测绘知识 ·········· 23

第二章 房地产估价规范与估价程序 ·········· 29
- 第一节 房地产估价规范 ·········· 29
- 第二节 房地产估价程序 ·········· 31

第三章 房地产估价业务的获取及其受理 ·········· 34
- 第一节 房地产估价业务的来源 ·········· 34
- 第二节 房地产估价业务的受理立项 ·········· 35

第四章 明确房地产估价的基本事项 ·········· 41
- 第一节 明确房地产估价目的 ·········· 41
- 第二节 明确房地产估价对象 ·········· 42
- 第三节 明确房地产估价时点 ·········· 46
- 第四节 明确房地产估价基本事项应用举例 ·········· 48

第五章 拟定房地产估价作业方案 ·········· 54
- 第一节 拟定采用的估价技术路线和估价方法 ·········· 54
- 第二节 拟定调查搜集的资料及其来源和渠道 ·········· 57
- 第三节 拟定估价作业步骤和明确时间进度及资源安排 ·········· 59

第六章 实地查勘估价对象房地产 ·········· 61
- 第一节 实地查勘估价对象房地产的涵义和内容 ·········· 61
- 第二节 分析估价对象市场状况和市场特性 ·········· 64

第七章 房地产估价基本方法在实务中的运用 ·········· 74
- 第一节 市场法在房地产估价中的运用 ·········· 74
- 第二节 成本法在房地产估价中的运用 ·········· 79
- 第三节 收益法在房地产估价中的运用 ·········· 88

第八章 其他估价方法在实务中的运用 ·········· 96
- 第一节 假设开发法在房地产估价中的运用 ·········· 96
- 第二节 基准地价修正法在房地产估价中的运用 ·········· 100

第九章 宗地估价 ·········· 108
- 第一节 宗地估价概述 ·········· 108
- 第二节 待开发土地的估价 ·········· 109
- 第三节 现有使用方式下的土地估价 ·········· 119

第十章 居住房地产估价 ·········· 123

  第一节 居住房地产估价概述 …………………………………………… 123
  第二节 居住房地产估价运用案例 ………………………………………… 127
第十一章 商业房地产估价 ………………………………………………………… 130
  第一节 商业房地产估价概述 …………………………………………… 130
  第二节 商业房地产估价运用案例 ………………………………………… 131
第十二章 工业房地产估价 ………………………………………………………… 138
  第一节 工业房地产估价概述 …………………………………………… 138
  第二节 工业房地产估价运用案例 ………………………………………… 142
第十三章 建筑物和在建项目的估价 …………………………………………………… 149
  第一节 建筑物估价 ……………………………………………………… 149
  第二节 在建项目房地产估价 …………………………………………… 155
第十四章 房地产估价报告的撰写 ……………………………………………………… 165
  第一节 房地产估价报告 ………………………………………………… 165
  第二节 房地产估价报告的组成和内容 ………………………………… 166
  第三节 房地产估价报告撰写中的常见问题 …………………………… 182
附录 ……………………………………………………………………………………… 215
 参考文献 ……………………………………………………………………………… 236

第一章 房地产估价相关知识

第一节 建筑工程知识

一、建筑与建筑设计

（一）建筑分类

1. 按使用性质分类

按使用性质（即用途）不同，建筑物通常分为生产性建筑（包括工业建筑和农业建筑）和非生产性建筑（即民用建筑）。

（1）工业建筑分类

根据不同分类方法，可以将工业建筑进一步进行分类。

1）按照建筑层数工业建筑可以分为单层厂房、多层厂房和层次混合厂房。

2）按照用途可以将工业建筑细分为生产厂房、生产辅助厂房、动力用厂房、仓储建筑、运输用建筑和其他建筑。

（2）民用建筑分类

民用建筑根据建筑物的使用功能，可分为居住建筑和公共建筑两大类。

1）居住建筑，是供人们生活起居用的建筑物，它们有普通住宅、公寓、别墅、宿舍等。

2）公共建筑，是供人们进行各项社会活动的建筑物，按使用功能的特点，可分为以下一些建筑类型：①生活服务性建筑；②文教建筑；③托幼建筑；④科研建筑；⑤医疗建筑；⑥商业建筑；⑦体育建筑；⑧文娱建筑；⑨交通和邮电建筑等。

2. 按建筑物的结构类型和材料分类

（1）砖木结构建筑

主要是用砖石和木材建造并由砖石和木骨架共同承重的建筑物，其结构构造可以由木结构（梁和柱）承重，砖石砌筑成围护墙。

（2）砖混结构建筑

主要由砖、石和钢筋混凝土等作为承重材料的建筑物。

（3）钢筋混凝土结构建筑

钢筋混凝土结构建筑的特点是：结构的适应性强、抗震性能好和耐用年限较长，是目前我国城市建筑工程中采用最多的一种建筑结构类型。钢筋混凝土结构建筑的结构形式主要有：框架结构、剪力墙结构、筒体结构、框架剪力墙结构、框架筒体结构和筒中筒结构等多种形式。

（4）钢结构建筑

主要的承重构件都是由钢材作为承重材料的建筑物称为钢结构建筑。

3. 按建筑物的层数分类

(1) 低层建筑，指 1~3 层的建筑。

(2) 多层建筑，指 4~7 层的建筑。

(3) 高层建筑，又有以下分类：第一类，层数 8~16 层，建筑的高度在 25~50m 之间，其结构形式一般为钢筋混凝土，框架结构；第二类，层数在 17~25 层，最高达 75m；第三类，层数 26~40 层，最高达 100m；第四类，层数在 40 层以上，高度在 100m 以上，称为超高层建筑。

(二) 建筑制图基础

一套完整的建筑施工图包括建筑总平面图、建筑施工图、结构施工图、暖通及空调施工图、给排水施工图（通常暖通空调、给排水作为一套图纸）、电气施工图等。各工种的施工图又分为基本图和详图两部分。

1. 建筑制图的基本规定

(1) 图纸幅面

幅面内应有标题栏和会签栏；幅面规格分别为 0、1、2、3、4 号，共 5 种。

(2) 图标和会签栏

其中包含：

1) 工程名称（指某建设项目的名称）；

2) 项目（指建设项目中的具体工程）；

3) 图名（常用以表明本张图的主要内容）；

4) 设计号（指设计部门对该工程的编号）；

5) 图别（表明本图所属工种和实际阶段）；

6) 图号（指图纸的编号）等。

(3) 比例尺的选用

一套完整的施工图，既有总图也有细部大样详图，只选用一种比例尺显然不合适。常用的比例尺为：

1) 总平面图：1：500、1：1000 和 1：2000；

2) 基本图：1：50、1：100、1：200 和 1：300；

3) 详图：1：1 至 1：50 间之规定比例。一个图形一般只采用一种比例尺。结构施工图一般不注比例尺，允许一个图形使用两种比例尺。结构施工图在施工中以所注尺寸为准。

(4) 轴线

施工图中的轴线是施工中定位、放线的重要依据。凡需要确定位置的建筑局部或构件都应注明与附近轴线的尺寸关系。

轴线用点画线表示，端部画圆圈，圆圈内注明编号。水平方向用阿拉伯数字由左至右编号，垂直方向用英文字母由下而上编号。

(5) 尺寸及单位

尺寸由数字及单位组成，例如 100 mm。根据"国标"规定，总图以米（m）为单位，其余均以毫米（mm）为单位，为了图纸简明，按此规定画图，尺寸的数字后面可不写单位。

(6) 标高

标高分绝对标高和相对标高两种。我国青岛附近的黄海平均海平面定为绝对标高的零点，其他各地以它为基准所定标高即绝对标高。这也就是一般所说的"海拔标高"。但为简明起见，工程图纸一般都用相对标高。即把室内首层地面的绝对标高定为相对标高的零点，以"±0.000表示，读作正负零。高于它的为正值，一般不注"＋"号；低于它的为负值，必须注"－"号。

相对标高与绝对标高的关系，一般在工程总说明及基础图中加以说明。

(7) 索引号

索引号的用途是索引，便于查找相互有关的图纸内容。索引号中的内容有两个，一是详图编号；二是详图所在的图纸的编号。

2. 建筑施工图

(1) 总平面图

总平面图是用来说明建筑物所在具体位置和其周围环境关系的平面图。

(2) 建筑平面图

建筑平面图是建筑工程施工图纸中具有引导作用的图纸。平面图根据建筑的层数不同分为首层平面图、二层平面图、三层平面图、标准层平面图、屋顶平面图等。

(3) 建筑立面图

建筑立面图是建筑物的各个侧面，向它平行的竖直平面所作的正投影。根据立面图的位置不同，立面图分为正立面、背立面和侧立面；有时按朝向分为南立面、北立面、东立面、西立面等。

(4) 建筑剖面图

建筑剖面图主要用以简要表示建筑物的内部结构形式、空间关系。

(5) 建筑详图

建筑详图是各建筑部位具体构造的施工依据，所有平、立、剖面图上的具体做法和尺寸均以详图为准。

建筑详图一般包括：建筑的屋檐及外墙身构造大样，楼梯间、厨房、厕所、阳台、门窗、建筑装饰、雨篷、台阶等等的具体尺寸、构造和材料做法。

3. 结构施工图

结构施工图主要反映建筑骨架构造的图形。结构施工图一般包括以下几方面：

(1) 基础施工图，一般包括基础平面图和基础详图；

(2) 主体结构施工图，一般是指标高在±0.000以上的主体结构构造的图纸，也称为结构施工图。

4. 给排水施工图

给排水平面图，一般也分为室内和室外两部分。室内部分表示一栋建筑物的给水和排水工程，其施工图主要由给排水平面图、系统轴测图和节点详图组成。室外部分表示一个区域的给水和排水管网，其施工图主要由总平面图、纵断面图和节点详图组成。

5. 采暖施工图

采暖施工图一般也分为室内和室外两部分。室内部分表示一栋建筑物内的供暖工程的系统，有总平面图、立管图（或叫透视图）和详图。室外部分表示一个区域的供暖管网，有总平面图、管道横剖面图、管道纵剖面图和详图。

6. 通风施工图

通风是把空气作为介质，使之在室内的空气环境中流通，用来消除环境中的危害的一种措施。

通风方式可以分为：局部排风、局部送风和全面通风。

通风施工图纸分为：平面图、剖面图、系统图和详图。

7. 电气施工图

电气施工图主要有系统图和接线原理图。各系统一般根据建筑物的建造标准按各系统单独成图或按强电、弱电等归类绘图。

（三）建筑设计

1. 建筑设计的基本要求

（1）满足建筑功能的要求；

（2）采用合理的技术措施；

（3）具有良好的经济效果；

（4）对建筑物美观的要求；

（5）符合总体规划要求。

2. 建筑设计的主要内容

一栋建筑物的主要设计内容有：建筑平面设计、建筑立面设计、建筑剖面设计以及建筑物的结构设计和基础设计。

（1）建筑平面设计，主要满足建筑物使用功能的平面要求，包括建筑物的内部使用空间（使用房间和辅助房间等）和交通联系空间（楼梯、走廊、门厅和电梯等）的设计。

（2）建筑剖面设计，主要分析建筑物各部分应有的高度、建筑物层数、建筑空间的组合和利用以及建筑结构、构造关系等。

（3）建筑体形和立面设计，是建筑师充分发挥其想像力和创造力的地方。因此，房地产估价师要通过学习建筑知识来了解人们对建筑物的喜好取向，在估价中将外形价值也能客观地反映出来。

3. 建筑设计须考虑的因素

建筑一般由基础、墙、柱、梁、板、屋架、门窗、屋面（包括隔热、保温和防水层）楼梯、阳台、雨篷、楼地面等部分组成。因此，应该考虑到建筑的受力因素、自然界的影响和各种人为因素的影响等。

（四）建筑等级

1. 建筑物耐久（年限）等级

建筑物的耐久等级是根据建筑物的使用要求确定的耐久年限，由建筑物的耐久年限划分为5个等级。100年以上，50～100年、40～50年、15～40年，15年以下。

2. 建筑物的耐火等级

建筑物的耐火等级分为四级，以木柱承重且以非燃烧材料作为墙体的建筑物，其耐火等级应按四级考虑。其主要参考指标是燃烧性能和耐火极限。燃烧性能是指建筑构件在明火或高温的作用下，燃烧的难易程度；它可分为非燃烧体、难燃烧体、燃烧体三类。耐火极限是指建筑构件遇火后能支承荷载的时间。

3. 建筑物的重要性等级

建筑物按其重要性和使用要求分成五等，即特等、甲等、乙等、丙等、丁等。

二、建筑构造

建筑一般由以下部分组成：基础（或有地下室）、主体结构（墙、柱、梁、板或屋架等）、门窗、屋面（包括保温、隔热、防水层或瓦屋面）、楼面和地面（地面和楼面的各层构造，也包括人流交通的楼梯）各种装饰。此外，还有给水、排水、动力、照明、采暖通风和燃气等系统。

（一）建筑的组成

建筑物一般由基础、墙和柱、楼地面、楼梯、屋顶和门窗六大部分组成。

（二）地基、基础与地下室

1. 地基

承受由基础传来荷载的土层叫地基。地基单位面积所能承受的最大压力，叫地基容许承载力。一般来说，上部荷载越大，要求基础的底面积就越大；或者说，地基容许承载力越小，所需要的基底面积就越大。

2. 基础

基础是位于建筑物最下部的承重构件，承受建筑物的全部荷载，并负责传递给建筑物下部的地基。常用的基础材料有砖、石、混凝土（包括毛石混凝土）、钢筋混凝土、灰土等。基础按其构造特点可分为：条形基础、单独基础、联合基础和箱形基础、桩基础等。

3. 地下室

按使用功能不同，地下室可以分为普通地下室和人防地下室；按地下室顶板标高不同，地下室可以分为全地下室和半地下室；按结构材料不同，地下室可以分为砖墙结构地下室和钢筋混凝土结构地下室。

（三）墙

1. 墙体的类型

按所处位置不同，墙可分为外墙和内墙。外墙指建筑四周与室外接触的墙；内墙是位于建筑内部的墙。按其方向不同，墙可分为纵墙与横墙。纵墙指与建筑长轴方向一致的墙；横墙是与建筑短轴方向一致的墙。按其受力情况不同，墙可分为承重墙和非承重墙。

2. 墙体的构造

（1）砖砌墙体材料

一般是由砌墙砖与砂浆砌合而成，分为普通砖和空心砖两大类。

（2）砖砌墙体的基本尺寸和砌式

砖墙的基本尺寸包括砖墙的厚度、墙段长度和墙高。砖的排列方式应按内外搭接，上下错缝的原则砌筑，错缝距离一般不小于60mm。错缝和搭接能够保证墙体不出现连续的垂直通缝，以提高墙体的强度和稳定性。

（3）隔墙

按构造方式可分为三类：块材式隔墙、立筋式隔墙和板材式隔墙。

（4）玻璃幕墙

简称幕墙，是一种新型墙体，主要用于高层办公塔楼及高级宾馆。玻璃幕墙的构造形式一般为框格式。玻璃幕墙所有接缝部位，除橡胶垫外，均要压入密封胶，以确保密封效果。幕墙在双层采光窗部分，为使冷凝水能排出，有留孔及管道装置。

（四）柱、梁、板

柱子是独立支承结构的竖向构件。它在建筑中承受梁和板这两种构件传来的荷载。梁是跨过空间的横向构件。它在建筑中承担其上的板传来的荷载，再传到支承它的柱上。板是直接承担其上面的平面荷载的平面构件。它支承在梁上或直接支承在柱上，把所受的荷载再传给梁或柱子。柱、梁和板，可以是预制的，也可以在工地现场浇制。

（五）楼面和地面

楼面和地面是人们生活中经常接触行走的平面，楼面和地面的构造层次一般有：

（1）基层：地面的基层是基土；楼面的基层是结构楼板，包括现浇板和多孔预制板。

（2）垫层：在基层之上的构造层。地面的垫层可以是灰土或素混凝土，或两者的叠加；在楼面可以是细石混凝土。

（3）填充层：在有隔声、保温等要求的楼面所设置轻质材料的填充层。

（4）找平层：当面层为陶瓷地砖、水磨石及其他要求面层很平整时，则先要做好找平层。

（5）面层和结合层：面层是地面的表层，是人们直接接触的一层。

（六）楼梯、电梯

从楼梯的使用性质区分，室内设置主要楼梯和辅助楼梯，室外设有安全楼梯和消防楼梯。

1. 楼梯的组成

楼梯一般由楼梯段、休息平台、楼梯栏杆或栏板及扶手组成。

（1）楼梯段

由踏步和斜梁组成。斜梁支承踏步荷载，传至平台梁及楼面梁上，它是楼梯的主要承重构件。踏步的垂直面叫踢面，水平面叫踏面。楼梯段踏步数也不宜少于3级。每一个楼梯段的踏步数量一般不应超过18级。

（2）楼梯平台

为缓解疲劳，使人们在上楼过程中得到暂时的休息，在两个楼梯段之间设置楼梯平台。

（3）栏杆或栏板

在楼梯段和平台的临空边缘设置栏杆或栏板，用来保证人们在楼梯上行走的安全。

（4）扶手

在栏杆或栏板上的上端安设扶手，做上下楼梯时依扶之用，同时也增加楼梯的美观。扶手一般设置高、低两层，高层供成年人使用，低层供儿童使用。

2. 楼梯的基本尺寸

楼梯踏步尺寸包括踏步高度和宽度。一般住宅的楼梯踏步高度为156～175mm，宽度为250～300mm；办公楼的楼梯踏步高度为140～160mm，宽度为280～300mm。

楼梯的坡度一般在20°～45°之间。楼梯段上的垂直高度，最低处不应小于2m；楼梯休息平台的宽度不应小于楼梯段的宽度。

楼梯的栏杆和扶手的高度除幼儿园可低些，其他都应高出踏步90cm以上。

3.电梯与自动扶梯

（1）电梯

一般来说，住宅建筑层数在7层及7层以上的，或最高住户入口层楼面距底层室内地面的高度在16m以上的，均应设置电梯。电梯由机房、井道、轿厢三大部分组成。一般乘客电梯分为500、750、1000、1500、2000kg五种；载货电梯分为500、1000、2000、3000、5000kg五种。

（2）自动扶梯

自动扶梯由电动机械牵动，梯级踏步连同扶手同步运行，机房设在地面以下。自动扶梯可以正逆运行，既可提升又可下降。在机械停止运转时，可作为普通楼梯使用。自动扶梯的坡度，通常为30°。扶梯的栏板分为全透明型、透明型、半透明型、不透明型四种。

（七）屋顶

1.屋顶的类型

屋顶是建筑上面的构造部分。包括平屋顶、坡屋顶、曲面屋顶和多波式折板屋顶四大类。

（1）平屋顶。平屋顶是目前民用建筑中采用最普遍的屋面形式，主要以钢筋混凝土屋顶为主。平屋顶的坡度很小，一般在3%以下，上人屋顶坡度在2%左右。

（2）坡屋顶。坡度较陡，一般在10%以上，用屋架作为承重结构，上放檩条及屋面基层。坡屋顶有单坡、双坡、四坡、歇山等多种形式。

（3）曲面屋顶。由各种薄壳结构或悬索结构作为屋顶的承重结构，在拱形屋架上铺设屋面板也可形成单曲面的屋顶。

（4）多波式折板。屋顶是由钢筋混凝土薄板形成的一种多波式屋顶，折板厚约60mm，预制的还要薄些，折板的波长约为2～3m，通常跨度9～15m，折板的倾斜角在30°～38°之间。

2.屋顶的组成

屋顶由屋面、屋顶承重结构、保温隔热层和顶棚组成。

（八）门和窗

门和窗是现代建筑不可缺少的建筑构件。门和窗不但有实用价值，还有建筑装饰的作用。窗是建筑上阳光和空气流通的通道；门则主要是分隔室内外及房间的主要通道，当然也是空气和阳光要经过的通道。门和窗在建筑上还起到围护和安全保护、隔声、隔热、防寒、防风雨的作用。

三、建筑设备

建筑设备主要包括给排水、采暖、通风、空调、电气及智能化楼宇设备。

（一）建筑给水系统

给水系统的任务是满足不同建筑物用户对水量、水质、水压和水温的要求。一般根据用途可分为生活、生产和消防三种给水系统。

1.给水系统及其分类

基本供水方式可分为下列四种：

(1) 直接供水方式；
(2) 设置水箱的供水方式；
(3) 水泵水箱的供水方式；
(4) 分区分压供水方式。

2. 给水系统的升压设备

城市给水系统常采用低压制，一般只能供六层以下用水，建筑楼层较多时，为满足用水要求，须设置升压设备。它可用水泵与水箱、气压给水、变频调速供水装置。

3. 消防给水系统

(1) 消火栓系统：是最基本的消防给水系统，在多层或高层建筑物中已广泛使用。
(2) 自动喷洒系统：在火灾危险性较大、燃烧较快、无人看管或防火要求较高的建筑物中，需装设自动喷洒消防给水系统。

4. 热水供应系统

热水供应系统按竖向分区，为保证供水效果，建筑物内多设置机械循环集中热水供应系统，热水的加热器和水泵均集中于地下的设备间。

5. 分质供水系统

为了提高饮水品质，有的居住小区还有分质供水系统。即用两套系统供水，其中一套是提供高质量、净化后的直接饮用水。

(二) 建筑排水系统

1. 排水系统的分类与组成

建筑排水系统按其排放的性质可分为生活污水、生产废水、雨水三类排水系统。排水系统通常由卫生器具（如洗脸盆、浴缸和大小便器等）和排水管道等部分组成。

2. 污水的抽升与处理设备

当排水不能以重力流排时，必须设置局部污水与处理设备来解决。常用的抽升设备有污水泵、潜水泵、喷射泵、手摇泵及气压输水器等。

污水的局部处理方式有以下几种：
(1) 化粪池，其主要功能是去除污水中含有的杂物和油脂，以免堵塞排水管道；
(2) 中水道，中水道是为降低市政建设中给排水工程的投资，改善环境卫生，缓和城市供水紧张而采用废水处理后回用的技术措施。

(三) 建筑采暖

常用的采暖方式有集中采暖、局部采暖和区域供热。采暖系统的类型主要有热水采暖系统和蒸汽采暖系统。高层建筑的热水采暖系统，常用分层式采暖系统和单双管混合式系统。

(四) 建筑通风与空调

在人们生产和生活的室内空间，需要维持一定的空气环境。建筑通风与空调设备就是创造这种空气环境的一种手段。

1. 通风系统

通风系统按动力可分为自然通风和机械通风；按作用范围可分为全面通风和局部通风；按特征可分为进气式通风和排气式通风。

2. 空调系统

（1）按空气处理的设置情况可分为集中式系统、分布式系统、半集中式系统；

（2）按负担室内负荷所用的介质可分为全空气系统、全水系统、空气—水系统和冷剂系统；

（3）按集中式空调系统处理的空气来源划分，包括封闭式系统、直流式系统和混合式系统。

（五）建筑电气

1. 室内低压配电与配线方式

室内配电用的电压，最普通为 220V/380V 三相四线制、50Hz 交流电压。220V 单相负载用于照明或家用电器设备，而 380V 三相负载多用于企业生产使用的电动机等设备。

2. 导线选择的一般原则

导线的选择包括导线型号与导线截面的选择。导线型号的选择，是根据使用的环境、敷设方式和供货的情况而定。导线截面的选择是根据机械强度、通过导线电流的大小、电压损失等确定的。

3. 配电箱、开关、电表及光源的选择

配电箱是接受和分配电能的装置，按用途分可以有照明和动力配电。电开关包括刀开关和自动空气开关。电表用来计算用户的用电量，并根据用电量来计算应缴电费数额，交流电度表可分为单相和三相两种。

4. 建筑防雷与接地、接零

雷电是大气中的自然放电现象。为了保护建筑物以及设备、人员的安全，建筑物应该设置相应的防雷装置。建筑物的防雷装置一般由接闪器（避雷针、避雷带或网）、引下线及接地线三个基本部分组成。

四、建筑材料

建筑材料是建造和装饰建筑物所用的各种材料的统称，它是建筑工程的物质基础，直接关系到建筑物的质量、耐久性、档次、艺术性和建造成本等。

（一）建筑材料的性质

建筑材料的性质主要有物理性质、力学性质、耐久性等。

1. 建筑材料的物理性质

建筑材料的物理性质可分为与质量有关的性质、与水有关的性质和与温度有关的性质。

（1）与质量有关的性质有密度、表观密度、密实度和孔隙率。

（2）与水有关的性质有吸水性、吸湿性、耐水性、抗渗性和抗冻性。

（3）与温度有关的性质有导热性和热容量等。

2. 建筑材料的力学性质

建筑材料的力学性质是指建筑材料在各种外力作用下抵抗破坏或变形的性质，包括强度、弹性、塑性、脆性、韧性、硬度和耐磨性。

3. 建筑材料的耐久性

材料的耐久性是指材料在使用过程中经受各种常规破坏因素的作用而能保持其原有性能的能力。不同材料的耐久性不同，影响其耐久性的因素也不同。

（二）钢材、木材和水泥

1. 钢材

按照钢的化学成分可以分为碳素钢和合金钢。根据含碳量大小，将碳素钢分为低碳钢（含碳小于0.25%）、中碳钢（含碳0.25%～0.6%）和高碳钢（含碳大于0.6%）。合金钢是特意加入或超过碳素钢限量的合金元素的钢，合金元素总含量小于5%为低合金钢，5%～10%为中合金钢，大于10%为高合金钢。

按照用途不同，可以将钢分为结构钢、工具钢和特殊用途钢（如不锈钢、耐热钢、耐酸钢等）。

2. 木材

（1）木材的分类

按照材型将木材分为原木、板材和枋材。对于承重结构使用的木材，按照受力要求分成三级，即Ⅰ级、Ⅱ级、Ⅲ级。Ⅰ级用于受拉或受弯构件；Ⅱ级用于受弯或受压弯构件；Ⅲ级用于受压或次级构件。

（2）木材的物理力学性质

木材一般具有较强的吸水性，木材的物理性质的主要考核的是木材的含水率和湿胀干缩性。木材的力学性质包括抗拉强度、抗压强度、抗弯强度和抗剪强度等，都具有明显的方向性。主要体现在：木材顺纹方向的抗拉强度、抗剪强度最大，横纹方向最小；顺纹的抗压强度最小，而横纹最大；木材的抗弯性很好，一般在使用中是顺纹情况，可以认为弯曲上方为顺纹抗压、下方为顺纹抗拉。

3. 水泥

（1）水泥的种类

可分为硅酸盐水泥、普通硅酸盐水泥和掺混合材料的水泥。

在工程中最常用的是硅酸盐系列水泥。硅酸盐水泥的硬化是一个不可分割的连续而复杂的物理化学过程，包括化学反应过程（水化过程）和物理化学作用（胶凝过程）。

（2）硅酸盐水泥和普通硅酸盐水泥的技术性质

1）细度。细度表示水泥颗粒的粗细程度。

2）强度。水泥强度是评定水泥强度等级的依据。

3）体积安定性。体积安定性是指水泥在硬化过程中体积变化是否均匀的性能。

4）胶凝时间。胶凝时间可分为初凝时间和终凝时间。硅酸盐水泥初凝时间不得早于45min，终凝时间不得迟于6.5h；普通硅酸盐水泥初凝时间不早于45min，终凝时间不得迟于10h。水泥初凝时间不合要求，该水泥报废；终凝时间不合要求，视为不合格。

5）水化热。水泥的水化热是指水泥在水化过程中释放出的热量，水化热对大体积混凝土工程是不利的。

（三）砖与石

1. 砖

（1）烧结砖，包括烧结普通砖、烧结多孔砖和烧结空心砖。

（2）蒸养（压）砖，属于硅酸盐制品，目前使用的主要是灰砂砖、粉煤灰砖和炉渣砖。

（3）砌块，目前使用的主要有粉煤灰砌块、中型空心砌块、混凝土小型空心砌块、蒸压加气混凝土砌块等。

2. 天然石材

天然石材在建筑工程中常用作砌体材料、装饰材料和混凝土的集料等。根据石材的生成条件，按地质分类可将其分为岩浆岩、沉积岩和变质岩三大类。

（四）混凝土

混凝土是以胶凝材料与骨料按适当比例配合，经搅拌、成型、硬化而成的一种人造石材。混凝土是由水泥、水、砂和石子组成。在混凝土的组成中，骨料一般占总体积的70%～80%；水泥石约占20%～30%，内含有少量的空气。

1. 混凝土材料的组成

混凝土材料一般是由水泥、细骨料、粗骨料和水组成。

2. 普通混凝土的性质

（1）和易性

和易性是指混凝土是否易于施工操作和均匀密实的性能，和易性是混凝土的主要性质。影响和易性的因素主要有用水量、水灰比、砂率和其他影响因素（水泥品种、骨料条件、时间、温度及外加剂）等。

（2）普通混凝土结构的力学性质

1）混凝土的强度和强度等级

混凝土强度包括抗压、抗拉、抗弯和抗剪，其中以抗压强度为最高，所以混凝土主要用来抗压（即承载负荷）。

2）普通混凝土受压破坏特点

混凝土受压破坏主要发生在水泥石与骨料的界面上。混凝土受荷载之前，粗骨料与水泥石界面上实际已存在细小裂缝。

3）影响混凝土强度的因素

主要有：水泥强度及水灰比、龄期、养护温度及湿度和施工质量。施工质量是影响混凝土强度的基本因素。

4）提高混凝土强度的措施

提高混凝土强度的措施主要有：采用高强度等级水泥、采用干硬性混凝土拌合物、采用湿热处理（蒸汽养护和蒸压养护）、改进施工工艺、加强搅拌和振捣（采用混凝土拌合用水磁化、混凝土裹石搅拌法等新技术）、加入外加剂（如加入减水剂和早强剂等）。

（3）普通混凝土的变形性质

其主要体现在化学收缩、干湿变形、温度变形和荷载作用下的混凝土变形等。混凝土变形分为弹性变形和塑性变形。混凝土在持续荷载作用下，随时间增长的变形称为徐变。徐变变形初期增长较快，然后逐渐减慢，一般持续2～3年才逐渐趋于稳定。

（4）普通混凝土的耐久性

抗渗性、抗冻性、抗侵蚀性、抗碳化性，以及防止碱—骨料反应等，统称为混凝土的耐久性。

3. 混凝土外加剂

在混凝土拌合物中，掺入能改善混凝土性质的材料，称为外加剂。外加剂的掺入量一般不大于水泥质量的5%。

（五）防水材料

防水材料就是那些具有阻止雨水、地下水与其他水分渗透功能的建筑材料，包括防水卷材、防水涂料和建筑密封材料三大类。

（六）装饰材料

1. 建筑装饰材料的分类

就目前常用的建筑装饰材料而言，通常有以下两种分类。

（1）按化学成分可分为：金属材料、非金属材料和复合材料。所谓复合材料，是指由两种或两种以上的材料，组合成为一种具有新的性能的材料。

（2）按建筑装饰的部位可分为：外墙装饰材料、内墙装饰材料、地面装饰材料、吊顶装饰材料、室内装饰用品及配套设备和其他材料（如庭院小品及雕塑等）。

2. 建筑装饰材料的主要种类及其用途（见表1-1）

建筑装饰材料的主要种类及其用途　　　　表1-1

材料类型	材料具体内容	主 要 用 途
石材	天然或人造的大理石、花岗石、玛瑙石、玉石等	中、高档建筑物饰面
建筑石膏	装饰、纸面和镶嵌式石膏板、艺术装饰石膏制品	建筑物室内装饰
建筑陶瓷	釉面砖、墙地砖、陶瓷锦砖（马赛克）	建筑室内外贴面
水泥	硅酸盐水泥、白色或彩色硅酸盐水泥	配置混凝土、水泥砂浆等
混凝土	普通混凝土、装饰混凝土、重混凝土、轻混凝土	承重、防辐射、装饰等
砂浆	砌筑、抹面、装饰砂浆和特种砂浆等	建筑物室内外砌筑、饰面
金属材料	建筑钢材、各种合金钢材等	建筑室内外装饰
建筑玻璃	平板、装饰、中空玻璃和玻璃幕墙	光控、温控、降噪、装饰
木材	针叶树（松、杉、柏）和阔叶树（水曲柳、榆木、柞木等）	制作门窗、箱柜、室内外装饰等
建筑涂料	内外墙涂料、地面涂料、油漆等	建筑物表面防护、装饰等
建筑织物	地毯、墙面装饰织物等	建筑物室内装饰

3. 建筑装饰材料使用效果评价

装饰材料的色彩、光泽、质感、耐久性等性能的不同，将会在很大程度上影响到其使用效果。因此我们主要从装饰效果、耐久性、经济性和环保性等几个方面来评价建筑装饰材料使用的效果。

第二节　工程造价知识

一、工程造价及其构成

（一）工程项目的划分

1. 建设项目

建设项目也称建设单位。它是指在一个场地或几个场地上，按照一个总体设计进行施工，并受总概（预）算控制的各个工程项目的总和。建设项目在经济上实行独立核算，具有独立的组织形式。

2. 工程项目

工程项目是建设项目的组成部分。它是指具有独立的设计文件和相应的综合概（预）算书，竣工后能独立发挥生产能力或使用效益的工程。

3. 单位工程

单位工程是工程项目的组成部分。它是指具有独立设计的施工图和相应的概（预）算书，能够单独施工，但竣工后不能独立形成生产能力或发挥使用效益的工程。

4. 分部工程

分部工程是单位工程的组成部分。它是按照单位工程的不同部位、不同施工方法或不同材料和设备种类，从单位工程中划分出来的中间产品。

5. 分项工程

分项工程是分部工程的组成部分。它是指通过简单施工过程就能生产出来并可利用某种计量单位计算的最基本的中间产品，它是按照不同施工方法或材料规格，从分部工程中进一步细分出来的。

（二）工程造价的基本原理和方法

工程造价的计价与控制是以建设项目、单项工程、单位工程为对象，研究其在建设前期、工程实施和工程竣工的全过程中计算和控制工程造价的理论、方法，以及工程造价的运动规律的学科。工程造价的计算与控制是工程造价管理的两个并行的、各有侧重而又相互联系和相互重叠的工作过程。工程造价的计算主要是指计算和确定工程造价和投资费用。

1. 工程造价计价的基本原理和方法

工程造价计价也叫工程估价，是对投资项目造价（或价格）的计算。

工程项目是单件性与多样性组成的集合体，其主要特点就是按工程分解结构进行。任何一个工程项目都可以分解为一个或几个单项工程。单位工程可以按照施工顺序细分为土石方工程、砖石工程、混凝土及钢筋混凝土工程、木结构工程、楼地面工程等分部工程。

从工程造价角度，将工程项目细分到分部工程还不能满足核算的需要，还需要把分部工程进一步细分为更简单细小的部分，即分项工程。也就是要划分到构成工程项目的最基本构成要素。由此可见，工程造价的计价过程就是将建设项目进行分解和逐步组合的过程。

从工程费用计算角度，工程计价的顺序一般为：分部分项工程单价——单位工程总价——工程项目总价——建设项目总造价。影响工程造价的主要因素有基本构造要素的单位价格和基本构造要素的实物工程数量。

在进行工程计价时，实物工程量的计量单位是由单位价格的计量单位决定的。单位价格的计量单位的对象越大，得到的工程估算越粗略，反之，工程估算就较为准确。

对基本子项单位价格的确定有两种形式，即直接费单价和综合单价。

（1）直接费单价——定额计价方法

直接费单价只包括人工费、材料费和机械台班使用费，是分部分项工程的不完全价格。在我国有两种计价方式，即单位估价法和实物估价法。

（2）综合单价——工程量清单计价方法

综合单价即分部分项工程量单价既包括直接费、现场经费、其他直接费、间接费、利润和税金，也包括合同约定的所有工料价格变化风险等一切费用，是一种完全价格方式。

2. 工程造价控制的基本原理和方法

工程造价控制是全过程动态控制。首先，工程造价控制是全过程控制，具体地说，要用投资估算价控制设计方案的选择和初步设计概算造价；用概算造价控制技术设计和修正概算造价；用概算造价或修正概算造价控制施工图设计和预算造价。其次，工程造价控制是动态控制，一是工程造价受到建设周期影响；二是在工程建设过程中，项目造价控制围绕三大目标：投资控制、质量控制和进度控制，这目标是动态的，并且贯穿于项目实施的始终。

在工程建设各个阶段工程造价控制的主要方法包括以下 5 个方面：

（1）可行性研究。可行性研究是运用科学方法或手段综合论证一个工程项目技术上是否可行、经济上是否合理，结合环境效益、经济效益和社会效益评价以及项目抵抗风险的结论，为投资决策提供依据的方法。

（2）限额设计。所谓限额设计就是要按照批准的设计任务书及投资估算控制初步设计，按照批准的设计总概算控制施工图设计。需要说明的是，限额设计并不是一味考虑节约，应该处理好技术和经济的关系，提高设计质量，扭转投资失控的现象。

（3）价值工程。价值工程是通过对研究对象的功能与费用的系统分析，以提高价值为目标，以功能分析为核心，以创新为支柱的技术分析与经济分析相结合，有效控制工程成本与功能协调的方法。

在价值工程中，价值的定义为：价值＝功能/费用，因此，提高价值的方法有：①功能提高，费用不变；②功能不变，费用降低；③功能提高，费用下降；④功能提高大于费用提高；⑤功能下降小于费用下降。

（4）招标投标。采用工程招标投标方式选择承包商，引入竞争机制，有利于确保工程质量、工期和工程成本的控制。

（5）合同管理。合同管理是工程项目管理的核心。

（三）现行投资的构成和工程造价的构成

建设项目投资包含固定资产投资和流动资产投资两部分。建设项目投资中的固定资产投资由设备及工、器具购置费用、建筑安装工程费用、工程建设其他费用、预备费、建设期贷款利息、固定资产投资方向调节税构成。

（四）设备及工、器具购置费用的构成

1. 设备购置费

设备购置费由设备原价和设备运杂费构成。

（1）国产设备原价的构成

国产设备原价一般是指设备制造厂的交货价或订货合同价，国产设备原价分为国产标准设备原价和国产非标准设备原价。

国产标准设备原价有两种，即带有备件的原价和不带备件的原价。在计算时，一般采用带有备件的原价。

非标准设备原价的计算方法有成本计算估价法、系列设备插入估价法、分部组合估价法、定额估价法等。按照成本计算估价法，非标准设备原价包括材料费、加工费、辅助材料费、专用工具费、废品损失费、外购配套件费、包装费、利润、税金以及非标设备设计费。

(2) 进口设备原价的构成

进口设备原价是指进口设备的到岸价格（CIF），即进口设备抵达买方边境港口或边境车站，且缴纳完关税等税费之后的价格。

在国际贸易中，我国进口设备采用最多的一种价格是装运港船上交货价格，也叫离岸价格（FOB）。进口设备抵岸价格的构成包括：货价（FOB）、国际运费、运输保险费、银行财务费、外贸手续费、关税、增值税、消费税、海关监管手续费、车辆购置附加费。

2. 工具、器具及生产家具购置费的构成

工具、器具及生产家具购置费，一般以设备购置费为计算基数，按照不同行业选取不同的费率计算。计算公式为：

工具、器具及生产家具购置费＝设备购置费×定额费率

（五）建筑安装工程费用的构成

1. 建筑安装工程费用的内容

(1) 各类建筑工程和列入建筑工程预算的供水、供暖、卫生、通风、燃气等设备费用及其装设、油饰工程的费用，列入建筑工程预算的各种管道、电力、电信和电缆导线敷设工程的费用。

(2) 设备基础、支柱、工作台、烟囱、水塔、水池、灰塔等建筑工程以及各种炉窑的砌筑工程和金属结构工程的费用。

(3) 为施工进行的场地平整发生的费用。

2. 我国建筑安装工程费用的构成

我国现行的建筑安装工程费用由直接工程费、间接工程费、计划利润和税金四部分组成。

(1) 直接工程费

建筑安装工程直接费由直接费、其他直接费、现场经费组成。直接费包括人工费、材料费和施工机械使用费。

其他直接费是指除了直接费之外的，在施工过程中直接发生的其他费用，包括冬、雨期施工增加费、夜间施工增加费、材料二次搬运费、仪器仪表使用费、生产工具用具使用费、检验试验费、特殊工程培训费、工程定位复测、工程点交、场地清理等费用。

现场经费是指为施工准备、组织生产和管理所需的费用。包括临时设施费和现场管理费。

(2) 间接费

间接费包括企业管理费、财务费用和其他费用。

企业管理费是指施工企业为组织施工生产经营活动所发生的管理费用。

财务费用是指企业为筹集资金而发生的各项费用，包括企业经营期间发生的短期贷款利息净支出、汇兑净损失、金融机构手续费，以及企业筹集资金发生的其他财务费用。

其他费用包括按规定支付工程造价管理部门的定额编制管理费和劳动定额管理部门的定额测定费，以及按有权部门规定支付的上级管理费。

(3) 利润

建筑安装工程费用中的利润主要是指按规定应计入建筑安装工程造价的利润。它是按

相应的计费基础乘以计划利润率确定的。

(4) 税金

指国家税法规定的应计入建筑安装工程费用的营业税、城乡维护建设税及教育费附加等。

(六) 工程建设其他费用的构成

工程建设其他费，是在工程整个建设期内，为保证工程建设顺利完成而正常发生的土地使用费、与工程建设有关的其他费用、与未来企业生产经营有关的其他费用等。

(七) 预备费、建设期贷款利息与固定资产投资方向调节税

1. 预备费

按我国现行规定，预备费包括基本预备费和涨价预备费两部分。

基本预备费是指在初步设计及概算内难以预料的工程费用。基本预备费是按设备及工器具购置费、建安工程费和工程建设其他费用，三项之和为计费基础，乘以基本预备费率进行计算。

涨价预备费是指建设项目在建设期间内由于价格等变化引起工程造价变化的预测预留费用。涨价预备费的测算方法，一般是根据国家规定的投资综合价格指数，按估算平均价格水平的投资额为基数，采用复利方法计算。

2. 建设期贷款利息

建设期贷款利息应包括工程建设所需各种融资的利息，并且应按照复利计算。

3. 固定资产投资方向调节税

国家为控制投资规模、引导投资方向、调整投资结构，加强重点工程建设，促进国民经济持续稳定协调发展，而开征固定资产投资方向调节税。其以固定资产投资项目实际完成投资额为计税依据，其税率根据国家产业政策和项目经济规模实行差别税率。

二、建筑面积的计算

1. 建筑面积概念

建筑面积也叫建筑展开面积，是建筑物各层水平投影面积之和。建筑面积包括使用面积、辅助面积和结构面积。使用面积是指建筑物各层平面布置中，可以直接为生产或生活使用的净面积之和。辅助面积是建筑各层平面布置中为辅助生产或生活所占净面积的总和。使用面积和辅助面积的总和合称有效面积。结构面积则是指建筑物各层平面布置中的墙体、柱等结构体所占面积的总和。

2. 建筑面积计算规则

(1) 一般规定

1) 单层建筑物不论其高度如何，均应按一层计算建筑面积。多层建筑物自然层的层高在 2.2m 及以上者，方可计算建筑面积。

2) 单层建筑物的建筑面积和多层建筑物首层的建筑面积，均应按建筑物外墙勒脚以上结构外围水平面积计算。

3) 单层建筑物内设有部分楼层者，其二层及二层以上的楼层，以及多层建筑物二层及二层以上的楼层，层高在 2.2m 以上者，均应计算建筑面积。有围护外墙的，应按外墙结构的外围水平面积计算；无外墙围护的，应按自然层结构板水平投影面积计算。

4）高低联跨的单层建筑物，以高跨结构外边线为界，可分别计算建筑面积。同一建筑物的结构、层数不同时，应分别计算建筑面积。

5）设有围护结构（或围栏）不垂直于水平面而超出底板外沿的建筑物，按其底板面的围护结构外围水平面积计算建筑面积。

6）设有围护性幕墙的建筑物，按幕墙主墙外边线计算建筑面积。

(2) 计算全面积的范围

1）单层建筑物应按一层建筑面积计算，多层建筑物应按各层建筑面积的总和计算。

2）地下室、半地下室、地下商店（仓库、车间）、地下车站、地下泳池、地下指挥部等（包括相应永久性顶盖的出入口）建筑面积，应按其外墙上口（不包括采光井、外墙以外的通风竖井、外墙以外的通风防潮层及其保护墙）外围水平面积计算建筑面积。

3）建于坡地的建筑物吊脚架空层、深基础下架空层，设计加以利用时，有围护结构且层高在 2.2m 以上的部位，按该部位的水平面积计算建筑面积。

4）建筑物内的门厅、大厅，按一层建筑面积计算。门厅、大厅内设有回廊时，应按其水平投影面积计算建筑面积。

5）建筑物内的夹层、插层，应按其层高在 2.2m 以上的部位计算建筑面积。

6）技术层和检修通道内设有围护结构的办公室、值班室、储藏室等，层高在 2.2m 以上时，按其围护结构外围水平面积计算建筑面积。

7）室内楼梯间、电梯井、观光电梯井、自动扶梯、滚梯，应按建筑物的自然层计算建筑面积。

8）室内提物井、管道井、抽油烟机风道、通风排气竖井、垃圾道、附墙烟囱等，应按首层面积计算建筑面积。

9）设有结构层的书库、立体仓库、立体车库，应按结构层计算建筑面积；没有结构层的，按一层计算建筑面积。

10）有围护结构的舞台灯光控制室，应按其围护结构外围水平面积分层计算建筑面积。

11）坡屋顶内和场馆看台下的建筑空间，设计加以利用时，净高超过 2.2m 及以上的部位，按水平面积计算建筑面积。

12）建筑物外有围护结构的挑廊、走廊、眺望间、落地厨窗、阳台等，应按其围护面积计算建筑面积。

13）建筑物间有围护结构的架空走廊，层高在 2.2m 以上的按围护结构外围水平面积计算建筑面积。

14）建筑物内的变形缝，应按其缝宽按自然层计算建筑面积，并入建筑物建筑面积计算。

(3) 折算面积范围

1）坡屋顶内的场馆看台下的建筑空间，设计加以利用时，净高在 1.2m 至 2.2m 的部位，应按该部位水平面积的一半计算建筑面积。

2）建筑物外无围护结构，有顶盖的走廊、挑廊、檐廊、阳台等，应按其顶盖水平投影面积一半计算建筑面积。

3）有永久性顶盖的室外楼梯，应按其依附的建筑物自然层数的水平投影面积的一半计算建筑面积。

4）雨篷的外边线至外墙结构外边线的宽度超过2.1m时，应按其水平投影面积的一半计算建筑面积。

5）有顶盖无围护结构的车棚、货棚、站台、加油站、收费站等，应按其顶盖水平面积的一半计算建筑面积。

6）相邻建筑物是有顶盖无围护结构的架空走廊，应按其顶盖水平面积的一半计算建筑面积。

7）有顶盖无围护结构的场馆看台，应按其顶盖水平面积的一半计算建筑面积。

(4) 不计算面积的范围

1）层高小于2.2m的楼层或部位。

2）属于道路组成部分的穿过建筑物的通道（骑楼、过街楼的底层）吊脚架空层、架空走廊、檐廊。

3）设计不利用，或作为技术层，或层高小于2.2m的深基础架空层、吊脚架空层。

4）利用地下室设置的消防水池。

5）建筑物内操作平台、上料平台，安装箱和罐体的平台。

6）单层建筑物内分隔单层房间，舞台及后台悬挂的幕布、布景天桥、挑台。

7）建筑物内的技术层和检修通道（不论其层高如何）。

8）设计不利用或净高小于1.2m的坡屋顶内和场馆看台下的建筑空间。

9）突出外墙的勒脚、附墙柱、垛、台阶、墙面抹灰、装饰面、镶贴块面、装饰性幕墙、门斗、宽度在2.1m及以下的雨篷、空调室外机搁板（箱）、构件、配件以及与建筑物内不相连通的装饰性阳台、挑廊等。

10）用于检修、消防等的室外钢楼梯、爬梯。

11）无永久性顶盖的场馆看台、室外楼梯、架空走廊、露台等。

12）屋顶楼梯间、水箱间、电梯机房、花架、凉亭、露天泳池等。

13）临时、活动、简易的建筑物。

14）独立烟囱、烟道、地沟、油（水）罐、气柜、水塔、贮油（水）池、贮仓、地下人防通道、地铁隧道等建筑物。

15）建筑物与建筑物之间的与建筑物不相连的变形缝。

三、工程建设定额

（一）工程建设定额的概念

定额是一种规定的额度，是进行生产经营活动时，在人力、物力、财力消耗等方面所应遵守达到的数量标准。在现代社会经济生活中，定额是企业管理的重要基础。在工程建设领域的定额是工程造价计价的重要依据。

工程建设定额，是指在工程建设中单位产品上人工、材料、机械、资金消耗的规定的额度。工程建设定额反映了工程建设和各种资源消耗之间的客观规律。

（二）工程建设定额的分类

1．按定额反映的生产要素消耗内容划分

按定额反映的生产要素消耗内容不同，可以把工程建设定额划分为劳动消耗定额、机械消耗定额和材料消耗定额三种。

（1）劳动消耗定额是指完成一定的合格产品规定的劳动消耗的数量标准。劳动定额的主要表现形式是时间定额和产量定额，时间定额和产量定额互为倒数关系。

（2）机械消耗定额是指完成一定的合格产品规定的施工机械消耗的数量标准，其主要表现形式是机械时间定额；同时也可以产量定额表现。

（3）材料定额是完成一定的合格产品规定的材料消耗的数量标准。

2. 按定额编制的程序和用途划分

按定额的编制程序和用途不同，可以把工程建设定额划分为施工定额、预算定额、概算定额、概算指标和投资估算指标五种。

（1）施工定额由劳动定额、机械定额和材料定额三个部分组成，主要直接用于工程的施工管理，是工程建设定额中分项最细、定额子目最多的一种定额，也是工程建设定额中的基础性定额。

（2）预算定额是以建筑物或构筑物各个分部分项工程作为对象编制的定额，包括劳动定额、机械台班定额、材料定额三个基本部分，并列有工程费用，是一种计价的定额。预算定额是以施工定额为基础综合扩大编制的，是进一步编制概算定额的基础。

（3）概算定额是以扩大的分部分项工程作为对象编制的，概算定额是在预算定额的基础上综合扩大而成，每一概算定额中综合分项都包含数个预算定额细目。概算定额是编制扩大初步设计概算、确定建设项目投资额的依据。

（4）概算指标是概算定额的扩大与合并，是以整个建筑物和构筑物为对象，包括劳动定额、机械台班定额、材料定额三个基本部分。

（5）投资估算指标是在项目建议书和可行性研究阶段编制投资估算、计算投资需要量时使用的一种定额。

3. 按照投资的费用性质划分

按照投资的费用性质不同，可以把工程建设定额划分为建筑工程定额、设备安装工程定额、建筑安装工程费用定额、工器具定额以及工程建设其他费用定额。

（1）建筑工程定额是建筑工程的施工定额、预算定额、概算定额和概算指标的统称。

（2）设备安装工程定额是安装工程的施工定额、预算定额、概算定额和概算指标的统称。建筑安装工程定额属于直接费定额，仅仅包括施工中的人工、材料和机械消耗定额。

（3）建筑安装工程费用定额包括其他直接费定额、现场经费定额和间接费定额等三个部分。

其他直接费定额是指预算定额细目内容以外，与建筑安装工程直接有关的各项费用开支标准，也是编制施工图预算和概算的依据。

现场经费定额是指与现场施工直接有关，是施工准备、施工组织和管理所需的费用定额。

间接费定额是指为企业生产全部产品所必需，为维持整个企业的生产经营活动所必需的各项费用开支标准，与个别产品的建筑安装施工无关。

（4）工器具定额

工器具定额就是为新建或扩建项目投产、运转首次配置的工具、器具数量标准。

（5）工程建设其他费用定额

工程建设其他费用定额是指独立于建筑安装工程、设备和工器具购置之外的其他费用开支的标准。

4. 按照专业性质划分

按照专业性质不同，工程建设定额可以划分为全国通用定额、行业通用定额和专业专用定额三种。

5. 按照主编单位和管理权限划分

按照主编单位和管理权限不同，工程建设定额可以划分为全国统一定额、行业统一定额、地区统一定额、企业定额、补充定额五种。

(三) 工程建设定额的特点

1. 科学性

工程建设定额的科学性主要有两个含义：其一是工程建设定额与社会生产力发展水平相适应，体现了工程建设的客观规律；其二在于工程建设定额的理论、方法、手段是科学的，适应了现代科学技术和信息社会发展的需要。

2. 系统性

工程建设定额是一个相对独立的系统，是由多种定额结合组成的一个整体，同时与定额外其他相关环境不断进行信息交流，是现代社会经济活动的一个子系统。

3. 统一性

工程建设定额的统一性是指定额的制定、颁布和贯彻执行都有一个统一的程序、统一的原则、统一的要求和统一的用途，在一定范围内有统一的定额标准。如在全国范围内有全国统一定额，在全省范围内有全省统一定额等等。

4. 权威性

工程建设定额一定情况下具有经济法规的性质。权威性反映了统一的意志和统一的要求，也反映了信誉和信赖程度以及定额的严肃性。在社会主义市场经济条件下，权威性的客观基础是定额的科学性。

5. 稳定性与时效性

工程建设定额的稳定性是指其在一定时期内保持稳定的状态，如果经常变动，势必弱化其权威性。但是这种稳定是相对的。

四、工程造价的计价与控制

(一) 建设项目决策阶段工程造价的计价与控制

1. 建设项目决策

建设项目决策，主要包括建设项目可行性研究、投资估算与财务评价，其是否正确，直接关系项目建设的成败，关系工程造价的高低和投资效果的好坏。正确决策是合理确定与控制工程造价的前提。

2. 建设项目决策阶段影响工程造价的主要因素

在项目决策阶段，影响工程造价的主要因素有如下三点：

(1) 项目合理规模

项目合理规模就是合理选择拟建设项目的生产规模或居住规模。

(2) 建设标准水平

判断建设标准水平是否合理，关键是看其标准与市场需求是否相适应。

（3）建设地点

建设地点的选择包括建设地区的选择和具体建设地点的选择。

（二）建设项目设计阶段工程造价的计价与控制

1. 设计阶段影响工程造价的因素

设计阶段影响工程造价的因素主要包括在总平面设计、建筑设计和工艺设计三个阶段中。

（1）总平面设计

总平面设计中影响工程造价的因素包括占地面积、功能分区、运输方式。

（2）建筑设计

在建筑设计阶段影响工程造价的因素主要有平面形状、流通空间、建筑层高、建筑物层数、柱网布置、建筑物的体积与面积、建筑结构等。

（3）工艺设计

这主要涉及生产型建设项目中的工艺流程和生产技术设计。

2. 设计方案评价

（1）设计方案评价原则

1）经济合理性与技术先进性相结合的原则

技术和经济是一对永远无法满足的矛盾，需要处理好二者之间的矛盾。一般来说，这个原则就是要在满足使用者需求的前提下尽可能降低造价。

2）考虑项目全寿命费用的原则

项目全寿命包括项目建设过程和使用过程两部分。项目全寿命费用包括建设过程的投资成本。坚持考虑项目全寿命费用的原则，就是要求在设计过程中兼顾建设过程和使用过程，力求项目全寿命费用最低。

3）近期与远期效益相结合的原则

建设项目设计不仅要满足眼前或者短时间内的要求，还应该满足项目的未来需要。

（2）设计方案评价指标

1）工业建筑设计评价指标

工业建筑设计包括总平面设计、工艺设计和建筑设计三个相互联系又相互制约的部分组成。其中总平面设计的评价指标有建筑密度、土地利用系数、工程量指标和经济指标。在工业建筑设计中，工艺设计是工程设计的核心，其评价指标包括净现值、净年值、内部收益率、差额内部收益率、投资回收期等。建筑设计评价指标包括单位面积造价、建筑物周长与建筑面积比、厂房展开面积、厂房有效面积与建筑面积比和工程全寿命成本。

2）民用建筑设计评价指标

民用建筑设计要坚持适用、经济、美观的原则。民用建筑包括居住建筑和公共建筑两大类。其中居住建筑设计的评价指标主要包括：平面系数、建筑周长指标、建筑体积指标、平均每户建筑面积、户型比。公共建筑设计的评价指标有占地面积、建筑面积、使用面积、辅助面积、有效面积、平面系数、建筑体积、单位指标（m^2/人、m^2/座、m^2/床等）。

3）居住小区设计评价指标

居住小区设计的评价指标主要包括建筑毛密度、居住建筑净密度、居住面积密度、居住建筑面积密度、人口毛密度、人口净密度、绿化比率等。

3. 限额设计

所谓限额设计就是按照设计任务书批准的投资估算进行初步设计，按照初步设计概算造价进行施工图设计，按照施工图预算造价对施工图设计的各个专业设计文件作出决策。限额设计是建设项目投资控制的重要环节和关键措施。

(三) 建设项目施工阶段工程造价的计价与控制

1. 工程变更

工程变更就是工程的实际施工情况与招标投标时的工程情况发生的变化。工程变更包括工程量变更、工程项目变更、进度计划的变更和施工条件的变更等。从变更的重要性来讲，工程变更分为设计变更和其他变更。

能够构成设计变更的事项包括：更改有关部分的标高、基线、位置和尺寸；增减合同中约定的工程量；改变有关工程的施工时间和顺序；其他有关工程变更需要的附加工作。

设计变更发生以后，承包人应该在工程设计变更确定后14日内，提出变更工程价款的报告，经工程师确认后调整合同价款。承包人在确定变更后14日内不向工程师提出变更工程价款报告的，视为该项设计变更不涉及合同价款的变更。工程师应该在收到变更合同价款报告后7日内予以确认。工程师如无正当理由，不确认时，在报告送达之日起14日后变更合同价款、报告自动生效。

变更合同价款的确定方法包括：

(1) 合同中已有适用于变更工程的价格，按照合同已有的价格计算变更合同价款；

(2) 合同中只有类似变更工程的价格，可以参照此类似价格确定变更价格，计算变更合同价款；

(3) 合同中没有适用或类似变更合同的价格，由承包人提出适当的变更价格，经工程师确认后执行。

2. 工程索赔

(1) 工程索赔的概念

工程索赔是工程承包合同履行中，当事人一方由于另外一方未履行合同所规定的义务或出现了由一方承担的风险而遭受损失时，向另外一方提出赔偿要求的行为。工程索赔包括承包人向发包人的索赔和发包人向承包人的索赔，所以工程索赔是双向的。

(2) 工程索赔的原因

发生工程索赔的原因有以下几个方面：

1) 当事人违约。当事人违约通常为当事人，包括承包人和发包人，没有按照合同约定履行自己的义务。

2) 不可抗力事件。不可抗力包括自然事件和社会事件两大类。自然事件主要是不利的自然条件和客观障碍。社会事件包括国家政策、法令的变更，战争等。

3) 合同缺陷。合同缺陷是指合同文件规定的不严谨，甚至可能出现矛盾，以及合同中存在遗漏和错误。

4) 合同变更。合同变更包括设计变更、施工方法变更、追加或者取消某些工作、合同其他规定的变更等。

5) 工程师指令。工程师指令也经常是造成索赔的主要原因之一,如工程师指令承包人变更材料、采取某项措施、加速施工速度、进行某项工作等等。

6) 其他第三方原因。即与工程有关的第三方的问题引起的对本工程的不利影响。

(3) 工程索赔的分类

按照索赔的合同依据可以将工程索赔分为合同中明示的索赔和合同中默示的索赔。

按照索赔的目的可以将工程索赔分为工期索赔和费用索赔。

按照索赔事件的性质可以将工程索赔分为工程延误索赔、工程变更索赔、合同被迫终止的索赔、工程加速索赔、例外事件和不可预见因素索赔以及其他如货币贬值、汇率变化、物价变化、工资上涨、政策法令变化等索赔。

3. 工程价款结算

在我国,经常采取的工程价款结算方式有:按月结算、竣工后一次结算、分段结算、目标结算、结算双方约定的其他结算方式。

第三节 房地产测绘知识

一、概述

(一) 房地产测绘的内涵

1. 测量学

测量学有许多分类,按照作用范围可分为空间测量、陆地测量、海洋测量。按照专业可分为地籍测量、房产测量、矿山测量、地质测量、水文测量、城市工程测量等。

测量工作的根本任务是确定地面的点位。地面点的空间位置可用该点在水平面上的平面位置(坐标)及该点的高程来表示。

海洋或湖泊的水面在自由静止时的表面,称为水准面。与水准面相切的平面称为水平面。点到大地水准面的铅垂距离,称为"海拔"。我国采用黄海平均海水面作为高程基准,1985年国家高程基准,采用青岛验潮站1952年至1979年验潮资料计算确定的。所测国家水准原点(青岛原点)高程为72.260m。

2. 房地产测绘

房地产测量是指房产测量和地籍测量,房地产测量工作应包括"测绘"和"测设"。房地产测绘是用测量手段测定地面上局部区域内的土地、建筑物及构筑物已有点位,获得反映现状的图或图形信息。房地产测设是根据设计图纸将一系列点位在实地上标定。

房产测绘又可分为房产基础测绘和房产项目测绘两种。房产基础测绘是指在一个城市或一个地域内,大范围、整体地建立房产的平面控制网,测绘房产的基础图纸——房产分幅平面图。房产项目测绘,是指在房地产权属管理、开发经营以及其他房地产活动过程中需要测绘房产分丘平面图、房产分层分户平面图及相关的图、表、册、簿、数据等开展的测绘活动。

地籍是反映土地及地上附着物的权属、位置、质量、数量和利用现状等有关土地的自然、社会、经济和法律等基本状况的资料,亦称土地的户籍。为此所做的调查和测绘工作总称地籍测量,亦称土地测量。地籍测量为土地管理和利用提供图纸、数据、文字资料等基本信息和依据,是地籍管理的基础工作。基础地籍资料包括地籍图、地籍册和地籍登记档案。地籍资料应具有现实性和准确性。一般来说,地籍资料具有三大功能:土地利用管理和规划的功能,财政税收的功能和法律功能。

(二)房地产测绘的特点

1. 测图比例尺大

房地产测绘一般在城市和城镇内进行,图上表示的内容较多,有关权属界限等房地产要素都必须清晰准确地注记,因此房地产分幅图的比例尺都比较大。分丘图和分层分户平面图的比例尺更大,一般 1:200,有的更大。

2. 测绘内容较多

地形测量测绘的主要对象是地貌和地物,而房地产测绘的主要对象是房屋和房屋用地的位置、权属、质量、数量、用途等状况,以及与房地产权属有关的地形要素。房地产测量对房屋及其用地必须定位、定性、定界、定量,即测定房地产位置。

3. 精度要求高

一般测绘可从图上索取或量取,精度可以满足需要。但房地产测量精度要求较高,一般不能直接从图上量取,而应该实测、量算。

4. 修、补测及时

城市基本地形图的复测周期一般 5~10 年,对房屋和用地的非权属变化也要及时变更,以保持房地产测绘成果的现实性、现状性,及保持图、卡、表册与实地情况一致。所以房地产测绘修、补测工作量较大。

(三)房地产测量的技术规范

测量规范是测量工作所依据的法规性技术文件,各种测量工作都必须严格遵循。测量规范的主要内容为对测量作业的统一规定,包括测量控制网布设方案、技术设计、仪器检验、作业方法、成果记录整理、检查验收等技术工作的具体规定。为确保测绘工作获得高精度的成果和高质量的图,国家颁布了统一的规范。房地产测量主要执行国家标准《房产测量规范》(GB/T 17986—2000)。《房产测量规范》包括前言、范围、引用标准、总则、房产平面控制测量、房产调查、房产要素测量、房产图绘制、房产面积测算、变更测量、成果资料的检查与验收和房屋、房屋用地调查表与分类、成套房屋的建筑面积和共有共用面积分摊两个附录。房产测量的成果包括房产簿籍、房产数据和房产图集。

(四)房地产测绘的工作程序

1. 房地产测绘由房地产的权利申请人或利害关系人申请

房地产测绘部门接受申请的,应查验提交的各种资料是否齐全,并与其签订房地产测绘合同。这是房地产测绘前期的主要工作内容。

2. 总体技术设计

按照房地产测绘合同的要求,进行平面控制测量,房产分幅平面图、房产分丘平面图、房产分层分户平面图的测绘,房地产的面积测算,或组织变更测量。

3. 房地产测绘产品二级检查一级验收制

一级检查是在全面自查、互检的基础上,由测绘作业组的专职或兼职检查人员对产品质量实行过程检查。二级检查是在一级检查的基础上,由施测单位质量检查机构和专职检查人员对产品质量实行的最终检查。产品成果的最终验收工作由任务的委托单位组织实施，即一级验收。在二级检查和一级验收的基础上向客户提交测绘报告。测绘报告主要包括以下各项：房地产测量技术设计书；成果资料索引及说明；控制测量成果资料；房屋及房屋用地调查表、界址点坐标成果表；图形数据和房产原图；技术总结；检查验收报告等。

（五）房地产测绘的精度要求

精度，就是指误差分布的密集或离散程度。由于测量所使用的仪器和工具不可能绝对准确，进行测量时的外界条件也随时发生变化，还要受到观测者感官和生理条件的限制。无论何种测量，无论何种精密仪器，无论观测多么仔细，均无法求得测量的真值。

1. 产生测量误差的原因

（1）仪器误差

各种测量仪器不都是完美无缺的，即使最精密的仪器，也会有一定的误差。所以，尺子标记的长度，量得的长度，均不是真长，还有仪器轴系之间的公差导致盘偏心，几何关系不真正垂直或不真正水平等等，都会给观测值带来误差。

（2）观测者的影响

由于观测者的感觉器官的鉴别能力有着一定的局限性，所以不论在仪器的安置、照准、读数等方面，都会使观测值产生误差。

（3）周围环境的影响

观测时的自然界，如温度、湿度、风力、大气折光等因素，都会使观测值产生误差。

2. 房产面积测量的精度要求

房产面积测量的精度分为三级，测量中以中误差作为评定精度的标准，以两倍中误差作为限差。具体规定见表1-2。

房产面积测量的精度要求　　　　　　　　表1-2

房产面积测量的精度要求	限　差	中　误　差
一	$0.02\sqrt{S}+0.0006S$	$0.01\sqrt{S}+0.0003S$
二	$0.04\sqrt{S}+0.002S$	$0.02\sqrt{S}+0.001S$
三	$0.08\sqrt{S}+0.006S$	$0.04\sqrt{S}+0.0003S$

注：S 为房产面积，单位为：m^2。

二、房地产图

在图上表示实地地物和地貌的符号总称为图式。只有了解和熟悉图式，才能读懂和使用各类图。为方便使用，对于单张图，常在适当位置排印出图上主要符号和注记，称为"图例"。

（一）地形图及其应用

1. 地形图

地形图是按一定比例描绘出的地物和地貌的正投影图。地物指地表面上的固定性物体，如房屋、道路等；地貌指地表面高低起伏的形态，如山地、丘陵、平原等。地物和地貌总称为地形。地物按图式符号加注记表示，地貌一般用等高线表示。

2. 地形图的阅读

地形图在阅读时，要注意以下几点：一是需了解地形图所用的坐标和高程系统。城市地形图多使用城市坐标系，工程项目总平面图多采用施工坐标系。高程系统有"1956年黄海高程系统"和"1985年国家高程基准"。地形图采用的高程系统通常用文字在图的左下角处注明。二是应熟悉图例，了解各符号和注记的确切含义。三是能根据等高线判别和分析地貌。

3. 地形图的应用

地形图具有现实性和可量测性的特点，决定了它可以作为其他各种专题图的底图。城市规划离不开对城市土地地形的基本特征（长度、高度、线段和地段坡度等）进行分析。对城市用地进行结构与功能的划分，见表1-3。

城市土地地形对城市规划的影响内容　　　　　表1-3

地形复杂程度	分割深度	断面平均坡度	主要影响内容
不很复杂	20～100m	<5%	城市结构划分
较复杂	100～200m	>5%	含上述内容，交通网布置，城市功能划分
非常复杂	>200m	5%	含上述内容，城市用地发展方向

建筑设计时，除考虑平面位置的布局外，还需充分考虑地形的特点，从而进行合理的竖向布置。地形对建筑物布置的影响表现在很多方面，如排水、防潮、自然通风、采光及日照等。此外，地形条件对人行、车行交通网的设计往往起决定作用。

工程施工时，土石方调配与场地平整的施工方案一般依据地形图进行设计。

（二）地籍图

地籍测量绘制的图件称为地籍图。它是表示土地产权、地界和分区的平面图，图上附有各部分的说明、注解和识别资料。地籍图的内容包括地籍要素和必要的地形要素。地籍要素指土地的编号、利用类别、等级、面积及权属界线，界址点及其编号，各级行政区划界线及房产情况。必要的地形要素指与地籍管理有关的一些房屋、道路、水系、垣栅及地物和地理名称等。

测绘时以土地地块边界为主，地物为辅，不带高程或等高线，按地块（丘）编号，并量算面积，连同产权人名称注记在图上。城市地籍图比例一般为1：500。地籍图是土地管理部门在办理土地登记和发放土地使用权证书时，了解地块坐落、四周界址、尺寸、土地使用状况和面积等的依据，也是建立地籍档案必不可少的资料。对于每一宗土地，都应绘制宗地图。宗地图是描述宗地位置、界址点线关系、相邻宗地编号的分宗地籍图，用来作为该宗土地产权证书和地籍档案的附图。宗地图中包括：

（1）图幅号、地籍号、坐落

（2）单位名称、宗地号、地类号和占地面积

单位名称、宗地号、地类号和占地面积标注在宗地图的中部。例如，某宗地的使用权属第六中学，宗地号为7，地类号为44（按城镇土地分类44为教育单位），占地面积$1165.6m^2$。

（3）界址点、点号、界址线和界址边长

界址点以直径0.8mm的小圆圈表示，包含与邻宗地公用的界址点，从宗地左上角沿

顺时针方向以1开始顺序编号，连接各界址点形成界址线，两相邻界址点之间的距离即为界址边长。

（4）宗地内建筑物和构筑物

若宗地内有房屋和围墙，应注明房屋和围墙的边长。

（5）邻宗地宗地号及界址线

应在宗地图中画出与本宗地有共同界址点的邻宗地界址线，并在邻宗地范围内注明它的宗地号。

（6）相邻道路、街巷及名称

宗地图中应画出与该宗地相邻的道路及街巷，并注明道路和街巷的名称。此外，宗地图中还应标出指北针方向，注明所选比例，还应有绘图员和审核员的签名以及宗地图的绘制日期。宗地图要求必须按比例真实绘制，比例尺一般为1∶500或大于1∶500，通常采用相当于32开、16开、8开大小的图纸。

（三）房产图

房产图是房地产产权、产籍管理的重要资料，按房产管理的需要分为房产分幅平面图（简称分幅图）、房产分丘平面图（简称分丘图）和房产分户平面图（简称分户图）。房地产图的测绘，是在房地产平面控制测量及房地产调查完成后所进行的对房屋和土地使用状况的细部测量，是房地产图测绘的重要内容，包括测定房屋平面位置，绘制房产分幅平面图；测定房屋四至归属及丈量房屋边长，计算面积，绘制房产分丘图；测定权属单元产权面积，绘制房产分户图。在控制测量的基础上，先测绘分幅图，再测绘分丘图，最后测绘分户图。房产图的绘制方法有全野外采集数据成图、航摄像片采集数据成图、野外解析测量数据成图、平板仪测绘房产图和编绘法绘制房产图。

1. 房产分幅图

房产分幅图是全面反映房屋及其用地的位置和权属等状况的基本图，是测绘分丘图和分户图的基础资料，也是房产登记和建立产籍资料的索引和参考资料。分幅图的绘制范围包括城市、县城、建制镇的建成区和建成区以外的工矿企事业等单位及毗连居民点。建筑物密集地区的分幅图一般采用1∶500比例尺，其他区域的分幅图可以采用1∶1000的比例尺。

2. 房产分丘图

分丘图是分幅图的局部明细图，也是绘制房产权证附图的基本图，比例尺为1∶100～1∶1000，幅面可在787mm×1092mm的4开～32开之间选用。房产分丘图反映本丘内所有房屋权属界线、界址点、房角点、房屋建筑面积、用地面积、四至关系、建成年份、用地面积、建筑面积、墙体归属等各项房地产要素，以丘为单位绘制。

3. 房产分户图

分户图是在分丘图的基础上进一步绘制的明细图，以某房屋的具体权属为单元，如为多层房屋，则为分层分户图，表示房屋权属范围的细部，明确异产毗连房屋的权利界线，是房产证的附图。比例尺一般为1∶200，当房屋图形过大或过小时，比例尺可适当放大或缩小，幅面可选787mm×1092mm的32开或16开。分户图上房屋的边长应实际丈量，注记取至0.01m，注在图上相应位置。分户图表示的主要内容包括房屋权属界线、四面墙体的归属和楼梯、专道等部位以及门牌号、所在层次、户号、室号、房屋建筑面积和房屋边长等。房屋产权面积包括套内建筑面积和共有分摊面积，标注在分户图框内。楼梯、走道等共有部位，需在范围内加简注。

三、房地产面积测算

房地产面积测算系指水平面积测算，包括房屋面积测算和土地面积测算。其中房屋面积测算包括房屋建筑面积、共有建筑面积、产权面积、使用面积等测算。

用地面积测算以丘为单位进行，包括房屋占地面积和其他用途的土地面积、各项地类面积的测算。不计入用地面积的有：无明确使用权属的冷巷、巷道或间隙地；市政管辖的道路、街道等公共用地；公共使用的河涌、水沟、排水沟；已征用、划拨或者属于原房产证记载范围，经规划部门核定需要作为市政建设的用地；其他按规定不计入用地的面积。

房屋面积的测算，本书在上节中已作了介绍，本节介绍土地面积的测算方法。

土地面积量算是地籍测量的重要内容，通过土地面积量算可以取得各级行政单位、权属单位的土地总面积和分类土地面积的数据资料。

土地面积量算在权属调查和野外测量的基础上进行。面积量算按照从整体到局部逐级控制和检核的原则进行，从而防止错误，提高精度。

土地面积的量算可采用坐标解析法、实地量距法和图解计算法等方法。

1. 坐标解析法

坐标解析法是根据界址成果标上数据，按照一定的计算公式计算土地面积。

2. 实地量距法

对于规则图形，如矩形、三角形、梯形等，可根据实地丈量的边长直接计算面积；而对不规则图形，可将其分割成简单的几何图形，然后分别计算面积。

3. 图解法

图解法量算土地面积，可选用求积仪法、几何图形法等方法。图上面积测算均应独立进行两次，两次量算的面积比较差不得超过有关规定。此外，使用图解法量算面积时，图形面积不应小于 $5cm^2$，图上量距应量至 $0.2mm^2$。

第二章 房地产估价规范与估价程序

第一节 房地产估价规范

为了规范我国的房地产估价行为，统一估价程序和方法，做到估价结果客观、公正、合理，根据《中华人民共和国城市房地产管理法》、《中华人民共和国土地管理法》等法律、法规的有关规定，建设部于20世纪90年代中后期着手制定了适应我国国情的中华人民共和国国家标准——《房地产估价规范》（国标编号：GB/T 50291—1999，以下简称《估价规范》），并于1999年6月1日开始施行。

《估价规范》主要包括正文和附录两部分。正文中有九个内容，依次为：①总则；②术语；③估价原则；④估价程序；⑤估价方法；⑥不同估价目的下的估价；⑦估价结果；⑧估价报告；⑨职业道德。附录部分是为估价机构编写估价报告时提供参考的"估价报告的规范格式"。

《估价规范》正文的第一个内容为"总则"，其简明扼要地阐述了制定《估价规范》的目的和依据："为了规范房地产估价行为，统一估价程序和方法，做到估价结果客观、公正、合理，根据《中华人民共和国城市房地产管理法》、《中华人民共和国土地管理法》等法律、法规的有关规定，制定本规范"，并且说明了《估价规范》使用的范围和房地产估价工作应遵循的原则："本规范适用于房地产估价活动"，"房地产估价应独立、客观、公正"等。

《估价规范》正文中的第二个内容为"术语"，主要是明确了房地产估价工作可能涉及的一些专用文字和概念。例如，对于房地产估价要素之一的"估价时点"是指"估价结果对应的日期"；而"公开市场价值"是指"在公开市场上最可能形成的价格，采用公开市场价值标准时，要求评估的客观合理价格或价值应是公开市场价值"。

又如，估价方法中的"收益法"，在《估价规范》中是这样定义的："预计估价对象未来的正常净收益，选用适当的资本化率将其折现到估价时点后累加，以此估算估价对象的客观合理价格或价值的方法"；而"建筑物重置价格"是指"采用估价时点的建筑材料和建筑技术，按估价时点的价格水平，重新建造与估价对象具有同等功能效用的全新状态的建筑物的正常价格"等。

《估价规范》正文的第三个内容是"估价原则"，主要包括"合法原则"、"最高最佳使用原则"、"替代原则"和"估价时点原则"等。房地产估价工作最基本的一点就是要"按章办事"、"循规蹈矩"，尤以遵循合法原则为首要，因此《估价规范》中强调"遵循合法原则，应以估价对象的合法使用、合法处分为前提估价"。

《估价规范》正文中的第四个内容为"估价程序"，依次列举并加以说明：①明确估价基本事项；②拟定估价作业方案；③搜集估价所需资料；④实地查勘估价对象；⑤选定估价方法计算；⑥确定估价结果；⑦撰写估价报告；⑧估价资料归档等八个主要步骤。

《估价规范》正文中的第五个内容是"估价方法"，其在整个《估价规范》正文中所占的篇幅是最多的。在目前房地产估价实践中，估价人员主要运用的估价方法有"市场比较法"、"收益法"、"成本法"、"假设开发法"、"基准地价修正法"等。为了统一各种估价方法中涉及的基本概念、操作程序、计算公式和相关要素，《估价规范》对这些内容进行了较全面的说明。

例如，对于"市场比较法"的操作程序，《估价规范》中把它分为八步：①搜集交易实例；②选取可比实例；③建立价格可比基础；④进行交易情况修正；⑤进行交易日期修正；⑥进行区域因素修正；⑦进行个别因素修正；⑧求出比准价格。

又如，在运用"收益法"时，"出租型房地产，应根据租赁资料计算净收益，净收益为租赁收入扣除维修费、管理费、保险费和税金"；"租赁收入包括有效毛租金收入和租赁保证金、押金等的利息收入"；"维修费、管理费、保险费和税金应根据租赁契约规定的租金涵义决定取舍。若保证合法、安全、正常使用所需的费用都由出租方承担，应将四项费用全部扣除；若维修、管理等费用全部或部分由承租方负担，应对四项费用中的部分项目作相应调整"。房地产的"潜在毛收入、有效毛收入、运营费用、净收益均以年度计"；"估价中采用的潜在毛收入、有效毛收入、运营费用或净收益，除有租约限制的外，都应采用正常客观的数据"；"有租约限制的，租约期内的租金宜采用租约所确定的租金，租约期外的租金应采用正常客观的租金"等。这些内容的明确，使得在房地产估价实践中，不同的估价人员面对不同的估价对象、不同的估价目的，使用相同的标准，最终得出的结果将更具有实用性，避免了可能因为口径不一致，而出现五花八门的估价结果。

《估价规范》正文中的第六个内容是"不同估价目的下的估价"，房地产估价按估价目的进行分类，主要有下列类别：①土地使用权出让价格评估；②房地产转让价格评估；③房地产租赁价格评估；④房地产抵押价值评估；⑤房地产保险估价；⑥房地产课税估价；⑦征地和房屋拆迁补偿估价；⑧房地产分割、合并估价；⑨房地产纠纷估价；⑩房地产拍卖底价评估；⑪企业各种经济活动中涉及的房地产估价；⑫其他目的的房地产估价。

《估价规范》对这十二个估价目的的基本概念、估价依据、适用方法、估价步骤等进行了明确的说明。

例如，"房地产转让价格评估，应采用公开市场价值标准"；"土地使用权出让价格评估，应依据《中华人民共和国城市房地产管理法》、《中华人民共和国土地管理法》、《中华人民共和国城镇国有土地使用权出让和转让暂行条例》以及当地制定的实施办法和其他有关规定进行"；"土地使用权出让价格评估，可采用市场比较法、假设开发法、成本法、基准地价修正法"。

又如，"以划拨方式取得的土地使用权连同地上建筑物抵押的，评估其抵押价值时应扣除预计处分所得价款中相当于应缴纳的土地使用权出让金的款额，可采用下列方式之一处理：①首先求取设想为出让土地使用权下的房地产的价值，然后预计由划拨土地使用权转变为出让土地使用权应缴纳的土地使用权出让金等款额，两者相减为抵押价值。此时土地使用权年限设定为相应用途的法定最高年限，从估价时点起计。②用成本法估价，价格构成中不应包括土地使用权出让金等由划拨土地使用权转变为出让土地使用权应缴纳的款额"。

《估价规范》正文中的第七个内容是"估价结果",其主要说明的是"对不同估价方法估算出的结果,应进行比较分析。当这些结果差异较大时,应寻找并排除出现差异的原因";"在确认所选用的估价方法估算出的结果无误之后,应根据具体情况计算求出一个综合结果";"在计算求出一个综合结果的基础上,应考虑一些不可量化的价格影响因素,对该结果进行适当的调整,或取整,或认定该结果,作为最终的估价结果"等。

《估价规范》正文中的第八个内容是对房地产估价所依据的资料"附件"提出要求。其主要从估价报告的形式、估价报告应载明的事项、估价对象文字说明及证明资料、估价人员及估价机构的资格证明、房地产估价人员应说明的内容事项等方面提出了要求,进行了统一和规范。

《估价规范》正文中的最后一个内容是对参与房地产估价人员和机构的"职业道德"提出要求。《估价规范》中明确要求:"估价人员和估价机构不得作任何虚伪的估价,应做到公正、客观、诚实";"估价人员和估价机构应保持估价的独立性,必须回避与自己、亲属及其他有利害关系人有关的估价业务";"估价机构应执行政府规定的估价收费标准,不得以不正当理由或名目收取额外的费用,或降低收费标准,进行不正当的竞争"等等。

《估价规范》的第二个部分是附录:"估价报告的规范格式",其主要目的是为估价机构编写估价报告时提供参考,并尽可能统一估价报告格式。关于这部分内容,本书将在第十四章"房地产估价报告的撰写"中有详细叙述。

第二节 房地产估价程序

顾名思义,房地产估价可以简单地理解为估测房地产的价格。但科学、准确且具有法律效力的房地产估价,必须是由专业估价人员根据估价目的,以房地产的价格理论为基础,运用科学的估价方法,并结合估价人员的丰富经验,对房地产及其物权的客观、合理价格所进行的评估。房地产估价必须遵循房地产价格的形成规律与估价原则,按照一定的估价程序进行。而所谓的房地产估价程序,是指房地产估价作业按其内在联系,所形成的各个具体操作步骤和环节。一般而言,自受理估价业务至完成估价报告期间,房地产估价主要包括以下几个基本步骤:

一、明确估价基本事项

在实际进行房地产评估过程中,会涉及到许多方面的问题,需要处理的事项也较多。有些事项直接关系到估价作业的全过程,对估价结果有较大的影响,这些事项被统称为估价的基本事项,必须预先明确。一般来说,房地产估价的基本事项包括估价目的、估价对象和估价时点等内容。

二、拟定估价作业方案

明确了房地产估价的基本事项,就可以基本把握住整个估价任务。为了保证估价工作高效率、有秩序地展开,应预先拟定出合理的作业方案,其主要内容包括如下几个方面:①拟采用的估价技术路线和估价方法;②拟调查搜集的资料及其来源渠道;③预计所需的时间、人力、经费;④拟定作业步骤和作业进度;⑤搜集估价所需资料。

三、实地查勘估价对象

由于房地产在实体上具有不可移动性和个别性等特点,在物权和适用上又存在多样化的特征,仅仅根据委托人或有关当事人提供的情况,还做不到具体、准确地把握估价对象。因此,估价人员必须亲临现场,实地查明估价对象房地产的位置及其周围环境、景观的优劣,查勘估价对象的外观、建筑结构、装修、设备等使用情况及现状,了解当地房地产市场的特征和状况等。并且对事先收集的有关估价对象的坐落、四至、面积、产权等资料进行核实,同时搜集补充估价所需的其他资料,以及对估价对象及其周围环境或临路状况进行拍照等。另外,必须指出,运用不同的估价方法,收集资料的侧重点是有较大差异的,在实际估价工作中应该区别对待。

四、选定估价方法计算

根据已明确的估价目的和估价对象,估价人员应该选择合理、适用的估价方法进行估价。在选择评估方法时,主要的依据是各种估价方法的适用范围和估价对象的特征及其估价目的和估价前提等。

估价人员应熟知、理解并正确运用市场法、收益法、成本法、假设开发法、基准地价修正法以及这些估价方法的综合运用。若估价对象适宜采用多种估价方法进行估价,应同时采用多种估价方法进行估价,不得随意取舍;若必须取舍,应在估价报告中予以说明并陈述理由。

五、确定估价结果

各种估价方法都有其特定的理论基础,依据某种方法直接计算出来的估价结果,还不足以令人信服,因此,在估价作业上一般不作为最终估价结果。这种价格,称为试算价格。运用不同方法所估算出来的试算价格是有一定差异的,即使是运用同一估价方法,因所依据的资料不同,也会得出不同的计算结果。因此,必须对试算价格进行综合分析并予以调整,最终确定一个合理的估价结果。

六、撰写房地产估价报告

房地产估价报告是记述估价前提、过程和成果的文件,为了保证其质量,在撰写时要遵循掌握内容全面、格式清晰、简明扼要、突出评估依据的原则。估价报告应做到全面、完整地反映估价所涉及的事实、推理过程和结论;公正性和客观性地对影响估价对象价格或价值的因素进行客观的介绍、分析和评论;准确地阐述估价前提、过程和成果;简洁地应用文字对估价中所涉及的内容情况和表达观点进行高度概括。估价报告应包括:①封面;②目录;③致委托方函;④估价师声明;⑤估价的假设和限制条件;⑥估价结果报告;⑦估价技术报告;⑧附件等部分。

七、估价资料归档

完成并出具估价报告后,应对有关该估价项目的一切必要资料进行整理、归档和妥善保管,以便今后必要时查用。各估价机构应根据有关规定建立相应的资料整理、归档和保管制度，每个估价人员也应该提高相应的意识，养成良好的工作习惯。

房地产估价是一项实践性很强的工作。房地产估价人员除了要了解并掌握房地产估价的基本理论和方法外，还必须学会面对特定的房地产估价项目如何合理、正确地运用各种房地产估价方法进行具体操作，设法得到估价结果，并最终以房地产估价报告的形式体现出来。本书将以房地产估价的基本操作过程为主线展开，帮助读者学习、理解和初步掌握房地产估价技术，学会如何去完成一份合格的房地产估价报告。

第三章 房地产估价业务的获取及其受理

第一节 房地产估价业务的来源

各类房地产估价机构要进行房地产估价,首先要有相应的估价业务来源。按照房地产估价机构的工作性质和房地产估价项目的性质来划分,可以分为以下几种类型:

一、按照房地产估价机构的工作性质来划分

1. 被动接受业务

被动接受业务是指有相应房地产估价资质的机构等待需要房地产估价者(委托估价方)主动前来委托自己估价的业务。房地产估价机构在明确估价基本事项、根据相应的法律规定、估价原则以及委托估价方的要求等,与其签订委托估价业务合同,并按照估价业务合同的约定,完成估价工作。

委托估价方可能是政府机构,也可能是一般的企业或普通的公民;可能是某被估房地产的权益人,也可能是某被估房地产的相关当事人。例如,委托估价方可能是某级地方土地管理部门就某宗国有土地使用权出让价格的确定前来委托估价;可能是某宗房地产的产权人(企业或个人)就其拥有的该房地产的抵押价格的确定前来委托估价;可能是某宗房地产的产权人的代理人(如经纪公司)就该房地产的交易价格的确定前来委托估价;也有可能是法院要处理有关经济纠纷,要求就涉案的房地产的处置价格的确定前来委托估价等等。

2. 主动争取业务

主动争取业务是指房地产估价机构的工作人员为获取估价业务,根据市场信息,主动争取为有需要的房地产估价者提供房地产估价服务,房地产估价机构在明确相关估价事宜后,与需要房地产估价者签订委托估价业务合同,并按照估价业务合同的约定,完成估价工作。2000年7月国务院办公厅下发实施了《关于经济鉴证类社会中介机构与政府部门实行脱钩改制的意见》[国办发(2000)51号],房地产估价业务逐渐市场化、商业化,房地产估价机构逐年增多,估价业务市场激烈竞争。在此背景下,主动争取的业务已经成为众多房地产估价机构的主要的业务来源之一。由于估价业务激烈的市场竞争,这就要求估价机构应该拥有一支受过系统专业培训的、有丰富实践经验的、有房地产估价资质的专业估价人员队伍,根据相应的法律规定和估价原则,力争公平、公正、公开地完成估价业务;通过不断提高估价服务质量来达到扩大市场宣传的目的,提升估价机构的市场知名度,并在激烈的市场竞争中求得生存和发展。

3. 自有自估业务

自有自估业务是指拥有某宗房地产的权利人或拟取得某宗房地产的当事人,自己需要确定该房地产在特定状况下的价格,自己提出估价要求,并自行完成估价工作。这种估价

业务只是针对有房地产估价能力的估价机构或个人而言的,从法律意义上讲,此类估价业务不是专业的房地产估价行为,而且其房地产估价结果或估价报告对外也不具有法律效力,仅是供自己掌握以供参考而已。例如某企业在清产核资时对自己拥有的房地产的价格进行估价;某估价机构对自己拥有的房地产进行转让或出租时的价格进行估价;或某投资机构欲收购一房地产项目前,对其收购时拟报出的收购价格进行估价等。

二、按照房地产估价项目的性质来划分

1. 程序性估价业务

程序性估价业务是指政府行政管理上在房地产抵押、赠与、课税、拆迁、国有土地使用权有偿出让,国有企业进行合资、联营、股份经营、转让、清产核资等情况下,根据相关法律、法规的规定所必须进行的房地产估价工作。而且凡是相关法律、法规的规定所必须进行的房地产估价,当事人必须持有相关资料或证明到房地产所在地区的有相应房地产估价资质的估价机构申请委托估价。如未经过规定的房地产估价程序,则有关房地产的交易管理部门和行政管理机构将依法不为其办理房地产交易手续和权益转移变更手续。此外,各级法院因案件审理和裁决的需要,要求估价机构对涉案的房地产进行估价也属于程序性估价。

2. 委托性估价业务

委托性估价业务是指需要房地产估价者为了掌握有关房地产的价格或价值情况,要求房地产估价机构进行估价,房地产估价机构在明确相关估价事宜后,与委托估价方签订委托估价业务合同,并按照估价业务合同的约定,完成估价工作。例如,可能是某宗房地产的产权人(企业或个人)就其拥有的该房地产的转让价格的确定前来委托估价;可能是某宗房地产的产权人的代理人(如经纪公司)就该房地产的租赁价格的确定前来委托估价,等等。

第二节 房地产估价业务的受理立项

房地产估价机构在明确了房地产估价的基本事项(具体内容将在本书第二章详述)、与委托估价方就估价业务的一些具体事宜(包括估价收费的依据、数量及其支付的方式、估价报告交付日期和方式、违约责任及其解决争议的方法等)进行协商并得到双方认可后,方可决定是否受理该估价业务。但是,无论是何种估价业务,房地产估价机构在受理时通常都应遵循下列一些原则:

1. 管辖原则

房地产估价具有较强的政策性、区域性,受理房地产估价业务必须根据国家和地方的相关评估管理的法律、法规的要求,根据房地产估价机构本身的资质等级、技术能力等受理估价业务。受理的估价业务必须是房地产估价机构有权限分管的估价范围,不属分管的估价范围的估价结果为无效估价,估价机构出具的估价结果(房地产估价报告书)不具有法律效力。

2. 自愿原则

受理房地产估价业务应当充分尊重需要房地产估价者当事人的意愿,不得强制或变相强制当事人委托估价。严禁采用欺瞒或违法手段强行受理房地产估价业务,以取得估价劳

务费用。在房地产估价业务市场激烈竞争的今天,这一原则尤为重要。

3. 有偿原则

房地产价格评估是房地产市场重要的经营性中介服务行为,是一项复杂的技术工作,应该实行有偿服务。评估机构要按照"自愿委托、有偿服务"的原则开展评估服务工作,收取合理的费用。为促进房地产价格评估工作的健康发展,原国家计划委员会、建设部和国土资源部(原国家土地管理局)等国家相关部门对房地产价格评估实行有偿服务制定了具体的规定。

国家计划委员会、建设部于1995年下发了《关于房地产中介服务收费的通知》(计价格〔1995〕971号)。对以房产为主的房地产价格评估收费实行七级分段累计收费制度,具体规定见表3-1。

以房产为主的房地产价格评估收费标准　　表3-1

档　次	房地产价格总额(万元)	累进计费率‰
1	100以下(含100)	5
2	101以上至1000	2.5
3	1001以上至2000	1.5
4	2001以上至5000	0.8
5	5001以上至8000	0.4
6	8001以上至10000	0.2
7	10000以上	0.1

国家计划委员会、国土资源部(原国家土地管理局)于1994年下发了《关于土地价格评估收费的通知》(计价格(1994)2017号)。其中对宗地地价评估收费标准和基准地价评估收费标准分别作了相关规定(见表3-2和表3-3)。

宗地地价评估收费标准　　表3-2

序　号	土地价格总额(万元)	收费标准(‰)
1	100以下(含100)	4
2	101~200部分	3
3	201~1000部分	2
4	1001~2000部分	1.5
5	2001~5000部分	0.8
6	5001~10000部分	0.4
7	10000以上部分	0.1

基准地价评估收费标准　　表3-3

序号	城镇面积(km^2)	收费标准(万元)
1	5以下(含5)	4~8
2	5~20(含20)	8~12
3	20~50(含50)	12~20
4	50以上	20~40

房地产估价从表面上看,房地产估价机构在完成估价业务后,最终出具的是一份《房地产估价报告书》。多则几十页、几百页,少则几页,有时甚至只有一页。例如,在房地产动拆迁工作中,对于一定范围内建筑结构形式相同、数量众多的房产拆迁补偿估价,房地产估价机构往往可以出具一张《房屋估价报告单》(参见案例3-1)。虽然形式上简单,但是,房地产估价机构在估价工作的前期和过程中都必须投入相当多的人力、物力和财力,因此,根据国家和地方的有关收费标准取得合理的估价劳务费用,是合情合理的。

【案例3-1】　房屋拆迁估价报告单(表3-4)

表 3-4

房屋拆迁估价报告单

基地名称	××街旧房改造			报告编号	××××		
估价对象	刘家宅××号			产权人	刘某某		
土地权证号	××××××			房产证号	××××××		
估价委托方	××建设发展有限公司			估价时点	2002.4.12		
	房屋1	房屋2	房屋3	房屋4	房屋5		
建造年代	1993	1998	1998	1970	1978		
权属状况	私房	私房	私房	私房	私房		
登记用途	居住	居住	居住	居住	居住		
设定用途	居住	居住	居住	居住	居住		
结构	砖混	砖混	砖混	砖木	砖木		
总层数	2	2	1	3	1		
层高(m)	6.9	6.9	2.9	2.3			
建筑面积(㎡)	52.2㎡	49.6㎡	9.2㎡	29.3㎡	19.7㎡		
屋面	木梁瓦顶	多孔板	铁管梁瓦顶	木梁瓦顶	木梁瓦顶		
墙体	砖	砖	砖	砖	砖		
门窗	木	木	木	木	木		
楼面	多孔板	多孔板	/	/	/		
地坪	立邦涂料	混凝土	混凝土	/	混凝土		
阳台	有顶	/	/	/	/		
阁楼	/	/	/	木楼板木搁栅	/		

房屋现状平面示意图：

（平面图：北向箭头，房屋 (4)I、(5)I、(1)II、(1)II、(1)II、(2)II、(2)II、(3)I 布局示意）

主要装修内容

房屋1	地砖、瓷砖、大小卫生、立邦涂料、油漆地坪、纱门窗、吊顶等
房屋2	地砖、立邦涂料、纱门窗等
房屋3	无
房屋4	无
房屋5	无
附属物	场地、简棚、下水、落水、围墙、晒衣架、铁门、门头、铁栏杆等

估价结果（人民币总价 包括房屋及其装修和附属物）

部位	房屋重置单价	房屋成新率	房屋总价	装修重置价	装修成新率
房屋1	￥480	84%	￥21,047	￥24,760	95%
房屋2	￥520	94%	￥24,245	￥2,270	95%
房屋3	￥500	94%	￥4,324	无	
房屋4	￥400	60%	￥7,032	无	
房屋5	￥450	60%	￥5,319	无	
附属物总价		￥8,060			
		合计	￥95,706		

说明
1. 本估价结果仅供委托方提供拆迁补偿的价格参考依据，不作他用；
2. 根据《××市城市房屋拆迁管理实施细则》房屋用途与建筑面积由权证确定；房屋重置单价指每平方米建筑面积价格，不包含装修和政策性价格补贴；
3. 若对估价报告有异议的，可在收到估价报告5日内向本公司咨询或申请复估。

签发人	朱某	审核人	陈某	估价师	华某某
评估日期	2002.4.12—2002.4.17		评估机构	××房地产估价有限责任公司（章）	

房地产估价机构与需要房地产估价者就估价业务的一些具体事宜进行明确、协商，并得到双方认可后，决定受理该估价业务的，由后者填写《房地产估价委托书》后，再由双方签订书面的《委托房地产估价合同》。

【案例3 2】 房地产估价委托书（表3-5）

表3-5

房 地 产 估 价 委 托 书

估价委托方	章某某					
估价受托方	上海××房地产评估有限公司					
估价对象概况	坐落地址	上海市××区××路36号301室				
	土地使用权人	章某某		土地使用权证号		略
	房屋所有权人	章某某		房屋所有权证号		略
	房屋类型	房屋结构	层数/总层数	建造时间	建筑面积	土地使用面积
	新建商品房	混　合	3/7	2002年3月	132.7m²	27.2m²
	他项权利设定情况					
估价目的	出让	买卖	租赁	抵押 ○	清产	入股	投保	典当
	拆迁补偿	征用	课税	交换	析产	争讼	其他
估价范围	全　部		部分（位置名称）			
估价基准时点	2004年12月15日		估价报告交付日期		2004年12月25日	
估价费用金额	（人民币）×万×仟×佰×拾×元×角×分					

估价委托方名称：章某某　　　　　　估价受托方名称：上海××房地产评估有限公司
估价委托方地址：上海市××区　　　估价受托方地址：上海市××区××路15号
××路36号301室
联系人：章某某　　　　　　　　　　联系人：单某某
联系电话：略　　　　　　　　　　　联系电话：略
传真：略　　　　　　　　　　　　　传真：略

估价委托方签章：略　　　　　　　　估价受托方签章：略

合同编号：××××　　　　　　　　委托估价时间：2004年12月15日

《房地产估价委托书》，一般比较简洁，多以表单形式出现。它是房地产估价机构为明确房地产估价业务，事先拟订、统一格式、届时使用的委托估价的凭证（参见案例3-2）。对于那些较常见、估价标的较小、内容简单的估价业务，可以根据估价双方的意愿，《房地产估价委托书》有时并不一定要填写。

《委托房地产估价合同》，是房地产估价机构在明确了房地产估价的基本事项后，与委托估价方就估价业务的一些具体事宜进行协商并得到双方认可后所签订的委托估价和受理估价业务的法律凭证。其内容一般包括：

（1）房地产估价机构、委托估价方（包括名称或姓名的全称、地址、联系电话等）；
（2）估价目的；
（3）估价对象；
（4）估价基准时点（即估价期日）；
（5）估价收费的数量及其支付的方式；
（6）估价报告交付日期；
（7）委托估价方应该提供的资料及提供资料的真实性、合法性的承诺；
（8）违约责任及其解决争议的方法；
（9）房地产估价机构和委托估价方认为需要约定的其他事项，等等。

【案例3-3】

房地产价格评估委托协议书

编号：估2004（×××××）

委托估价方（甲方）：××市××投资发展股份有限公司
　　受理估价方（乙方）：××房地产评估有限公司
　　甲乙双方经充分协商，兹就房地产估价事宜签订本协议。具体内容如下：
　　一、甲方估价目的：房地产抵押价格评估
　　二、估价对象：××市××路××号"××大厦"建设项目之土地
　　三、估价时点：2001年12月27日
　　四、乙方应根据甲方的估价目的，保证对上列房地产予以客观、公正的估价，最后出具该委估房地产的估价报告书。
　　五、甲方应于2001年11月24日以前将委估房地产的产权证、土地使用证、经营状况或建筑状况等估价所必要的资料提交给乙方，或配合乙方向有关部门、单位或个人查阅、搜集委估房地产估价所必要的资料，并有义务陪同勘查。
　　六、乙方对甲方委估房地产的文件资料应妥善保管并尽保密之责，非经甲方同意不得擅自公开或泄露给他人。
　　七、甲方应付给乙方的估价服务费依照国家计委、建设部〔1995〕971号《关于房地产中介服务收费的通知》的有关规定计收。签订本协议后，甲方应先预付给乙方壹万元整（人民币），余款待乙方将估价报告书交付给甲方时付清。
　　八、乙方如无特殊原因和正当理由，应按本协议规定时间2001年12月7日交付估价报告书。甲方如不按规定的时间向乙方提供有关资料，乙方可按耽误时间顺延估价报告的

交付时间。

九、甲方如果中途中断委托估价请求,乙方工作已经过半,甲方则应付给乙方全部估价费用;乙方工作尚未过半,甲方则支付给乙方全部估价服务费的 30%～50%,或已预付的估价服务费不退还,上述两者中取其高者。

十、本协议签订日期:<u>2001 年 11 月 21 日</u>。本协议自甲乙双方正式签订之日起生效,其中任何一方未经对方同意不得随意更改。如有未尽事宜,需经双方协商解决。

十一、本协议正本一式二份,甲乙双方各执一份。

甲　　方:××市××投资　　　　　乙　　方:××房地产评估
　　　　　发展股份有限公司　　　　　　　　 有限公司

经办人:陈××　　　　　　　　　　经办人:严××
地　址:略　　　　　　　　　　　　地　址:略
电　话:略　　　　　　　　　　　　电　话:略
传　真:略　　　　　　　　　　　　传　真:略

2001 年 11 月 21 日

无论是《房地产估价委托书》,还是《委托房地产估价合同》,都是房地产估价机构与委托估价方就估价具体事宜的相互约定,其主要有以下三个作用:

(1) 明确合同当事人,成立具有法律效应并受法律保护的委托和受托关系;
(2) 明确房地产估价的基本事项;
(3) 确定合同双方的各项权利和义务。

第四章 明确房地产估价的基本事项

房地产估价机构在受理房地产估价业务前,必须根据估价业务的具体情况,与委托估价方共同商议,明确房地产估价的一些基本事项。其内容主要包括:①明确估价目的;②明确估价对象;③明确估价时点。

第一节 明确房地产估价目的

房地产估价,是针对某个具体房地产,基于特定的估价目的,评估其在特定时点上的价值或价格的一种活动。

房地产估价目的是指某个具体估价项目的估价结果的期望用途,说明的是估价工作完成后,其估价结果能满足何种经济活动或者政府、民事行为的需要。

要准确地对某一房地产的价格作出评估,其关键之一就是首先要明确该房地产估价的目的,切实理解并把握好房地产估价对象的估价目的是实施房地产估价的前提条件。

不同的估价目的决定了不同的估价结果。明确了房地产估价目的才能选择准确的估价方法,合理制定出估价作业计划,并有针对性地收集有关的资料。不同的估价目的,其估价的原则、依据、方法和技术路线是各不相同的。常见的房地产估价目的有如下这些情况:

(1) 国有土地使用权有偿有期限出让,其协议、招标、拍卖、挂牌交易的底价或投标价格的评估;

(2) 土地使用权有偿转让的价格评估;

(3) 房地产交易,包括买卖、租赁、拍卖、差价交换等的价格评估;

(4) 房地产抵押贷款、投保、典当、索赔等的价格评估;

(5) 房地产析产、赠与、继承的价格评估;

(6) 房地产纠纷调停、仲裁和诉讼时的价格评估;

(7) 土地批租、地上房地产拆迁补偿的价格评估;

(8) 市政动迁房地产征用、拆迁补偿和落实政策作价收购的价格评估;

(9) 城市住房制度改革,出售、出租公有房屋的价格评估;

(10) 房地产税收管理,征收房地产增值税、房产税、契税等的课税价格评估;

(11) 企业股份制改革中承包、合并、兼并、清算时的房地产价格评估;

(12) 中外合资房地产入股中的权益价格评估;

(13) 房地产投资价值或价格评估;

(14) 房地产合并、分割的价格评估;

(15) 房地产他项权利设定造成原房地产价格贬值的价格评估;

(16) 国家建设需要提前收回出让土地有限年期使用权的价格评估;

（17）合资项目中，参建方出让股份的价格评估等。

显然，上述各种房地产估价目的之价格类型是不尽相同的，都有各自的估价标准，受到相应的法律、法规、政策和技术方法的制约，因而评估的价格内涵、评估方法亦不相同。因此，实施房地产估价以前，首先必须明确估价目的。

例如上述（1）、（2）中提到的土地使用权有偿有期限出让和土地使用权有偿转让的价格评估在内涵上具有显著差别。房地产开发商以出让方式取得的土地经过投资改良、开发，土地使用效益增加，土地使用权的价格就会增值，以此土地转让，房地产开发商应该取得相应的投资利润。因而土地转让价格和出让价格间存在着以下的关系：

土地转让价格＝土地出让价格＋土地开发费用＋投资利润＋投资利息＋税金

交易的各方因角度、立场和动机不同，即使对同一宗土地评估其转让价格，其各自的估价思路及采用的估价方法也相异。上述评估土地转让价格的方式一般是土地使用权的转出方采用的。而对于要获得土地使用权的受让方，就必须计算他所能接受的土地转让价格。此时，应该分析在最高、最佳、最有效使用状态下，该土地具有的现时价格以及投入成本、投资利息、税金和期望利润等。

因此，上述的各种房地产估价目的与估价对象的类型及交易背景、交易动机相结合，就会组合成许多复杂的情况，使房地产估价目的呈现出多元化的特点。所以在房地产估价中，对房地产估价目的的合理把握成为能否准确评估房地产价格的前提条件。

此外，还应该注意的是：房地产估价原则要求房地产估价必须按照合法前提下的最佳、最有效使用状态下来进行。因此，这里必须界定在有关法规政策的限制条件下，确定的估价目的是否符合上述要求。如果不符合，则已经确定的估价目的不能成立，甚至该项房地产估价业务将不能进行下去。

第二节 明确房地产估价对象

房地产估价对象是指一个房地产估价项目中需要评估其客观合理价格或价值的特定的房地产对象。从实物角度来看，估价对象主要有：

（1）无建筑物的空地；
（2）有建筑物（包括尚未建成的建筑物）的土地；
（3）建筑物（包括尚未建成的建筑物）；
（4）土地与建筑物（已建成的建筑物）的合成体；
（5）在建工程（土地与尚未建成的建筑物的合成体）；
（6）未来状况下的房地产；
（7）已经消失的房地产；
（8）现在状况下的房地产与过去状况下的房地产的差异部分；
（9）房地产的局部；
（10）包含有其他资产的房地产或者以房地产价值为主的一个企业整体；
（11）作为企业整体中的一部分的房地产。

需要指出的是，上述估价对象虽然是从实物角度来划分的，但评估其客观合理价格或价值仍然包括实物、权益和区位三个方面。从权益角度来看，估价对象主要有：

(1)"干净"的房屋所有权和出让土地使用权的房地产(这里的"干净"的意思是指该房地产的手续完备、权属明确且未租赁或者未设有抵押权、典权、地役权或其他任何形式的他项权利,下同);

(2)权属清晰的房屋和划拨土地使用权的房地产;

(3)权属清晰的房屋和农民集体所有土地的房地产;

(4)部分产权的房地产;

(5)共有的房地产;

(6)有租约限制的房地产;

(7)设定了抵押权的房地产(即已抵押的房地产,抵押人在通知抵押权人并告知受让人的情况下,可以将已抵押的房地产转让给他人,抵押人将已抵押的房地产转让给他人的,不影响抵押权,受让人处于抵押人的地位);

(8)设定了典权的房地产;

(9)设定了地役权的房地产(即该房地产为他人提供了有限的使用权,如允许他人通行);

(10)拖欠工程款的房地产;

(11)手续不全的房地产;

(12)产权不明或权属有争议的房地产;

(13)临时用地或临时建筑的房地产(又有未超过批准期限的和已超过批准期限的);

(14)违法占地或违章建筑的房地产;

(15)已依法公告列入拆迁或征收、征用范围的房地产;

(16)被依法查封、扣押、监管或者以其他形式限制的房地产;

(17)房地产的租赁权,即承租人权益;

(18)房地产的典权;

(19)房地产的空间利用权(地下空间利用权和地上空间利用权)。

房地产估价,是针对某个具体房地产物质实体状况,评估其在特定的权利(权益)状态下、在特定时点上的价值或价格的一种活动。因此,明确房地产估价对象,是房地产估价的关键所在。对房地产的估价实际上是对其权利(权益)价值的评估。只有准确、全面、系统地把握了需要估价的对象,明确了估价对象的权利状态和物质状况等,才有可能得出较为准确的房地产估价结果。

因此,明确房地产估价对象,就是指估价人员根据委托估价方的要求及其提供的资料和估价人员本身过往累积的经验,与委托估价方进行协商、讨论,对估价对象房地产的权利(权益)状态、物质实体和环境状况进行确定的过程。

一、明确估价对象的权利(权益)状态

明确房地产估价对象,首先要明确估价对象的权利(权益)状态。它是指明确估价对象所拥有的特定的权利(权益)状态及其权利(权益)边界,包括产权、使用权、租赁权、抵押权等,以及各项权利(权益)的期限的长短,有何限制性条款的设定。如已设定抵押的房地产的转让价格的评估,必须考虑设定抵押所带来的对其价格的影响;又如,已经具有明确规划限制的土地的转让价格(或受让价格)的评估,则必须考虑规划限制对土

地使用（效用）价格的影响等。

在我国的各类房地产中，土地的所有权形式简单，然而土地的使用权相当的复杂。有的使用权是单纯的自用益权，有的则是包含租赁权，或转让权、抵押权等。而自用益权又分为自由使用及限制使用，如对建筑容积率、建筑覆盖率、建筑高度等的限制。在房产方面，房屋所有权及管理权分类众多，如公产、代管产、托管产、拨用产、全民所有制单位自管产、集体所有制单位自管产、私产、中外合资产和军产等等。每种产别的适用法规政策都有区别。按房产的功能及使用类型又分为生产用房、居住用房、商业用房、行政事业用房等。地产和房产相结合后，组成的权利（权益）状态就会形成种种复杂集合的产权界区，加之房地产的不同用途及估价目的，从而构成了复杂的权利（权益）体系。

因此，房地产估价对象的权利（权益）状态能否切实把握，这不仅是开展房地产估价的关键前提，也是房地产估价结果（报告）合法性的基础。

在日常房地产估价工作中，估价人员要切实把握好估价对象的权利（权益）状态及其归属，应该做到以下两点：

1. 房地产估价对象的权属必须清楚

在进行估价时，估价对象被估价范围内的权属必须清楚：是独立产权还是共有产权，如楼房山墙、公共部位的归属；房地产的通风权、通行权、采光权等是否完备；土地转让时使用权是否完整；是否存在他人的地上权、通行权等；土地出让金是否按出让合同的规定付清；宗地是否存在不能建造房屋的限制；登记的土地和建筑面积是否又增加或灭失；建筑物的使用现状与权证或合同规定的方式是否相符；商品房期房估价，期房流通的权利是否存在；已设置抵押的房地产，设定的抵押权的期限是否超出剩余土地使用期限等等。再如，在建工程项目由联建方之一前来委托评估，则应按联建协议搞清联建各方的股权比重，从而评估确定委托估价方实际拥有的权利部分的价格；以行政划拨方式取得的国有土地使用权，必须按法律规定补办土地使用权出让手续，补缴国有土地使用权出让金后，方能进行土地使用权转让价格或抵押价格的评估。以上这些权属问题不得含糊或模棱两可，必须清楚无误。

2. 房地产估价对象的权属证明文件必须真实、完备

在进行估价时，只有当估价对象被估价范围内的权属清楚，权属证明文件真实、完备，权属证明文件上规定的内容与实际一致，价格评估的结果才具有合法性。权属证明文件通常是指产权证明文件和其他权属证明文件。这些权属证明文件主要有土地使用证、房屋所有权证、房屋他项权证等；此外，还包括一切能说明权利（权益）归属或权利（权益）状态的合同、协议书、契约、字据、赠与书、分割书、继承权说明书、仲裁书、判决书、公证书、建设工程规划许可证、建设工程施工许可证、商品房预售许可证等等。

在进行估价时，估价人员一方面必须查看估价对象的权属证明文件，明确估价对象的权利（权益）状态及其归属；另一方面，估价人员还必须对委托估价方提供的权属证明文件的真实性进行核实。其方法主要是通过查验权属证明文件的纸张、印刷、装帧等进行识别；必要时可以与出具权属证明文件的单位或个人进行核实，或是委托专业机构进行鉴定。只有经过核实，确认权属证明文件真实、可靠，以此为据进行评估，才能确保以后的评估结果的合法性。

二、明确估价对象的物质实体状况

房地产估价,是针对某个特定房地产对象的具体物质实体状况所作出的估价,不同的房地产对象的物质实体状况各不相同。因此要明确房地产估价对象,还必须明确估价对象的物质实体状况。

明确估价对象的物质实体状况主要是确认构成估价对象的物质实体的具体组成内容。构成估价对象的物质实体的具体组成主要是指土地和建筑物的用途、功能、规模、自然地理位置、使用状况、限制条件、物质实体特征指标、开发建设年代等。

1. 宗地物质实体的确认

宗地物质实体的确认包括确认宗地的地号、坐落位置、四至范围、地质、地形、地势、面积、形状、临街情况、临街深度(区分临街地、街角地、袋地等及其相应的距离指标)、宽深度、用途、规划限制条件(主要指建筑容积率、建筑密度、绿地率、规划红线及距离红线的后退距离等);临近道路情况(数量、规模);基础设施、公共设施(如公园、学校、医院、商业中心、机场、车站等)的数量、规模及配套程度;与基础设施、公共设施的接近程度;与有危险的设施(如有污染的化工厂、炼钢厂、火力发电站、垃圾焚烧场等)的距离;天然周期性灾害(例如地震、海啸、洪水等)等。

2. 建筑物物质实体的确认

建筑物物质实体的确认包括:

(1) 确认建筑物的位置(地址、坐落、地段等)、需要估价的部位及范围,这些是以后确认估价对象的环境条件和状况的前提。

(2) 确认建筑物的用途、建筑结构类型、式样、建筑面积、建筑平面布局、建筑高度、建筑层数、层高、朝向、通风和采光(日照时间)等。建筑物的用途、结构类型和式样、建筑面积等是反映建筑物实体质量的最基本指标,其直接影响房地产的价格;而建筑平面布局、建筑高度、建筑层数、层高、朝向、通风和采光(日照时间)等在估价时只是价格调整指标。

(3) 确认建筑物的设备类型及其品牌、型号、价格、装修规格等级及所用的建筑材料的品牌、价格和用量等,这些因素决定了房地产的工程质量和功能质量,是造价的直接组成部分,也是直接影响房地产价格的基本指标。

(4) 确认建筑物结构、设备、装修的使用状况、折旧程度、使用功能完好程度、建造年代等,这些因素体现了新旧房地产的价值变化,也是决定房地产价格的基本指标。

三、估价对象所处的特定的环境条件和状况、环境质量的确认

环境条件和状况具有很强的区域性和差异性,分别按不同的权重形成房地产环境质量,从而影响和决定房地产的价格。影响房地产环境质量的各个因素有的对各类房地产具有相同的影响力度,如公共设施配套程度;而有的影响力度不同,甚至相反,如道路通达度对临街的住宅与商业用房的影响就不同。因此,对不同的房地产的环境条件和状况考察、环境质量的内容与重点的确认是不尽相同的。

明确房地产的环境条件和状况、环境质量主要是指确认以下三方面的内容:

1. 社会因素

影响房地产价格的社会因素一般包括估价对象所处区域内的人口数量和密度、社区文明及教育水平、家庭结构及规模、社会安定状况、社会治安情况、房地产市场投机情况、城市化水平和房地产投资心理等等。

2. 经济因素

影响房地产价格的经济因素一般包括估价对象所处区域内的经济发展速度、规模及其趋势状况、财政金融状况（例如：存、贷款利率、贷款比率、资金供求状况等）、产业结构情况、税收状况、居民收入及消费水平和物价水平等。

3. 行政因素

影响房地产价格的行政因素一般包括估价对象所处区域内的房地产政策制度、城市规划、区域交通管制、地区行政隶属关系变更、特殊优惠政策等。

第三节 明确房地产估价时点

房地产估价是针对特定房地产评估其在特定的权利（权益）状态下、在特定时点上的价值或价格的一种活动。

万事万物都处于运动当中。房地产市场随着时间的变化而变化，影响房地产价格的因素众多，而且是随着房地产市场的运动也在不断地发生变化。房地产价格不是静止的，它是一个动态的指标。在不同时间，同一宗房地产往往会有不同的价格。因此，房地产价格具有很强的时间性，每一个价格都对应着一个时间。如果没有了对应的时间点，价格也就失去了意义。所以，在进行房地产估价前，必须明确相应的估价时点。

房地产估价时点，就是估价结果所对应的特定的时间点，即某个具体的日期。根据我国《房地产估价规范》的规定，房地产估价时点的确定，应该采用公历表示，精确到日。如某估价业务确定的估价时点为：2005年1月16日。在平时的房地产估价工作中，有些估价人员习惯采用估价期日、估价基准时点、估价基准日或是估价基准日期等，表达的都是同一个意思。

在实际估价中，通常将"估价日期"（估价工作过程的起止年月日，即正式接受估价委托的年月日至完成估价报告的年月日）或估价人员实地查勘估价对象期间的某个日期定为估价时点，但估价时点并非总是在此期间，也可因特殊需要将过去或未来的某个日期定为估价时点。因此，在估价中应特别注意估价目的、估价时点、估价对象状况和房地产市场状况四者的内在联系。通常，房地产估价业务应该根据估价目的来确定特定的估价时点。不同的估价目的下的房地产估价业务，其估价时点与估价对象状况及估价所依据的房地产市场状况的关系如图4-1所示。

其中，估价时点与估价所依据的房地产市场状况始终是一致的；当估价时点为过去或未来时，估价时点与估价对象房地产市场状况始终也是一致的；但当估价时点为现在时，估价对象房地产市场状况可能是过去、现在，也可能是未来。各种情形具体说明如下：

1. 估价时点为过去

估价时点为过去的情形多出现在房地产纠纷案件和由估价结果所引发的争议处理中。

例如，某甲与某乙存在债务债权关系。甲在2002年10月12日以其拥有的一房地产作价抵债与乙，到了2004年12月甲对此偿债行为提出异议。在处理该纠纷时需要对甲的

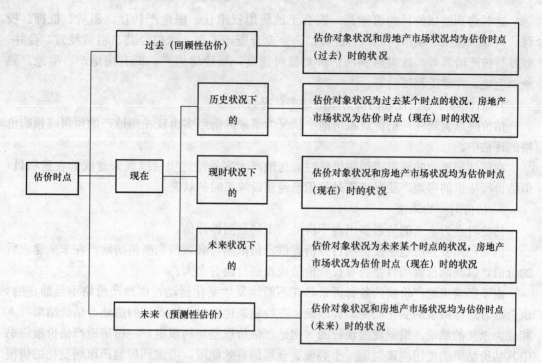

图 4-1 估价时点与估价对象及市场状况的关系

房地产进行估价。由于前后时间相差两年余,房地产市场状况和估价对象房地产状况都发生了变化。这时对甲的房地产进行估价,就估价时点、房地产市场状况和估价对象房地产状况的正确处理应该为:估价时点为过去,即 2002 年 10 月 12 日;估价所依据的房地产市场状况和估价对象房地产状况都应该是接近估价时点的时段。

又如,在以城市房地产拆迁补偿为目的的房地产估价中,某甲(被拆迁人)于 2005 年 3 月 23 日针对估价时点为 2004 年 8 月 3 日的估价结果有异议,提出复估申请。由于时间已过去了近半年,房地产市场状况和估价对象房地产状况都发生了较大的变化。在受理复估申请后进行复估时,就估价时点、房地产市场状况和估价对象房地产状况的正确处理应该为:估价时点为过去,即 2004 年 8 月 3 日;估价所依据的房地产市场状况和估价对象房地产状况都应该是估价时点的,而非现在进行复估的时间。

2. 估价时点为现在,估价对象房地产状况为过去

估价时点为现在,估价对象房地产状况为过去的情形多出现在房地产损害赔偿处理时。

例如,房地产由于地震、火灾、洪水等灾害造成损毁甚至灭失,保险公司为确定其损失程度加以理赔,要求估价机构对已损毁甚至灭失的房地产进行评估。此类评估重点在于建筑物受损前后的状况对比,来测定房地产损失程度。因此,估价时估价时点应为现在,估价对象房地产状况为灾害发生时的状况,当然灾害已经发生,是过去。保险公司以估价结果对受损人给予赔付,以此达到受损人能以赔付款修复或重建受损的房地产的目的。

3. 估价时点和估价对象房地产状况均为现在

估价时点为现在,估价对象房地产状况也为现在的情形是房地产估价实务工作中最常见、最大量的。

这时遇到的估价目的可能是：国有土地使用权出让、房地产转让、租赁、抵押、投保、典当、课税、城市房地产拆迁补偿、企业合资、买卖、承包经营、租赁经营、合并、兼并、破产清算等。这时遇到的估价对象可能是：新建房地产、旧有房地产、生地、熟地、毛地、在建工程项目等。

4. 估价时点为现在，估价对象房地产状况为未来

估价时点为现在，估价对象房地产状况为未来的情形多出现在房地产的预售或预购价格的评估中。

在评估房地产的预售或预购价格时，房地产大多是待建项目或尚未建成的在建项目，但估价所依据的房地产状况应该是预想已经建设竣工时的状况。

5. 估价时点为未来

估价时点为未来的情形多出现于房地产市场预测性评估。

例如，需要为房地产投资项目分析提供定量依据，必须预先测估房地产在未来建成后的价值，以判断投资项目是否有投资价值或投资价值有多大。

由于影响房地产价格的各种因素是在不断地发生变化运动，房地产价格不是静止的，也会随着这些因素的变化而变动。因此，在特定条件和时点上得到的房地产估价结果并不能成为永久的结论。根据我国现行的《房地产估价规范》的规定，一份房地产估价报告书中其估价结果的使用应该说明一个必要、合理的有效期限。考虑到房地产市场变化的快慢和大小，一般这个有效期不应长于估价报告中设定的估价时点后的一年。

例如，某地一新建商品房的估价时点为 2005 年 2 月 20 日，估价目的为房地产抵押价值评估，估价结果为人民币 67 万元。对此，在估价报告书中就该估价结果的使用有效期限的说明可为：本估价报告书的估价结果有效期为一年，即 2005 年 2 月 20 日至 2006 年 2 月 19 日。本估价目的在估价时点后一年内实现时，可以此估价结果作为房地产抵押定价依据。超过一年，则需要重新进行评估。

在明确了房地产估价时点的同时，我们还必须区分另一个时间概念，即估价日期，或称为估价作业时间、估价作业日期。估价时点是估价结果所对应的特定的时间点，是某个具体的日期。而估价日期则是指房地产估价人员从事该项估价业务所耗用的时间，一般是一个时间段，即正式接受估价委托的年月日至完成估价报告的年月日。

例如，某估价业务正式受理委托的日期为 2005 年 1 月 16 日，估价业务所耗用的时间需要两个星期，则估价日期为：2005 年 1 月 16 日至 2005 年 1 月 30 日。通常，较简单的估价项目可能需要一两天的时间，稍有难度或工作量的估价项目可能需要一两周的时间，而那些大型的、较为复杂的估价项目可能需要耗用估价人员数个月的时间。

第四节　明确房地产估价基本事项应用举例

【案例 4-1】

上海市××区××路××号"××广场"C 座 3B 室
房 地 产 估 价 报 告（节选）

一、估价委托方：略

二、估价受理方：略

三、估价项目名称：

上海市××区××路××号"××广场"C座3B室房地产市场价格评估

四、估价目的：评估房地产公开市场价格，供房地产抵押定价时参考

五、估价时点：2002年3月12日

六、估价对象概况

1. 估价对象

估价对象为上海市××区××路××号"××广场"C座3B室，建筑面积为137.41m^2。

2. 房地产坐落

估价对象坐落于上海市××区××路××号"××广场"C座3B室。东为广场内另一大厦，南临××路，西为××桥路，北近××路。距市中心（人民广场）约6km，距延安东路隧道7km，距虹桥国际机场约12km，距浦东国际机场约45km。

3. 房地产权利登记状况

估价对象为高层综合楼，已领取了房地产权证。其所在土地为出让用地，已进行房地产登记并办有房地产权证【证号：沪房地市字（××）第××××号】，产权证所载权利人为×××（注：房屋和土地两证合一）；土地批准用途为综合用地；地号：×××街道57坊7/1丘；图号：Ⅲ15—16/11—21；土地使用权分摊面积：17.21（m^2）；土地使用期限：1997年3月20日至2043年3月19日，至估价期日尚余四十一年。

至估价时点，估价对象未设定抵押、担保等他项权利登记。

4. 建筑物状况

估价对象位于上海市××区××路××号"××广场"C座大楼内3B室，C座大楼地面总高32层，地下2层（共有地下停车位160个）；采用钻孔灌注桩，箱形基础，框架剪力墙结构，主要受力构件梁、柱、墙、楼板全为现浇；3B室建筑面积为137.41m^2。

（1）估价对象建筑装饰设备简介：

估价对象所在大楼采用美国朗讯"Lucent"结构化综合布线，每层铺设光纤网络，为客户提供DDN（数字数据网）、ISDN（综合业务数字数据网）等高速信息服务通道。同时配备了独立的卫星接收系统，可利用此系统接收到泛美4号，日本BS—3，亚洲1号及亚太1A四颗卫星讯息。

估价对象以干挂式花岗石配英国皮尔金顿双层中空玻璃幕墙作为外墙装饰；

估价对象采用美国原装特灵TRANE中央空调机组系统以及用户独立调控的行风系统；给水系统采用由德国标准锅炉、奥地利VOGEL水泵、英国TA阀门、不锈钢水箱、紫铜水管等组成的，分立设置的24小时冷热水供给。

电梯系统采用六台OTIS E411高层高速电梯。其性能的核心ELEVONIC中央控制系统，有等候时间短、平稳快速的特点。电梯管理系统（EMS）和遥控监测系统（REM）24小时监控电梯安全运行。

防火方面，估价对象房地产采用了瑞士西伯乐斯公司的ALGOREX对话式火灾报警系统，运用其智能型火灾探测器，自动识别和显示错误的探测信号；防盗方面，采用智能化防盗报警系统，每当有报警时，系统会直接显示区域平面图，同时通知当地报警网络，

确保物业管理人员和公安人员在短时间内抵达现场。

××广场电力系统分别源于两个不同区域的城市电力网，同时采用了美国康明斯奥南的电力机组，确保大厦在紧急情况下可在较短时间内恢复供电。

估价对象采用上海安得利水处理系统、深圳捷顺停车场系统、美国Macromate无线网覆盖系统。

估价对象房地产安装了瑞士兰吉尔公司Landis & Staefa S600楼宇设备自动化控制系统，通过中央计算机冷热源系统、变配电系统、给排水系统、排污系统、停车库管理系统、照明系统和送排风系统等实时监控，确保大楼内各种设备正常运行。

(2) 室内装饰及设备简介

内墙：高级进口乳胶漆。

顶棚：各居室涂刷高级进口乳胶漆；客厅为杉木格栅、夹板吊顶，表层涂刷高级进口乳胶漆。

楼地面：各居室、客厅、走道内均铺设国产柚木地板，厨房、卫生间为高级进口防滑地砖。

门：进户门为高强度合金防盗门（配有电子门铃）；内门均为实心工艺木门。

窗：双层玻璃塑钢窗。

卫生间（主卫、客卫各一个）：均为大理石台面、高级进口墙面砖；铝合金格栅、彩花玻璃装饰吊顶；主卫安装进口高级三件套洁具、客卫安装进口高级两件套洁具和落地长玻璃隔断冲淋房；进口高级五金配件。

厨房：配有进口高级三眼燃气灶具、脱排油烟机等厨房设备；中密度板材防火板贴面一体化橱柜；进口高级五金配件、大理石操作台面、高级进口墙面砖；铝合金格栅及扣板吊顶。

阳台（南、北各一个）：高级进口防滑地砖；铝合金轨道塑钢落地长窗；双层塑钢窗封闭、大理石铺砌扶手。

表具：每户独立配置电表、煤气表、水表。

电话：各居室、客厅、卫生间内共用一路每户独立配置的IDD电话。

有线电视：各居室、客厅内共用一路每户独立配置的有线电视线路。

宽带网线：各居室、客厅内共用一路每户独立配置的宽带网线。

5. 周边交通条件及环境状况

估价对象建于××广场中。该广场位于上海市××区××路与××路路口，为一大型物业发展项目。地铁站、内环高架近在咫尺，其距市中心（人民广场）约6km，距延安东路隧道7km，距虹桥国际机场约12km，距浦东国际机场约45km，交通较为便捷。

整个广场占地面积达四十余万平方米，为综合性高级商住中心。广场计划共建六座大楼，有纯住宅大楼、商住综合大厦、纯智能化写字楼、综合式购物中心等。估价对象所在大楼是××广场中已建成的四座大楼之一，属商住综合大厦。××广场项目小区内设有壁球场、网球场、游泳池等设施。整体规划完善，周围绿化环境较好。同时小区内还设有健身中心、餐厅、美容、美发等服务设施。附近（1km半径范围内）有近十座三至五星级酒店（宾馆）、多个大小规模不等的超市、综合性商场、综合性及专科医院、三座大型体育馆和体育场、多所幼儿园及中小学校和一所综合性大学等配套设施，为居民生活提供了较大的方便。

七、估价计算过程（略）

八、估价结果

估价对象于估价时点的市场价格为：人民币壹佰零叁万叁仟伍佰元整（RMB1 033 500元）。折合建筑面积单价为7521元/m^2。

九、估价结果有效期：本估价结果有效期为半年，即2002年3月12日至2002年9月11日。本估价目的在估价时点后半年内实现时，可以此估价结果作为房地产抵押定价依据。超过半年，则需要重新进行估价。

十、估价作业日期：2002年3月12日至2002年3月17日。

（其他略）

【案例4-2】

××市××区××镇31号地块
土地估价报告（节选）

一、估价委托方：（略）

二、估价受理方：（略）

三、估价项目名称

××市××区××镇31号地块国有土地使用权出让公开招标之招标底价的评估

四、估价目的

本次评估要求估算出估价对象之土地的公开市场价格，为政府对该幅国有土地使用权出让进行公开招标确定招标底价提供参考。根据估价对象地块现状，本次评估不考虑抵押、担保、租赁、债务或其他权利对估价对象地块价格的影响。

五、估价时点：2003年11月1日

六、估价对象概况

1. 估价对象

估价对象是位于××市××区××镇的31号地块，土地面积为47764.6m^2。

2. 坐落位置

估价对象地块位于为××市北部城郊的××区××镇。东临××公路，距其约1km；西与××区接壤；北为××镇，距其约为2.5km，南接××镇。该地块处于××市××区、××区和××省××市的交汇处，距××市中心约28km，距××镇中心约6km。

3. 土地级别：××市基准地价六级

4. 规划用途：商品住宅

5. 土地使用年限

估价对象地块为实施国有土地使用权公开招标出让的商品住宅建设用地，根据相关规定，设定该土地使用年限为70年。

6. 土地面积：总面积为47764.6m^2。

7. 土地形状：估价对象地块形状近似于矩形，基本规则。

8. 估价对象地块基础设施状况

估价对象地块所在区域原为郊区农业用地，现已完成征用拆迁，场地已基本平整，×

××区规划的××路、××路和××路等正在建设中。

9. 权属状况与规划设计要求

估价对象地块为政府待出让的国有土地。根据地块现状，不考虑抵押、担保、租赁、债务或其他权利对估价对象地块价格的影响。

根据估价委托方提供的《××市××区规划管理局文件》[×规（2003）194号]文、《关于核定××区××镇范围内五地块规划地块公开招标征询规划选址的复函》和××区房地产测量队所作的《房屋土地权属调查报告书》[编号：略]记载，估价对象地块的规划指标如下：

用地性质：居住用地　　　　　　土地面积：47764.6m²
建筑容积率：0.29　　　　　　　建筑密度：18%
绿地率：52%　　　　　　　　　集中绿地率：11%
建筑高度：不超过15m，为2~4层　机动车泊位率：100%
建筑风格：根据规划要求，该地块上建筑物以2~3层独立式别墅为主，整个小区风格为北欧风格。

10. 环境与交通条件状况

××区位于××市的东北部，东北隔××江与××岛遥望，东南隔××河与××区相对，南面与××区、××区、××区接壤，西侧与××区为邻，是××市，乃至全国重要的钢铁生产基地和客、货运码头集中地，具有较长的海岸线和天然良港。近年来，随着××线高架路、××隧道和地铁线等工程的开工和建成，××区的交通条件有了较大的改善。

××镇是××市规划建设中的"一中心五围绕"之一。"一中心五围绕"的规划设计、开发建设是一个将历史与现代、东方与西方融为一体的划时代构想。

××镇规划占地××km²，规划设计为具备北欧风貌的现代化生态小镇，该镇将全面展现具有北欧风貌的产业特色、居住特色、交通特色、建筑特色，营造北欧的风景、展现北欧的文化、赋予北欧的情调、再现北欧的生活。

××镇全面规划布局主要有特色风貌区、北欧风情街、北欧式市民广场、16万m²的××湖、××科技主题公园、欧式中心镇、生态园林区等等。

其中，北欧风情街再现北欧小镇商业街面风格，中心镇为多类型低密度的北欧式公寓、别墅群落。××湖中心为特色建筑物，16万m²的××湖为人工湖泊，××科技主题公园分别设置丹麦海盗船公园、芬兰童话园、瑞典科技馆等。生态园林区设置山坡、湖泊、人造园林、游泳池、网球场、滑冰场、高尔夫球场以及高档独立别墅区。

根据规划，估价对象地块地区将建设成为一个全新的北欧式的具有现代化功能与设施的现代化城镇。在一个先进的高起点的现代理念指导下，这一新式的小城具有良好的环境质量、广阔的水域、足够的树木、绿化、低密度高品位的建筑物、各类商业设施和公益配套设施齐全。

七、估价计算过程：（略）

八、估价结果

经评估，估价对象地块于估价时点的土地使用权市场价格为人民币壹亿贰仟玖佰万元整（RMB 129 000 000元整）。

折合单位地价为 2701 元/m²，每亩 180.06 万元。

九、估价结果有效期

本估价结果有效期为半年，即 2003 年 11 月 1 日至 2004 年 4 月 30 日。本估价目的在估价时点后半年内实现时，可以此估价结果作为估价对象地块国有土地使用权公开招标出让定价依据。超过半年，则需要重新进行估价。

十、估价作业日期：2003 年 11 月 1 日至 2003 年 11 月 30 日。

（其他略）

第五章 拟定房地产估价作业方案

在明确了房地产估价基本事项后,应对估价项目进行初步分析,拟定房地产估价作业方案。主要包括的内容有:①拟定采用的估价技术路线和估价方法;②拟定调查搜集的资料及其来源和渠道;③预计所需要的时间、人力、物力和财力;④拟定估价作业步骤和时间进度安排。

第一节 拟定采用的估价技术路线和估价方法

一、房地产估价技术路线的涵义

在明确了估价目的和估价对象等情况后,便可以确定拟采用的估价技术路线,初步选择适用于特定估价对象的估价方法。房地产估价的技术路线是指导整个房地产估价过程的技术思路,是估价人员对估价对象房地产的价格形成过程的认识。

确定房地产估价技术路线,就是确定房地产价格的形成过程。只有确定了房地产估价的技术路线,才能相应地选择估价方法,进而才能具体展开估价作业。

二、房地产估价技术路线和房地产估价方法

房地产估价技术路线是估价人员对估价对象房地产的价格形成过程的认识。而运用房地产估价方法进行估价,也反映了估价人员对估价对象房地产的价格形成过程的认识。

确定房地产估价技术路线,要对估价对象房地产本身有充分的认识,要学会、理解和熟练运用各种估价方法。

房地产估价常用的方法主要有:比较法、收益法、成本法、假设开发法、长期趋势法和基准地价修正法等。估价人员应熟知、理解并正确运用这些主要方法以及它们的综合运用。根据我国《房地产估价规范》的规定,对于同一估价对象房地产应该选用两种以上不同的估价方法进行估价。这是因为,不同的估价方法是建立在各自不同的理论基础上的,对于同一估价对象房地产仅仅使用一种估价方法去估价,得出的估价结果往往带有偶然性或片面性。因此,在估价工作中,就要求估价人员从不同的角度去考虑问题,以便得到最为准确、最为合理的估价结果。

同一估价对象房地产,采用不同的估价方法进行估价,实际上是在模拟不同的价格形成过程,体现的是不同的估价技术路线。例如,对于一宗尚未完成的房地产开发项目,要求估价人员估算其土地的价格。我们可以采用成本法,考虑获取该地块的费用、土地开发成本、土地投资利润以及各项相关费用、投资利息、税费等,累加即得到估价对象之土地的价格。这既是成本法的估价过程,也体现了一种估价的技术路线。它所反映的价格形成过程是:产品的价格是由构成产品价格的各项组成部分累加而形成的。另外,我们也可以

采用假设开发法，先预测确定该尚未完成的房地产开发项目在完成后的市场价格，再一一扣除各项建造成本以及相应的利息、利润、税费等，由此也可以得出估价对象之土地的价格。这种估价方法所反映的价格形成过程是：产成品的价格扣除中间投入，可以得到半成品的价格。上述两种途径，在经济学理论上完全是有依据的，都是合理的。

由于房地产估价技术路线反映了房地产的价格形成过程和价格内涵，而房地产估价方法的实质也是在模拟不同的价格形成过程，并确定估价对象房地产的价格。因此，把握房地产估价技术路线有助于正确理解和运用房地产估价方法。

三、确定房地产估价技术路线时要对估价基本事项有充分的认识

确定房地产估价技术路线，首先要对估价基本事项有充分的认识，即要充分了解估价目的、估价对象和估价时点。

1. 确定房地产估价技术路线时要充分了解估价目的

房地产的估价目的决定了房地产的价格内涵，进而又决定了其估价技术路线。

例如，银行需要确定抵押人提供的一宗房地产的价格，而且该房地产的土地是国有划拨土地，此时银行想要知道：当抵押人所担保的债权不能按时清偿时，银行能够通过市场变卖抵押房地产所获的价值有多少？因此在"抵押评估"的估价目的下估价人员对该抵押房地产估价时就要向银行（估价委托方）说明：在处置该抵押房地产时将要向国家交付多少土地使用权出让金。也就是说，该抵押房地产在"抵押评估"的估价目的下所确定的估价结果实际上是其变卖所得价格扣除应向国家交付的土地使用权出让金后的余额，再将此余额从变卖的时点折现至估价时点的金额。

又如，在房地产保险目的下的估价，其价格内涵将不包括土地的价格。因为，在房地产发生意外（火灾、意外事故等）房屋可能会出现损失，而其下的土地是不会有价值损耗的。

2. 确定房地产估价技术路线时要充分了解估价对象状况

房地产估价技术路线反映了估价人员对估价对象房地产的价格形成过程的认识，因此，其与估价对象房地产本身的状况有着密切的关系。

例如，估价对象房地产为某市政动迁安置房。根据当地政策规定，在不造成被拆迁安置人居住条件困难、不违反其他有关规定的前提下，经相关的主管行政部门的批准，补缴国有土地出让金后，可以发放房地产权证书，自签发证书之日起，五年以后可以上市交易。现在由于家庭纠纷，法院判决对该市政动迁安置房进行分割，需要对其进行估价。而估价时点距离当地政策规定的可上市交易之日还有一年。此时的估价技术路线应该是：先确定估价对象房地产在可上市交易之日的快速变现价格，再折现到估价时点。

在此，对估价对象房地产的特殊状况的了解就非常重要。如果没有当地政策对其上市交易的限制规定，也就不存在采用"先确定估价对象房地产在可上市交易之日的快速变现价格，再折现到估价时点"这样的估价技术路线了。

3. 确定房地产估价技术路线时要充分了解估价时点

确定房地产估价技术路线，就是要确定估价对象房地产的价格内涵和价格形成过程，而房地产的价格内涵和价格形成过程都与估价时点密切相关。

房地产的估价结果具有很强的时间相关性，这主要在于资金具有时间价值。同一个资

金对象在不同的时点上，会具有不同的价值量。因此，在确定房地产估价技术路线和估价对象房地产的价格形成过程时，要注意不能将在不同的时点上发生的现金流直接相加减，而是要进行折现以后再相加减。

房地产的估价结果具有很强的时效性，这主要在于房地产市场的不断运动，带来房地产价格的波动性。同一估价对象房地产在不同的时点上，会有不同的市场价格（或价值）。因此，在确定房地产估价技术路线时，就要注意根据不同的估价时点确定估价所依据的房地产市场情况，进而确定在此特定的房地产市场情况下的房地产价格（或价值）。

四、房地产估价技术路线的确定过程

如前所述，确定房地产估价技术路线就是要确定估价对象房地产的价格内涵和价格形成过程。因此在确定房地产估价技术路线时，首先要明确估价对象房地产的价格内涵，其次要确定其价格形成过程，然后根据这些内容再确定适用的估价方法和估价的测算过程。

下面以案例形式来说明房地产估价技术路线的确定过程。

【案例 5-1】 甲方于 2003 年 7 月委托乙方（建筑公司）建设两幢均为 8 层的商品房（A 楼和 B 楼），共 5000m^2。至 2003 年 12 月止甲方共支付给乙方工程款 1500 万元。此时，A 楼和 B 楼分别建至 4 层楼和 5 层楼，工程到此因故停工。甲乙方双方此后为工程款发生纠纷。甲方认为已发生的工程款应为 1400 万元，乙方尚应返回 100 万元；乙方则认为工程款实际发生 1580 万元，甲方还需支付 80 万元。双方为此争执不下，到 2005 年 7 月甲方向法院起诉。法院委托估价机构对甲方实际应支付的工程款进行评估。

问题 1：对甲方实际应支付的工程款进行评估，确定评估结果的依据应该是什么？

问题 2：如果甲方拥有全部合法开发手续，欲将该未完工的房地产开发项目整体转让，估价时点应该确定在何时？

问题 3：该未完工的房地产开发项目预计 2006 年 5 月建成竣工，要估测届时的销售价格，估价对象房地产的状况和房地产市场状况应该如何确定？

【解答】 本案例实际上是考查估价人员能否熟练运用各种房地产估价技术路线，理清思路、简化问题的一种能力。

对于问题 1 涉及的估价目的是确定甲方实际应支付的工程款的数量，其估价技术路线应为：以 2003 年 7 月至 12 月的工程预算定额、建材价格差额等资料为依据，按两幢商品房到停工之日至实际发生的工程量计算估价额；估价时点是 1993 年 12 月工程停工之日，而不是 2005 年 7 月甲方向法院起诉之日。

对于问题 2 是确定甲方欲将该未完工的房地产开发项目整体转让的转让价格，其估价技术路线应为：采用假设开发法来确定项目可能的转让价格；估价时点是项目可能的转让时点，而不是 2003 年 12 月工程停工之日，也不是 2005 年 7 月甲方向法院起诉之日或 2006 年 5 月项目预计建成竣工之日。问题 2 与问题 1 应该是毫无关联的。

对于问题 3 是确定估价对象房地产于 2006 年 5 月项目预计建成竣工时的销售价格，因此要按照估价对象房地产的状况和房地产市场状况均为 2006 年 5 月的状态来确定届时的销售价格。

在这个案例中，估价目的、估价时点、估价对象房地产的状况和房地产市场状况等估价基本事项与估价对象房地产的价格内涵和价格形成过程，以及与房地产估价技术路线之

间的关系体现得相当充分。

第二节 拟定调查搜集的资料及其来源和渠道

一、调查搜集的资料类型

房地产估价机构和估价人员应经常留意搜集估价所需的相关资料，并进行核实、分析、整理。估价所需资料主要应包括下列方面：①对房地产价格有普遍影响的资料；②对估价对象所在地区的房地产价格有影响的资料；③相关房地产交易、成本、收益及实例资料；④反映估价对象状况房地产的资料。

（一）对房地产价格有普遍影响的资料

对房地产价格有普遍影响的因素，是指影响房地产价格的一般因素，基本上属于宏观的社会因素，它们并不直接决定某宗房、地产的价格，但它们对整体房地产市场的价格走势具有决定意义，对某类房地产的价格变化有时能产生特别大的影响，所有这些，最终也都会体现在个别房地产上。因此，必须广泛收集并深入分析这方面的有关资料。

对房地产价格有普遍影响的资料（房地产价格的一般因素）主要有：

1. 供求状况

房地产价格一般来说是由供给和需求决定的，与需求成正相关，与供给成负相关。房地产的供求状况可分为如下四种类型：①房地产总的供求状况；②某地区房地产的供求状况；③某类房地产的供求状况；④某地区某类房地产的供求状况。由于房地产的不可移动性及变更使用功能的困难性，决定了某一房地产的价格高低，最主要是该地区该类房地产的供求状况。

2. 经济因素

影响房地产价格的经济因素主要有：经济发展状况，储蓄、消费、投资水平，财政收支以及金融状况，物价，建筑人工费，利率，居民收入，房地产投资。

3. 人口因素

房地产的需求主体是人，人口数量和人口素质以及家庭规模等对房地产价格有着很大的影响。随着人口数量的增长，对房地产的需求必然增加，从而促使房地产价格上涨。

4. 社会因素

影响房地产价格的社会因素，主要有政治安定状况、社会治安程度、房地产投资和城市化水平。一般来说，政治不安定、社会动荡，必然造成房地产价格低落。社会治安较差，经常发生犯罪案件的地区，意味着人们的生命财产缺乏保障，将造成房地产价格低落。房地产投机扰乱市场，有许多危害。一般来说，它对房地产价格的影响有多种情况。至于究竟导致怎样的结果，要看当时的多种条件，包括投机者的素质和心理等。城市化意味着人口向城市地区集中，造成城市房地产需求不断增加，会带动城市房地产价格上涨。

5. 行政因素

影响房地产价格的行政因素，主要有土地制度、住房制度、城市发展战略、城市规划、土地利用规划、房地产价格政策、税收政策、行政隶属变更、心理因素、国际因素和其他因素等。

（二）对估价对象所在地区的房地产价格有影响的资料

对估价对象所在地区的房地产价格有影响的资料，是指影响房地产价格的区域因素。由于房地产市场的区域性，房地产价格的区域因素对估价对象房地产的价格影响是很大的，估价机构和估价人员应该留意连续、全面、系统地进行搜集。

1. 居住性房地产的区域因素

主要有交通通达度、购物便捷度、基础设施、公共设施的配套程度及接近程度、环境受污染程度等。

2. 商业性房地产的区域因素

主要有交通通达度、购物便捷度、基础设施、公共设施的配套程度及接近程度、环境受污染程度、地区商业配套管理完善程度、区域商业配套管理完善程度等。

3. 生产性房地产的区域因素

主要有交通通达度、基础设施、公共设施的配套程度及接近程度、环境受污染程度、资源（原材料、劳动力、消费市场等）接近程度、产业聚集程度、行业配套管理完善程度等。

（三）相关房地产交易、成本、收益及实例资料

相关房地产交易、成本、收益及实例资料，主要包括市场交易价格、交易时间、交易情况、交易税收及实例资料；房地产开发建造定额指标、融资条件、开发成本、投资经营管理成本、公建设施配套要求、建设周期、重置价格、税金等及实例资料；房地产投资收益指标、市场租金、出租率（或空置率）、税金及实例资料，等等。在评估过程中，无论是否直接运用这些资料，都应尽量收集，以供参考。对于搜集到的实例资料，应整理成表格形式，以便于利用。

（四）反映估价对象状况房地产的资料

反映估价对象状况房地产的资料，主要是指影响房地产价格的个别因素。

1. 居住性房地产的个别因素

主要有规划条件、建筑结构、类型及等级、装修、设施与设备、质量、建造时间及使用年限、朝向、楼层、位置及地段、面积及布局、交易时间、交易情况和物业管理等。

2. 商业性房地产的个别因素

主要有规划条件、建筑结构、类型及等级、装修、设施与设备、质量、建造时间及使用年限、临街状况、内部格局、位置及地段、楼层、面积（包括宽深比）、净高、布局、储存空间等。

3. 生产性房地产的个别因素

主要有规划条件、装修、设施与设备、质量、建造时间及使用年限、用地面积、用地形状、地势、地质及水文条件、区位条件、厂房面积、建筑结构、类型及等级、高度等情况。

二、调查搜集资料的来源和渠道

调查搜集资料的来源和渠道有多方面的，主要包括以下几个方面：①委托估价方提供；②估价人员亲自调查搜集；③向政府有关部门查阅或索取；④向相关当事人询问；⑤委托专业的咨询公司提供等。

第三节 拟定估价作业步骤和明确时间进度及资源安排

拟定估价作业步骤和明确时间进度及资源安排主要是指对以后要做的各项工作做出具体安排,包括对工作内容的细分和明确、估价人员和所需设备的配置、时间进度的安排、所需经费的落实等,以便控制估价进度及协调合作。

估价工作,无论估价项目是简单还是复杂,都会包含诸多工作环节。拟定估价作业步骤和明确时间进度及资源安排的方法可以采用横道图法、网络图法等形式,加以直观化,特别是对于那些大型、复杂的估价项目。

1. 横道图法

这是一种采用直线线条在时间坐标上表示出估价工作进度的方法。由于横道图法制作简便,明了易懂,因而在一些并不复杂的估价项目中采用这种图表是比较合适的(图5-1)。

××房地产估价工作进度横道图　　委托合同号:××××
估价日期:2005年3月11日—2005年3月24日

阶段 \ 日期	11	12	13	14	15	16	17	18	19	20	21	22	23	24
明确估价基本事项	■	■												
拟定估价技术路线		■	■	■										
查阅资料、实地查勘		■	■	■	■	■								
核对资料					■	■	■							
计算、确定估价结果							■	■	■	■				
撰写估价报告										■	■	■		
审核与签发估价报告												■	■	
交付估价报告														■

图5-1 工作进度横道图

2. 网络图法

网络图法的基本原理是首先采用网络形式来表示估价工作中各阶段的先后顺序和相互的关系;其次是通过计算找出估价计划中的关键工作及线路;再在计划执行过程中进行有效的控制和监督,以此保证估价工作的顺利完成(见图5-2)。

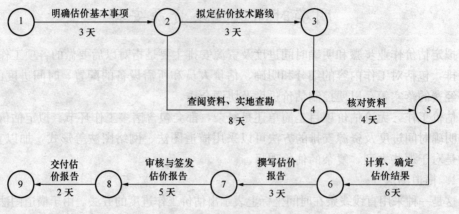

图 5-2 工作进度网络图

第六章 实地查勘估价对象房地产

第一节 实地查勘估价对象房地产的涵义和内容

一、实地查勘估价对象房地产的涵义

实地查勘估价对象房地产指是估价人员亲自去估价对象现场，对委托人先前介绍或提供的估价对象的有关情况，以及事先收集的估价对象的坐落、面积、四至、用途、产权等资料，进行调查核实，同时亲身感受估价对象的位置、周围环境、景观的优劣，查看估价对象的外观、内部状况（如建筑结构、设备、装修、维修养护等），拍摄反映估价对象外观、内部状况及其周围环境、景观或临路状况的影像资料，并搜集补充估价所需的其他资料，了解当地房地产市场行情和市场特性等。

在实地查勘时，一般需要委托人中熟悉情况的人员和被查勘房地产的业主陪同，估价人员要认真听取陪同人员的介绍，详细询问在估价中所需弄清楚的问题，并将有关情况和数据认真记录下来，形成"实地查勘记录"。

完成实地查勘后，实地查勘的估价人员、委托人中陪同实地查勘的人员和被查勘房地产的业主，应在"实地查勘记录"上签字认可，并注明实地查勘日期。

在实地查勘时，估价对象房地产应该注意方式方法，应根据不同的房地产估价项目（类型）及估价技术方法，突出相应的重点。这些重点主要有：

1. 认真核对估价范围

估价范围的准确确定是居住房地产估价的重点，特别是对同一地点多幢房屋、多幢房屋同一门牌、不同建筑类型房屋联体为一幢房屋等情况，要认真核对估价对象房屋的估价范围，正确区分房屋的独有部分、共有部分、他人部分，以免误估而出现纠纷。对有疑义部分应该予以特别查核。

2. 认真核对使用状况

核查土地的实际用途与权属证明是否相符一致；核查土地的使用现状是否符合规划许可的限制条件，如有否违反规划许可对建筑容积率、建筑密度、绿地率等的限制规定；对建筑物而言，应查清是否有违法建筑，是否有不同年代分别建造联体为一幢房屋等情况；查清建筑物的使用、维护、保养状况。

3. 认真勘估房地产成新度

房地产成新度是市场法评估中进行价格调整的重要因素，也是成本法评估中确定建筑物重新购建价格的重要因素。而对于使用较久的房地产，难于测估成新度。这时，认真、细致地勘估房地产成新度，就显得尤为重要。我们可以通过一定的方法或技术手段来查勘建筑物主体结构部分（地基基础、梁、柱、墙体等承重结构）的物理性状，测估出建筑物

的完好程度，预测建筑物的剩余使用年限。以建筑物主体结构部分的成新度为基础，再结合设备装修的完好程度，综合确定建筑物的成新度。此外，还要查勘地下各种市政基础设施管线及附属设施（如水泵房、配电间、锅炉房等）的成新度。

4. 认真核对各种面积指标

在房地产估价中，各种面积指标是反映房地产实体质量的最基本指标，其直接决定了房地产的价格，其中，尤以建筑面积最为重要。对建筑面积必须按有关规定，仔细测量核对。此外，对建筑物的使用面积、居住面积、墙体面积、共有面积、分摊面积等都要认真查核。同时，还要注意区分权属不清或无证违法建筑（面积）和有证合法建筑（面积）、是否由于某些原因存在有证合法面积的灭失等情况。

5. 认真核对估价对象环境条件和状况

估价对象所处的特定的环境条件和状况、环境质量的确认与估价对象有直接关联。应该根据不同的房地产估价项目（类型）及估价技术方法，突出相应的重点。

二、实地查勘估价对象房地产的内容

（一）实地查勘估价对象的物质实体情况

实地查勘估价对象物质实体情况主要是指估价人员通过自己的观察和利用相应的工具对土地和建筑物的用途、功能、规模、自然地理位置、使用状况、规划限制条件、物质实体特征指标、开发建设年代等进行现场测勘。对此估价人员必须到达估价对象房地产所在的现场，认真、细致、全面地进行实地查勘，确保估价委托方提供的资料及房地产权证等与估价对象房地产的事实情况一致不二。

1. 建筑物物质实体的现场查勘

（1）建筑物物质实体的现场查勘的内容

1）建筑物的位置（地址、坐落、地段等）、临街情况等；

2）建筑物的用途、建筑结构类型、建筑工艺技术、式样、建筑面积（或可出租面积）、建筑平面布局、面积宽深比、建筑高度、建筑层数、层高、朝向、通风和采光（日照时间）、停车泊位等；

3）建筑物的设备类型及其品牌、型号、价格、装修规格等级及所用的建筑材料的品牌、价格和用量等；

4）建筑物设备、装修的使用状况、结构、设备、装修的折旧程度、使用功能完好程度、建造年代等。

（2）对于不同类型建筑物的物质实体的实地查勘，应有相应的重点

例如，对于居住用建筑物，估价人员应该对建筑物的地段、建筑结构类型、建筑面积、平面布局、建筑层数及层高、朝向、通风、采光、设备及装修的状况、使用状况、折旧程度、使用功能完好程度、建造年代等予以重点查勘。

对于商业用建筑物，估价人员应该对建筑物的地段、具体用途、需要估价的部位及范围、临街情况、建筑结构类型、平面布局、建筑面积（可出租面积）、面积宽深比、建筑高度及层高、停车泊位、结构、设备及装修的状况、使用状况、折旧程度、使用功能完好程度、建造年代等予以重点查勘。

对于工业用建筑物，估价人员应该更关注建筑物的位置（地址、坐落等）、需要估价

的部位及范围、具体用途、建筑结构类型、建筑工艺技术、建筑面积及层高、设备及装修的状况、使用状况、折旧程度、使用功能完好程度、建造年代等。

（3）对于运用不同的估价技术路线和估价方法，在对建筑物物质实体的查勘时，也有相应的重点。

例如，在运用市场比较法进行估价时，估价人员应该重点查核估价对象建筑物的坐落位置（地段）、具体用途、建筑结构类型、式样、建筑面积、平面布局、建筑层数及层高、朝向、通风、采光、设备及装修的状况、使用状况、折旧程度、使用功能完好程度等，及其与比较实例的差异性。

在运用收益法进行估价时，估价人员应该重点查核估价对象建筑物的坐落位置（地段）、具体用途、建筑面积（或可出租面积）、出租率、建筑层数、朝向、通风、采光、设备及装修的状况、使用状况、使用功能完好程度、建造年代等。

在运用成本法进行估价时，估价人员应该重点查核估价对象建筑物的建筑结构类型、建筑工艺技术、建筑面积、建筑层数及层高、结构、设备及装修的状况、使用状况、折旧程度、使用功能完好程度等。

2. 宗地物质实体的现场查勘

（1）宗地物质实体的现场查勘的内容

包括：宗地物质实体的查勘包括查勘宗地的地号、坐落位置、四至范围、地质、地形、地势、形状、面积、临街情况、临街深度（区分临街地、街角地、袋地等及其相应的距离指标）、宽深度（比）、用途、规划限制条件（主要指建筑容积率、建筑密度、绿地率、规划红线及距离红线的后退距离）等。

（2）对于不同类型的宗地，在对其物质实体的查勘时，应有相应的重点

例如，对于生地，估价人员除了要对其地号、坐落位置、四至范围、地质、地形、地势、形状、面积、临街深度、宽深度（比）、规划红线及距离红线的后退距离等这些宗地实体基本内容进行勘测查核外，还应该对生地的利用现状、征地手续、拆迁安置补偿的进度、地块内是否还有建筑物和附着物等予以重点查勘。

对于熟地，估价人员除了要对上述提及的熟地的实体基本内容进行勘测查核外，还应该对熟地的开发程度（即所谓的土地成熟度，包括"三通一平"、"五通一平"、"七通一平"等）及其开发进度等予以重点勘核。

而对于毛地来说，估价人员应该更关注地块的拆迁安置补偿的进度、地下公建设施管线、土地规划用途、规划限制条件与周边房地产的关系等。

（3）对于运用不同的估价技术路线和估价方法，在对宗地物质实体的查勘时，也有相应的重点。

例如，对于运用市场比较法进行估价，估价人员应该重点查核估价对象宗地的坐落位置（地段）、利用现状、开发程度、规划限制条件等，及其与比较实例的差异性。

在运用成本逼近法时，应该重点查核估价对象宗地的地质、地势、征地拆迁安置补偿的进度或开发程度及其进度等。

在运用收益法时，估价人员应该重点查核估价对象宗地的坐落位置（地段）、具体用途、规划限制条件等。

在运用假设开发法时，则应注意估价对象宗地的地质、地势、坐落位置（地段）、规

划限制条件等。

而在运用基准地价修正法时,其原理类似市场比较法,但还应该重点查核估价对象宗地的形状、面积、临街情况、临街深度、宽深度(比)等规整程度与基准地价所对应的标准地块之间的差异性。

(二)实地查勘估价对象的环境条件和环境质量

实地查勘估价对象的环境条件和环境质量,主要是指估价人员来到估价对象房地产现场,通过自己的观察、分析和判断,对估价对象所处的环境条件和环境质量的实际状况与委托估价方提供的资料以及先前在明确估价对象时(本书第二章第二节的内容)所掌握的资料进行核对并作出界定,以便于在以后的估价计算时对估价对象房地产价格的研判。

对此估价人员必须到达估价对象房地产所在的现场,认真、细致、全面地进行实地查勘,了解当地的环境状况,核对估价委托方提供的环境资料,并做好相应的记录。

实地查勘估价对象环境条件和环境质量主要就是考察影响估价对象房地产价格的环境方面的一些因素,其内容一般包括估价对象所处区域内的人口数量和密度、社区文明及教育水平、家庭结构及规模、社会安定状况、社会治安情况、基础设施、公共设施的配套状况、环境受污染情况、税收状况、居民收入及消费水平和物价水平、资源(原材料、劳动力等)供应等。

通过实地查勘估价对象的环境条件和环境质量,对有关内容进行记录、分析,根据不同估价对象情况,将各种因素进行量化,可以形成一系列的环境条件和环境质量的指标。例如,交通通达度、购物便捷度、居住舒适度、基础设施、公共设施的配套程度及接近程度、环境受污染程度、绿地率及居住区物业管理完善程度、税收、居民收入及消费水平和物价水平、资源接近程度、社会安定与治安情况、税收、行业配套管理完善程度等。

对于不同估价对象,在查勘估价对象所处的环境条件和环境质量是不完全相同的。

例如:对居住性房地产估价时,要注意查核的是交通通达度、购物便捷度、居住舒适度、基础设施、公共设施的配套程度及接近程度(尤其是医院、学校、银行、邮局等)、环境受污染程度、社区文明及教育水平、家庭结构及规模、居民收入及消费水平、绿地率及居住区物业管理完善程度等。

在商业性房地产估价时,应注重交通通达度、基础设施、公共设施的配套程度及接近程度(如银行、邮局、餐饮、酒店、停车场、相关政府办事机构等)、环境受污染程度、地区商业配套管理完善程度、社会安定与治安情况、税收、居民收入及消费水平和物价水平、商业优惠政策等查核。

在生产性房地产估价时,应注意交通通达度、基础设施、公共设施的配套程度及接近程度(如水、电、气等的供应)、环境受污染程度、资源接近程度、产成品消费市场接近程度、社会安定与治安情况、税收、产业聚集程度、行业配套管理完善程度等查核。

第二节 分析估价对象市场状况和市场特性

分析估价对象市场状况和市场特性主要体现在对估价对象所处的区域的房地产市场供求关系、市场投机情况、房地产政策制度、城市规划、房地产投资心理、经济发展速度、规模及其趋势状况、财政金融状况(例如:存、贷款利率、贷款比率、资金供求状况等)、产业结构情况、税收状况、城市化水平等的分析。

这部分的分析内容，有时候会与前面所提到的估价对象的环境条件和环境质量内容有所重叠，但是此处分析的重点与前面是不相同的。分析估价对象市场状况和市场特性，注意突出的是估价对象所在区域的市场情况，是广义上的"环境"概念。

以下，我们以一实务估价报告为例，帮助读者来理解如何对估价对象的环境、市场状况和市场特性进行分析。

【案例6-1】

"上海××花园"项目土地估价报告（节选）

一、委托估价方：（略）

二、受托估价方：（略）

三、评估对象范围

评估对象为上海市××旅游度假区××号地块，地号为Ⅱ××－01－01－××，土地总面积为157020m^2，约合235.5亩。

四、估价目的

评估该地块的公开市场价格，为估价委托方的投资经营决策提供参考。

五、估价时点：2002年7月1日

六、估价人员：（略）

七、估价对象概况

（一）基本情况

评估对象为上海市××旅游度假区××号地块，位于上海市××区境内，西临淀山湖、南面上海市青少年素质教育基地"东方绿洲"、东和东南面为规划中待开发的高档别墅区。距上海市中心（人民广场）约45.6km，距××镇约9.1km，距××镇约4.8km（以上均为直线距离）。

土地面积：157020m^2，约合235.5亩

土地形状：呈不规则三角形

土地用途：住宅

土地使用权性质：国有出让

土地使用年限：使用终止日期为2071年07月19日

（二）土地现状

估价对象地块所在区域原为郊区农业用地，现已完成征用拆迁，场地已基本平整。该地块拟建设成上海西南部市郊的高档别墅区域，暂定名为"上海××花园"。

八、估价对象的因素分析

（一）个别因素分析

评估对象地块处在淀山湖旅游风景区内，淀山湖是上海地区最大的淡水湖，湖水面积62km^2，为杭州西湖的12倍。评估对象地块临湖岸线长1000多米，因此，具有得天独厚的天然水景资源。

评估对象地块距离318国道约3km，沪青平快速干道约4km。通过沪青平快速干道直接连通郊区环线、外环线、内环线、延安高架道路等，从而纳入了上海市"15、30、60"min的快速交通网（"15"指重要工业区、重要集镇、交通枢纽、旅客货运主要集散

地的车辆 15min 可进入高速公路网；"30"指中心城与新城及中心城至省界 30min 互通；"60"指高速公路网上任意两点之间 60min 可达），可迅速到达市区，同时直通浙江省和江苏省。

根据估价委托方（"上海××花园"项目的开发商）的规划，依托淀山湖旅游风景区这个大的外部环境，开发商将极力打造极具生态居住特征、水天一色的湖景豪宅。每栋别墅全部实行豪华人性化装修，部分湖畔别墅还将建有私家游艇码头。建筑设计特别关注房型布局和立面构思，倡导居住、度假、休闲新理念，精心设计文化气息浓郁、自然环境优美、居住条件优越的豪宅精品，满足市场的潜在需求。

（二）区域因素分析

评估对象为上海市××旅游度假区××号地块，位于江苏省昆山市与上海市青浦区的交界处、"千年古镇"朱家角镇的西面、淀山湖旅游风景区内。

昆山，地处上海和苏州两大名城之间，是被誉为"百花园中一株幽兰"——昆曲的发源地，也是全国第一个人均国民生产总值（GDP）突破 4000 美元的县级市，旅游资源丰富。有亭林公园内"百里平畴，一峰独秀"的玉峰山，有被誉为"中国的土筑金字塔"的赵陵良诸文化遗址，更有声名远扬的"中国第一水乡"——周庄。

闻名遐迩的"千年古镇"朱家角镇，位于茫茫淀山湖滨，镶嵌在湖光山色之中，面积为 $47km^2$，成折扇形，是典型的江南鱼米之乡。朱家角素有上海威尼斯、沪郊好莱坞之誉，又名珠街阁，雅称珠溪，俗称"角里"，原名朱家村。朱家角坐落于上海市青浦区，东靠虹桥国际机场（30km），北连昆山，南接嘉兴，西通平望，"金色玉带"318 国道横贯全镇，黄金水道槽港河穿镇而过，水陆交通便捷，风景优美，物产丰裕，是上海保存最完整的江南水乡古镇。1991 年被上海市政府命名为四大历史文化名镇之一。

朱家角镇历史悠久、民风淳朴，文化积淀深厚。早在 1700 多年前的三国时期，便已有村落集市；明朝万历年间已成为商贾云集、烟火千家的繁华集镇。民初商业鼎盛，"长街三里，店铺千家"，为著名商市。镇内小桥流水，古意盎然，现在仍可看到古色古香的明清时期街市、建筑和水乡泽国古朴的风土民情，放生桥、一线街、圆津禅院等众多名胜古迹，处处散发着浓郁的文化韵味。

悠久的历史文化，留下众多的人文景观。"水木清华文儒辈出"，从清代金石学家官至刑部右侍郎的王昶，到上海申报的创始人席裕福，从御医陈莲舫到清末民初的著名通俗小说家陆士谔，从南社女诗人陆灵素到著名实业家蔡承烈，朱家角可谓钟灵毓秀，人才辈出。镇上名园课植园，国内亭台楼阁，曲径回廊，并留有明代书画家文徵明的小楷、祝枝山的草书和唐寅、周天球的手迹等。朱家角镇人历来爱好藏书，至今约 50% 以上的家庭都有藏书习惯，可谓满镇书香。

以"小桥、流水、人家"格局及丰富的文化遗产著称于世的朱家角，堪称国之瑰宝。如今，朱家角镇正从闭塞走向开放，从传统迈入现代，迈入"以文化兴旅游，以旅游兴古镇"的新阶段，成为上海后花园中一朵绚丽的奇葩。

上海市在 2001 年市十一届人大四次会议上提出，"十五"期间，上海将重点建设"一城九镇"（即松江新城和朱家角、安亭、罗店、枫泾、浦江、高桥、周浦、奉城、堡镇 9 个中心镇），使之成为规模适度、功能完善、生态环境优良、充分体现 21 世纪国际大都市郊区特色风貌的城镇。这不仅意味着申城城市布局的变革，还将给房地产开发带来一种全新的机遇。计划到 2005 年,"一城九镇"开发建设要初具雏形,郊区城市化水平达到 60%;到 2020 年,基本完成现代城镇体系建设,城市化水平达到 75%以上。并且上海市将大力建设快捷的交通干线,以将"一城九镇"相互之间连接起来。"一城九镇"建设方式改变了以往城市扩展"摊大饼"式的老路子。连接"一城九镇"之间的快捷交通干线,好像是一根线把一颗颗珠子串联起来一样,所以有专家称申城"一城九镇"建设方式是一种"串珠"式的城市化模式。等"一城九镇"完全建成后,能变成市区居民度假的后花园。

作为"一城九镇"战略中的"九镇"之首的朱家角镇发展的定位是以旅游业为主导产业,建设既凸现本土水乡古镇风貌,又有现代城镇的格调,建成江南水乡的明清风貌特色城。

上海市政府强调"一城九镇"的开发建设将一改过去新区建设中城市产业规划布局与房地产开发互相脱节的情况,要求房地产开发同当地产业发展紧密结合,综合考虑城镇的功能定位、城郊特点、产业特色、地貌特征、历史文化体因素,因地制宜地塑造"一城九镇"的特色风貌。鉴于此,评估对象地块项目的开发建设规划完全符合朱家角镇总的规划建设定位,同时朱家角的旅游资源也将给该项目带来巨大的契机和广阔的市场空间。

同时,评估对象地块处在淀山湖旅游风景区内,该风景区是 20 世纪 80 年代开始兴建的一处大型的风景区,经过多年的扩建,现在已成为上海最大的旅游胜地。淀山湖风景秀丽,湖水碧澄,空气纯净,环境优雅,淀山湖拥有数十公里的湖岸线,沿湖辟有 12.38 km^2 的省级旅游度假区。

评估对象地块周边的项目主要有:

◇ 红楼胜景"大观园":在 160 余亩的胜景区内,建有运用我国传统园林艺术再现的各式仿古建筑成群,布局奇巧豪华,汇集了南北园林的特色。20 多处景点,建筑精致,风格典雅。

◇ 国际高尔夫球乡村俱乐部:占地 100ha,合(1500 多亩),18 洞球场,每个球道从 100m 到 525m 不等。邻近球场设有 3 洞的练习场,12 个网球场和一个游泳池。高尔夫球场区宽广,风景优美。设有酒吧、弹子房等,还建有仿 19 世纪英国式别墅、图书馆、医疗室等服务设施。

◇ 休闲胜地日月岛:位于淀山湖畔,三面环湖,其地理位置和自然景观都十分迷人。岛上拥有 4000 多 m^2 的内湖荷塘和 1 万多 m^2 的外湖水域。休闲游乐服务项目包括:各种水上活动,如游泳、水上飞艇、摩托艇、划艇、垂钓等项目。

◇ 远东最大的水上运动场:坐落在淀山湖东北,是国内一流水平的水上训练基地,被亚洲赛艇联合会称之为远东规模最大,设备最先进的水上训练、比赛场地。场内有陆地面积 10ha,水上面积 50ha。南侧是 5500m^2 水上船坞,可停泊 200 余艘的各式帆艇。还建有陆上健身房和划桨训练房、餐厅、运动员生活楼、招待所等 28 个单项工程,以及篮球场、网球场、标准田径场。

◇ 太阳岛国际旅游度假区:岛上的高尔夫球场,东西各 9 洞,利用水位高差的特性,靠湖水来收集高尔夫球,可谓匠心独运。该度假区内还建有 13000m^2 的国际俱乐部,内有国际会议中心、名人展示馆和商务服务中心以及其数百幢不同风格的度假屋。

◇ 青少年野营基地:在淀山湖西端,占地面积百余亩。野营基地可以开展帆船、高速摩托艇、赛车、溜冰、桌球、垂钓、舞池、酒吧、投影电视、喷泉滑梯、戏水地等活动项目。

◇ 国际标准高尔夫球场：拥有2000亩（133万m^2）的景观绿地。

◇ 上海市青少年素质教育基地"东方绿洲"：全国最高标准的青少年活动基地，占地达3300亩（220万m^2）。

◇ 国际游艇俱乐部：上海独一无二豪华游艇俱乐部。

◇ 国际马术场：上海唯一的国际马术场。

目前淀山湖旅游风景区内建成开放和正在建设当中的旅游景点有：彩虹岛高级水上休闲度假区、上海淀山湖度假村、淀山湖旭宝高尔夫俱乐部、淀山湖东方国际游乐园、美国格兰特游艇俱乐部、星级旅游宾馆、星海庄园、世界名人城俱乐部和淀山湖花园等数十个水上运动场、游艇俱乐部、高尔夫球场、钓鱼俱乐部、游泳场、保龄球场、射击场等十余个休闲度假或旅游风景项目。

这些邻近的周边项目为评估对象地块上将要开发的别墅的潜在投资者，提供了高品质的商务活动和运动休闲及娱乐场所，从而增加了该项目的优势，使得其更具市场吸引力与竞争力。

九、市场调查与分析

"别墅"是一个特定的概念，是一种高档消费资料，其内涵具有两方面的必要条件：其一是结构较好、规模较大、平面布局合理、装修精良、生活设备齐全的住宅房屋；其二是坐落于山水之间，配有园地绿化。这才是真正意义上的别墅。

上海作为一个东方大都市，缺乏必要的自然条件来建造别墅。但在20世纪初期，主要在20~30年代，上海市区内建造了一批花园住宅。这批花园住宅结构为砖木一等或砖混，木装修以柳安为主，层数为2层以上，建筑面积为250m^2以上，园地面积一般在250m^2以上，配有车库和园地绿化。它们主要集中在市区西南部，即现今的徐汇区复兴西路、武康路、康平路、宛平路、湖南路、高安路等，其他在卢湾区的思南路一带，长宁区的新华路、华山路一带也有小部分。这一批花园住宅数十年来始终是上海市区内最高档的居住房屋。到目前为止，地段位置较好，园地面积较大的全幢花园住宅市场成交价一般都在人民币30000元/m^2左右，有的高达50000元/m^2以上。

上海从解放后直到20世纪90年代以前，基本上没有建造过批量多样的花园住宅，更谈不上"别墅"。

但从20世纪90年代初期开始，随着改革开放不断深入和房地产业的兴起，上海出现了由房地产开发商开发建造"别墅"的高潮，主要集中在虹桥路一线和沪青平公路一线，当时的性质都是外销房，但是除了虹桥路一线如明苑别墅、文华别墅等有一定的市场销售业绩外，沪青平公路一线的外销别墅基本上滞销，其原因主要有三方面：一是远没有具备市场条件，社会有效需求不足；二是沪青平一线的所谓"别墅"品质低下，容积率太高，充其量只能称为花园住宅；三是价格定位太高，所以沪青平一线的许多外销别墅不能不说是一种重大的投资决策失误。直至今日，大部分项目还是没有多大市场，因为它和今天的别墅住宅相比，许多方面已经落伍。

20世纪90年代末期，上海新一轮别墅市场开始启动，目前已经形成了一股巨大的热流。自1999年以来，上海别墅类物业的销售面积年增长10%左右。其中经济型的排屋、联体别墅纷纷涌入市场，成为别墅市场的主流，拥有大量的消费群体。

上海别墅住宅市场的重新启动并形成热潮是上海经济发展、开放程度、消费水平、房地产开发到一定程度等综合因素的一种必然趋势。新一轮别墅住宅的开发营建，在建筑品质、功能配套、环境绿化、容积率等方面的水准远远超越了20世纪90年代初期的所谓"别墅"项目，在价格上根据楼盘的不同品质分档争雄，各领风骚。

（一）上海别墅市场现状

1. 区域分布

目前沪上在售别墅已逾百个，绝大部分分布在交通方便、环境较好的近郊区，其中闵行、松江和浦东新区和长宁四个区域在售别墅项目总数占到了上海别墅供应量的80%以上。各区域别墅分布情况如下：闵行32%，松江25%，浦东新区15%，长宁12%，南汇5%，其他区域（青浦、奉贤、徐汇、普陀、宝山等地区）共11%。

2. 价格分析

目前上海在售别墅的总价一般集中在100万至200万，占到了供应量的四成多（46%）；其次是总价在200至300万的中高档别墅，占总供应量的近两成（17%）；而总价在100万以下的经济型别墅和总价在300万以上的豪华型别墅分别为15%和12%。从价格上看，上海别墅市场的产品结构与消费结构基本吻合，不存在大的结构性矛盾。

3. 供需分析

据统计，目前上海市别墅开发用地近2万亩，平均每个项目的占地面积在10万m^2左右。以综合容积率0.7计算，近2~3年内上海别墅市场的供应量达到940万m^2（其中尚未计算近两年内新批土地的潜在供应量）。上海目前有140多个别墅项目，其中正在销售的有100多个。

而每年上海市别墅的市场需求量到底有多大呢？据统计，截至2001年底，上海别墅类物业销售面积已经占全部住宅开发面积的近1/3。据报道，从长期需求来看，上海的别墅需求在5~10万套，而目前上海别墅上市的总量还不到1.5万套，仍然有较大空间；有关部门对上海市场属于"豪宅"一类的别墅物业供求量作过统计：1998年别墅交易量86万m^2、1999年上升到400万m^2、2000年达到900万m^2，市场需求呈"跳跃式"状态。而2001年上海市场别墅类物业又异常热销，与普通住宅和公寓相比，三者销售平均增长率分别是22%、15%和16%，别墅名列榜首。一些高收入人士，对单套价值上千万元的"豪宅"也有着浓厚的兴趣。这是消费群体细分化"不可遏止的内在需求"。

4. 消费群体

别墅作为商品房中的奢侈品，除了彰显身份、标榜财富外，它还是对一种高尚生活的追求，所以客户群相对要狭窄些，但却具有跨地域性。据一项调查表明，目前上海别墅的购买人群中，上海籍人士仅占三成左右，近30%为港澳台同胞，四分之一为国内其他地区购买者，其余为其他国家外籍人士购买。今后，对于上海一些有一定经济基础的二次购房的消费者来说，会进一步青睐那些单价在3000~4000元，面积为200m^2上下，总价60~80万的联体别墅；而那些单价在5000元以上，面积300m^2左右，总价在150万元以上的独立式别墅，由于总价低于境外同等档次物业的5倍以上，有望受到外籍人士、港澳台同胞以及国内部分富裕人士的格外垂青。

而价值在千万元以上的所谓豪宅的高档别墅，同样会有一些亿万富翁到上海滩这个东方大都市来筑巢。他们一般不会购置或租用价值在三五百万的别墅，因为这种别墅还不能算"豪宅"，与他们的地位与声誉不符。因此，豪宅别墅同样有较大的市场所求。

(二) 上海别墅热销原因探究

上海近两年别墅热销，究其原因主要有以下几点：

1. 需求强大，引发别墅投资热

近年来，随着市区概念的扩延，市政道路的立体化，以及家用汽车的普及，使得市中心与郊区的距离不再遥远。而且购置在郊区的别墅，与市中心一套中高档公寓价格相差无几，这为别墅市场畅销提供了可能。据有关调查表明，未来两年内，有35.8%的上海人具有购房意向，其中高达70.3%的人将购买商品房。而在这群有购买意向的人群中，家庭年收入达到并超过8万元的又占了51%左右。按照上海1.7千万人口，每个家庭3~4口人计算，则有54~71万个年收入在8万元以上家庭在未来两年内有购商品房的意愿。按照国际上房价与家庭年收入在6:1的标准，这部分家庭就拥有购买每套总价在50万左右的商品房的能力，其中的部分家庭可能就会投资于别墅项目上。虽然以上只是一个简单的估算，但反映了上海蕴涵着巨大的别墅市场购买力。加上上海作为国际大都市地位的确定备受关注，外省市甚至大陆境外的投资者纷纷涌入，预示着今后上海的别墅市场潜力无限。除此之外，中国加入WTO，使上海越来越成为海外人士心目中筑巢安家的理想之地，而别墅则是符合他们原有居住习惯的。所有这些对上海别墅的强劲需求进一步增加了投资者的信心，从而带动了别墅的开发热。

2. 区位适中，交通便捷

从上海别墅市场分布区域来看，主要集中在浦东、青浦318国道两侧、闵行莘庄周边地区、松江新桥、九亭等区域，这些地区别墅一个最大的特点就是交通非常方便，与市中心距离大多在15~30km之间。

3. 精工细做，品质出众

别墅市场经过几年的发展演变，以及面对同类物业强烈的市场竞争，目前许多开发商在开发别墅时都当作精品来做。无论在规划设计、结构功能、建筑用料上都非常讲究，充分体现"以人为本"的理念。在设计上，既有现代别墅特征的"洋房"，也有江南水乡特色的"田庄"；在环境上，不惜花重金开渠引水、移栽名树，甚至开挖人工湖、再造人工山；在结构上，短肢剪力墙与框架结构的运用，巧妙地将承重结构隐入墙体，不仅减少承重墙体面积，而且提高了别墅的使用寿命；在材料上，深加工木结构、新型合成轻材质纷纷登场；在水、气方面采用了世界最新科技产品水冷型中央空调与智能化热水供应器等；在物业管理上，致力于为住户提供一流的服务，使别墅都拥有了较高的综合品质。

4. 价格适宜，性价比竞争力强

在保证开发项目品质的前提下，上海的别墅更以其合适的价位，吸引着投资者。联体别墅单价多在3000~4000元，面积200m² 左右，总价60~80万，相当市中心一套中高档公寓；而独立式别墅单价多在5000元以上，面积300m² 左右，总价150万元以上，低于境外同等档次物业5倍以上。因此，联体别墅既适合有一定经济基础的人士，也非常适合第二次购房的消费者；而独立式别墅则是外籍人士、港澳台胞、"海归"一族以及国内成功人士（尤其是上海本地和江、浙二省的富商、实业家）等的投资、消费的目标对象。

5. 市场规范，升值潜力突现

上海经济发展势头良好，市场管理规范，作为住宅最高形态的别墅，其上升潜力极大。从最近上海楼市走势来看，单价3000~4000元的普通商品房的升值潜力在10%上下，而单价在6000元以上的高档楼盘一般有20%左右的升幅。从别墅价格走势专项调查来看，涨势非常惊人，从1998年起，上海别墅物业的价格平均以每年近12%的涨幅攀升，远高于全市住宅平均价格的涨幅。一些联体别墅至少有30%以上的涨幅，而一些独立式别墅则都有近50%的涨幅，个别楼盘价格几乎翻番，一期卖单价5000元，二期居然卖单价10000元，而且销售情况良好，如此良好的投资回报，受到投资性购房群体的青睐。

6. 观念更新，住宅郊区化

由于城市土地的有限性，使市区发展空间受到限制，住宅郊区化已成为一种发展趋势。尽管上海市区近年来已建成一大批大型公共绿地和道路交通，但人均拥有绿地面积和道路面积依然有限，与国外发达大城市相比有一定差距，而郊区的新鲜空气、大片绿色和宁静空间则是上海别墅走俏的制胜法宝。

（三）三种物业形态别墅的大体情况

上海现阶段主要有三种物业形态的别墅——独立别墅、联体别墅和排屋，从目前的市场来看，销售情况都良好。

联体别墅与排屋都是公寓到别墅的中间产品，但细分起来，30~40万元一套的排屋与70~80万元一套的联体别墅属两个不同层面的消费。现阶段别墅市场上联体别墅与排屋联袂唱主角。目前在售的联体别墅和排屋最为集中的区域当属莘庄周边，其数量规模占全市同类产品的半壁江山，另外浦东和虹桥区域也有少量分布。

独立别墅则是住宅市场的顶尖产品。目前市场上的价位多在300多万元到1000万元之间。随着别墅市场的热销，今年独立别墅的市场更是风起云涌，约占上市量10%，浦东、闵行、青浦各占市场份额。且国内消费者购买独立别墅的比例明显上升，特别是具有上海海派文化的独立别墅，更受市场青睐。

（四）高档别墅市场案例比较分析（见表6-1）

高档景观别墅绝大多数为独立别墅，是近几年出现的高标准住宅发展方向之一，它已不仅仅是要求居住方便，更讲求舒适乃至于华丽，在上海成功的典型范例有"汤臣高尔夫别墅"、"林克司高尔夫乡村俱乐部"、"天马花苑"、"西郊庄园"等，其基本情况如表6-1所示。

经比较分析，可总结出高档景观别墅区与其他住宅区相比，有其明显的特点：

（1）占地面积大，人口密度相对较低，容积率低（从2001年土地出让面积的容积率来看，呈现出大幅度下降趋势，去年1~9月容积率为0.32，第三季度为0.16，而去年同期分别为0.87和0.83）、周界较长、地处远离中心城区的地域。

（2）居住环境优雅舒适。小区外部环境风景怡人；小区内绿化、小品、水体、地形有机地结合在一起，每户均有大面积的私家花园，用户享有独立的环境空间，且私密性强。

（3）与城市快速干道相连，交通便捷，能快速到达市中心区域。

（4）休闲娱乐设施高档齐全。别墅区临近高档娱乐场所，如高尔夫球场等；小区内配有豪华会所，会所内游泳池、网球场、健身中心、桑拿等一流设施给用户提供了丰富多彩的生活娱乐空间，即使远离繁华的市区，用户也能随时享受到一流的服务。

(5) 高价位的因素决定了其消费群体为外籍人士、港澳台胞以及国内成功人士等。

中国正式加入WTO后，上海作为现代化国际大都市更为世界所瞩目，国内外高级人才争相涌入上海，外籍人士、港澳台胞以及国内部分成功富裕人士格外垂青上海高档景观别墅，从而促进了高档别墅消费群体的逐渐扩大。

综合上述分析，评估对象自身的天然条件、市政建设的快速发展和完善、周边众多优质房地产项目相辅相成的烘托、上海市独特的地理位置、优越的经济环境及其在全国经济发展中的龙头地位、巨额投资引入及与其经济发展地位相配套的规范管理以及国内外的富商巨贾对上海市场的青睐等等，使得上海的高档别墅市场充满巨大的活力。评估对象"上海××花园"项目地块设定高档别墅开发项目，是一个合理的投资决策理念。

类似房地产比较　　　　　　　　　　表6-1

物业名称	林克司乡村俱乐部	天马花苑	汤臣高尔夫别墅	西郊庄园
坐落位置	浦东新区凌白路1600号	松江区赵昆公路3918弄	浦东新区龙东大道1号	闵行区新华漕镇
占地面积	135英亩（1英亩=6.072市亩）	184ha（别墅区为27ha）	140ha（含高尔夫球场）	1100亩
建筑面积	先期51栋	一期：24栋 二期：35栋	目前已开发至七期	267幢
建筑品质	建筑品质高：装有隔热双层玻璃、节能门、数控中央空调和暖气、北美式冰箱、垃圾处理器等	由世界著名美国西海岸建筑事务所专业设计，建筑品质高	采用高档进口建筑材料，建筑品质高	有32款承袭欧美经典建筑的不同风格
水系	在东海之滨，每栋别墅均面海而建	人工开挖：38.4ha	在球场中心位置开挖了多条水道	人造18座岛屿、5片湖泊，多条自然河流和支流
绿化状况	场地上移植1500余棵大树和6000棵其他的树种	110ha大球场绿草如茵	100ha的球场绿茵连天	绿化率70%
配套服务	林克司高尔夫乡村俱乐部，网球场、游泳池等	高尔夫俱乐部，温水游泳池，桑拿等	汤臣高尔夫球场等	大型室内外游泳池、健身中心、桑拿、按摩室、涉外医疗诊所等一流设施
距市中心人民广场直线距离	约26km	约39.1km	约16.5km	约14.8km
快速主干道	从上海市中心行车通过南浦大桥向东，经龙东大道，大约需要30min	虹桥机场经318国道至俱乐部，紧邻同三国道	内环线罗山路或龙阳路，龙东大道	沪青平高速公路和延安路高架
车程时间	距上海浦东国际机场仅10min车程	距虹桥机场约需50min的车程	市区驱车到此约15min	距虹桥机场约需15min车程
临近设施	高尔夫球场，学校，健身俱乐部等	高尔夫球场	高尔夫球场	上海网球俱乐部，学校等
特殊条件	位于华夏文化旅游区内，每栋住宅均面向大海，并能眺望高尔夫球场	38.4ha的人工开挖湖泊	距离浦东商业办公区不远，优越的地理位置凸现优势	18座岛屿、5片湖泊，多条自然河流和支流，每栋拥有1000至3000m²私家花园

十、估价计算过程（略）

十一、估价结果

经评估，评估对象土地在满足全部限制条件下于估价时点的使用权公开市场价格为人民币壹亿肆仟伍佰陆拾陆万元整（RMB：145660000）。

折合单位地价为 928 元/m^2，每亩 61.85 万元。

十二、估价结果有效期

本估价结果有效期为半年，即 2002 年 7 月 1 日至 2002 年 12 月 31 日。本估价目的在估价时点后半年内实现时，可以此估价结果作为投资估价对象地块定价依据。超过半年，则需要重新进行估价。

十三、估价作业日期：2002 年 7 月 1 日—2002 年 7 月 20 日

（其他略）

第七章 房地产估价基本方法在实务中的运用

在前面的内容中我们已经讲过，估价人员根据估价对象房地产的基本情况，拟定采用的估价技术路线，初步选择适用于特定估价对象的估价方法。然后，估价人员再根据搜集到的资料情况，正式确定所采用的估价方法，然后就是根据特定估价方法的要求进行具体的测算。

估价方法的选择，取决于估价对象房地产的类型、估价方法的适用条件及所搜集资料的数量和质量。其中，估价对象房地产的类型和估价方法的适用条件是决定采用何种估价方法的主要因素。而在资料收集阶段所收集的资料的数量和质量，也会影响到估价人员选择具体的估价方法。有时在估价准备阶段拟定了估价技术路线，初步确定了适用的估价方法，但是在正式估价时，可能由于某些原因，所收集的资料的数量和质量达不到要求，先前初步确定的某种适用的估价方法可能就不得不放弃使用。在本书以后的几章中，我们将重点针对不同的估价方法的适用条件和不同的估价对象房地产类型这两个确定估价方法的主要因素，来具体说明在房地产估价时如何选定适用的估价方法。

第一节 市场法在房地产估价中的运用

一、市场法的概念

市场法又称市场比较法、比较法，是将估价对象与在估价时点近期交易的类似房地产进行比较，对这些类似房地产的成交价格作适当的修正和调整，以此求取估价对象的客观合理价格或价值的方法。

二、市场法的基本原理

市场法的理论依据是房地产价格形成的替代原理。

根据替代原理，在市场上任何经济主体都会谋求以最小的代价取得最大限度的利润。因此，效用均等的物品或服务其价格应该相等。在完全竞争的市场中，两个以上具有替代关系的商品同时存在，商品的价格就会由于替代关系而通过竞争，最终促使商品价格趋于一致。在房地产市场上也是这样，从理论上讲，效用相等的房地产经过市场的竞争，其价格会基本趋于一致。

尽管在房地产实际交易中，由于房地产位置的固定性、交易的个别性以及交易主体各方对市场的认识、偏好和交易情况等原因，房地产的交易价格可能会偏离常态。但是，通过对一系列的影响这些交易价格偏差的主要因素进行修正，可以使估价对象房地产与交易实例房地产之间基本满足替代关系存在的条件。从统计学的角度看，只要有足够的房地产交易数量，通常就可以反映房地产市场的常态。因此在上述市场法的定义中，专门强调了用作参照物的交易实例房地产必须是类似房地产。

三、市场法估价的适用范围和适用条件

市场法适用的对象是具有交易性的房地产，如房地产开发用地、普通商品住宅、高档公寓、别墅、写字楼、商场、标准工业厂房等。而对于那些很少发生交易的房地产，如特殊工业厂房、学校、古建筑、教堂、寺庙、纪念馆、图书馆、体育馆或风景名胜区土地等，则难以采用市场法估价。在没有房地产交易的地区或在较长一段时间内没有发生房地产交易或在农村等房地产交易发生较少的地区，也难以采用市场法进行房地产估价。

由于市场法是以替代原理为理论依据，因此市场法的原理和技术也可以用于其他估价方法中有关参数的求取，如经营收入、成本费用、空置率、报酬率、资本化率、开发经营期等。

市场法的适用条件是在同一地区或同一供求范围内的类似地区存在着较多的类似房地产的交易，此时市场法才是有效的房地产估价方法。如果在房地产市场发育不够或者房地产交易较少发生的地区，就难以采用市场法估价。

四、市场法使用的限制条件

一切具有可比案例的待估房地产，都可以应用市场法进行评估。一般来说，在一个成熟的，具有丰富的交易案例信息库的房地产市场信息中，市场法的应用是非常广泛的。但是应用市场比较中，也必须同时注意该方法的限制条件，这样才能保证评估结果的科学性和准确性。限制条件主要有：

1. 时间性

由于市场法建立在替代原理基础之上，而且房地产市场随时间不断发生变化。因此，要求所选取的交易案例必须是近期发生的，否则，就难以满足替代原理存在的条件。相同效用的商品具有相同的价格，是指在同一时段。即使是同样的物品，在不同时期，价格也不相同，所选取的交易案例资料最好是近期的。

2. 可替代性

在运用市场法时，所选取的交易案例必须与待估房地产具有相似性，如房地产所处的区位条件，建筑物的结构，物业的类型，用途等等。这种相似性越大，评估的结果就越具有真实性。

3. 非单一性

从理论上说，交易案例资料越多越好，但是，在现实评估中，寻找类似交易案例是非常困难的。为了消除比较修正过程中出现的各种误差，较好地得到估价结果，一般要求可供比较的交易案例资料至少具有三个。

4. 正常性

指交易案例资料可以通过对有关因素的修正而与待估房地产价格有可比性。如破产拍卖、协议出让等。

5. 可修正性

指交易案例资料可以通过对有关因素的修正而与待估房地产价格有可比性。如对一些

非正常交易进行情况修正，对交易日期进行时间因素修正等。

6. 合法性

运用市场法，必须遵循合法性原则。这个合法性具有两个方面的含义。第一，所选取的交易案例必须是在法律允许范围之内的，否则，在交易价格上会有很人的差异。如违法建筑物，没有土地使用证的房地产等。第二，交易案例与待估房地产的适用法律背景基本相似。例规划条件中的土地用途，容积率限制，建筑物高度限制等，例如政府的住宅政策，优惠措施等。

五、市场法估价的应用案例

【案例 7-1】

××市××路 38 号××大厦 25D 座房地产估价报告（摘要）

一、估价对象概况

1. 估价对象

估价对象为××市××路 38 号××大厦 25D 座的房地产，建筑面积为 180.82m²。

××大厦共 36 层，为纯智能化写字楼，是目前××路办公商务区内最高的建筑物之一。地下二层为停车库，备有 200 个左右车位。

2. 房地产坐落

估价对象地处××市××路 38 号××大厦 25 楼。北近××中路，南临××路，西靠普安路，东到××路，西至××路。位于××路办公商务区内，距市中心××广场约 1km。

3. 环境与交通条件

估价对象地处××市××区××路办公商务区内，所在的区域是传统的商务办公区，区内办公、商务楼宇鳞次栉比。交通、购物极其便利。××路办公商务区地处市区中心地带，是集文化、娱乐、旅游、餐饮、商业、金融于一体的商业街。附近医院、邮局、银行、学校等生活设施一应俱全。

地理位置优越，南侧的××路，北侧的××路、××环路均是市区的主要出入交通干道，可通往××火车站、××码头、××机场等。估价对象北距市中心××广场约 1km，周边交通便捷。附近公交线路有××路、××路、××路、×××路、×××路等十多条公交专线，交通十分便利。

4. 建筑物状况

××大厦内部设备及设施：结构化综合布线，光纤网络，配有 DDN（数字数据网）、ISDN（综合业务数字数据网）等。卫星接收系统，高层高速电梯及电梯管理系统（EMS）和遥控监测系统（REM）。楼宇设备自动化控制系统，变配电系统、给排水系统、排污系统、照明系统和中央空调系统以及用户独立调控的行风系统。

二、估价目的

房地产市场价值评估，为房地产交易提供参考依据。

三、估价时点

2003 年 6 月 5 日

四、估价方法

估价对象属于收益性房地产中的高级写字楼，该类房地产有稳定的出租收益且房地产公开市场上的成交案例较多，决定采用市场比较法进行估价。

五、估价过程

选取 3 例近期成交的类似商务办公楼案例，见表 7-1 和表 7-2：

因素条件说明表　　　　表 7-1

	名　称	估价对象	实例 A	实例 B	实例 C
	房地产坐落	××大厦 25D 座	××大厦 32D 座	××大厦 22D 座	××大厦 26D 座
	单价（元）		16074	16500	13800
	交易日期		2003.3.25	2003.4.29	2003.3.16
	交易情况	正常	正常	正常	正常
	价格类型	评估价格	成交价	成交价	成交价
区域因素	土地等级	二级	二级	二级	二级
	交通条件	好	好	好	好
	商服配套情况	好	好	好	好
个别因素	房屋类型	办公楼	办公楼	办公楼	办公楼
	建筑结构	钢混	钢混	钢混	钢混
	楼层	25/36 层	32/36 层	22/36 层	26/36 层
	设备设施	较好	较好	较好	一般
	装修	一般	一般	一般	一般
	保养程度	较好	较好	较好	一般
	朝向	一般	一般	一般	一般
	临街状况	沿街	沿街	沿街	沿街
	权属性质	产权	产权	产权	产权

比较因素条件指数表　　　　表 7-2

	名　称	估价对象	实例 A	实例 B	实例 C
	交易日期	100	101.60	100.80	101.60
	交易情况	100	100	100	100
区域因素	土地等级	100	100	100	100
	交通条件	100	100	100	100
	商服配套情况	100	100	100	100
	小计	100	100	100	100

续表

	名　称	估价对象	实例A	实例B	实例C
个别因素	房屋类型	100	100	100	100
	建筑结构	100	100	100	100
	楼　层	100	103	100	100
	设备设施	100	100	100	97
	装　修	100	100	100	100
	保养程度	100	100	100	98
	朝　向	100	100	100	100
	临街状况	100	100	100	100
	权属性质	100	100	100	100
	小　计	100	103	100	95

将上述三个经修正后的价格作算术平均，则：

市场比准价格 $P=(15856+16632+14759)/3=15749$ 元/m² （见表7-3）

修正说明：

（1）交易情况修正

实例A、B、C均为市场成交价，交易情况正常，故不作修正。

（2）交易日期修正

实例A、B、C距估价时点较短，根据该区域近期住宅的价格走势稳中有升，故分别作101.60/100、100.80/100、101.60/100的修正。

比较因素条件指数计算表　　　　表7-3

项　目	实例A	实例B	实例C
交易价格	16074	16500	13800
交易情况修正	100/100	100/100	100/100
交易日期修正	101.60/100	100.80/100	101.60/100
区域因素修正	100/100	100/100	100/100
个别因素修正	100/103	100/100	100/95
修正后的价格	15856	16632	14759
修正后的价格（取算术平均数）	15749 元/m²		

（3）区域因素修正

实例A、B、C与估价对象同处于同一大厦内，故不作区域因素修正。

（4）个别因素修正

实例A、B、C在楼层、维修保养、设备设施等方面与估价对象有差别，故个别因素分别作100/103、100/100、100/95的修正。

估价对象总价为 $=15749\times180.82=2847734$（元）

取整为 2847000 元

六、估价结果

经我们运用科学的方法评定估算，结合此次估价目的以及估价人员的经验，估价对象在估价时点的房地产公开市场价值为：

人民币贰佰捌拾肆万柒仟元整（RMB 2847000 元）

第二节　成本法在房地产估价中的运用

一、成本法的概念

成本法是求取估价对象在估价时点的重新购建价格，然后扣除折旧，以此求取估价对象的客观合理价格或价值的方法。成本法的本质是以房地产的开发建设成本为导向求取估价对象的价值。

成本法这个概念中的"成本"，并不是通常意义上的成本，而是指价格。

二、成本法的基本原理

成本法的基本原理是生产费用价值论——商品的价格是依据其生产所必要的费用而决定。具体又可以分为从卖方的角度来看和从买方的角度来看。从卖方的角度来看，房地产的价格是基于其过去的"生产费用"，重在过去的投入，具体一点讲，是卖方愿意接受的最低价格，不能低于他为开发建设该房地产已花费的代价，如果低于该代价，他就要亏本。从买方的角度来看，房地产的价格是基于社会上的"生产费用"，类似于"替代原理"，具体一点讲，是买方愿意支付的最高价格，不能高于他所预计的重新开发建设该房地产所需花费的代价，如果高于该代价，他还不如自己开发建设（或者委托另外的人开发建设）。

由上可见，一个是不低于开发建设已经花费的代价，一个是不高于预计重新开发建设所需花费的代价，买卖双方可以接受的共同点必然是正常的代价（包含正常的费用、税金和利润）。因此，估价人员便可以根据开发建设估价对象所需的正常费用、税金和利润之和来测算其价格。

三、成本法估价的适用范围和适用条件

只要是新近开发建设、可以假设重新开发建设或者计划开发建设的房地产，都可以采用成本法估价。成本法特别适用于估价那些既无收益又很少发生交易的房地产，如学校、图书馆、体育场馆、医院、政府办公楼、军队营房、公园等公用、公益房地产，以及化工厂、钢铁厂、发电厂、油田、码头、机场等有独特设计或只针对个别用户的特殊需要而开发建设的房地产。单纯建筑物的估价通常也是采用成本法。另外，成本法也适用于估价市场不完善或狭小市场上无法运用市场法估价的房地产。

在房地产保险（包括投保和理赔）及其他损害赔偿中，通常也是采用成本法估价。因为在保险事故发生后或其他损害中，房地产的损毁往往是局部的，需要将其恢复到原貌；对于发生全部损毁的，有时也需要用重置或重建的办法来解决。

在现实中，房地产的价格直接取决于其效用，而非花费的成本，成本的增减一定要对效用有所作用才能影响价格。价格等于"成本加平均利润"是在长期内平均来看的，而且还需要具备两个条件：一是自由竞争（即可以自由进入市场）；二是该种商品本身可以大量重复生产。

房地产的开发建设成本高并不一定意味着房地产的价格就该高，开发建设成本低也不一定说明房地产的价格就不该高。

要注意如下两个方面：一是要区分实际成本和客观成本。实际成本是某个具体的开发商的实际花费，客观成本是假设开发建设时大多数开发商的正常花费。在估价中应采用客观成本，而不是实际成本。二是要结合市场供求分析来确定评估价值。当市场供大于求时，价值应向下调整，当求大于供时，价值应向上调整。

成本法主要适用于比较新的建筑物的估价，不大适用于过于旧的建筑物的估价。成本法估价还要求估价人员有专业知识和丰富的经验，特别是要具有良好的建筑、建筑材料、建筑设备和工程造价等方面的专业知识。

四、重新购建价格

（一）重新购建价格的概念

重新购建价格是假设在估价时点重新取得或者重新开发建设全新状况的估价对象所必要的支出和应获得的利润之和。

在这里，应特别记住下列三点：

（1）重新购建价格是估价时点时的重新取得或者重新开发建设全新状况的估价对象所必要的支出。

（2）重新购建价格是客观的。

重新购建价格是重新取得或者重新开发建设全新状况的估价对象所必要的支出，不是个别单位或个人的实际耗费，而是社会一般的平均耗费，即是客观成本，不是实际成本。

（3）建筑物的重新购建价格是全新状况下的价格，未扣除折旧；土地的重新购建价格（具体为重新取得价格或重新开发成本）是在估价时点状况下的价格。

（二）重新购建价格的求取思路

求取房地的重新购建价格，是先求取土地的重新取得价格或重新开发成本，再求取建筑物的重新购建价格，然后相加。在实际估价中，也可以采用类似于评估新建房地价格的成本法来求取。

1. 土地的重新购建价格

通常是假设土地上的建筑物不存在，再采用市场法、基准地价修正法等求取其重新取得价格，这特别适用于城市建成区内的土地难以求取其重新开发成本时。求取土地的重新购建价格，也可采用成本法求取其重新开发成本。

2. 建筑物的重新购建价格

建筑物的重新购建价格是假设旧建筑物所在的土地已取得，且此土地为空地，但除了旧建筑物不存在之外，其他的状况均维持不变，然后在此空地上重新建造与旧建筑物完全相同或具有同等效用的新建筑物所需的一切合理、必要的费用、税金和正常利润，即为建筑物的重新购建价格；或是设想将建筑物发包给建筑承包商建造，由建筑承包商将直接可使用的建筑物移交给发包人，在这种情况下发包人应支付给建筑承包商的费用，再加上发包人应负担的正常费用、税金和利润，即为建筑物的重新购建价格。

（三）建筑物重新购建价格的求取方式

1. 单位比较法

单位比较法是以建筑物为整体，选取与建筑物价格或成本密切相关的某种计量单位为比较单位，通过调查了解类似建筑物的这种单位价格或成本，并对其作适当的修正、调整来求取建筑物重新购建价格的方法。主要有单位面积法和单位体积法。

（1）单位面积法

单位面积法是根据当地近期建成的类似建筑物的单位面积造价，对其作适当的修正、调整（有关修正、调整的内容和方法类似于市场法），然后乘以估价对象建筑物的面积来测算建筑物的重新购建价格。这是一种常用、简便迅速的方法，但比较粗略。

【例1】 某建筑物的建筑面积为 $300m^2$，该类用途和建筑结构的建筑物的单位建筑面积造价为 1200 元$/m^2$。试估算该建筑物的重新购建价格。

【解】 该建筑物的重新购建价格估算为：$300 \times 1200 = 36$（万元）

（2）单位体积法

单位体积法与单位面积法相似，是根据当地近期建成的类似建筑物的单位体积造价，对其作适当的修正、调整，然后乘以估价对象建筑物的体积来测算建筑物的重新购建价格。这种方法适用于成本与体积关系较大的建筑物，如储油罐、地下油库等。

【例2】 某建筑物的体积为 $500m^3$，该类用途和建筑结构的建筑物的单位体积造价为 600 元$/m^3$。试估算该建筑物的重新购建价格。

【解】 该建筑物的重新购建价格估算为：$500 \times 600 = 30$（万元）

2. 分部分项法

分部分项法是以建筑物的各个独立构件或工程的单位价格或成本为基础来求取建筑物重新购建价格的方法。即先测算各个独立构件或工程的数量，然后乘以相应的单位价格或成本，再将它们相加。

3. 指数调整法

指数调整法是运用物价指数、建筑成本（造价）指数或变动率，将估价对象建筑物的原始价值调整到估价时点时的现行价值来求取建筑物重新购建价格的方法。这种方法主要用于检验其他方法的测算结果。

五、建筑物的折旧

在房地产估价时，会有大量的旧有房地产的评估。这时，这些旧有房地产中房屋结构、设备、装修的新旧情况、折旧程度、使用功能完好程度等折旧指标，必定是估价人员考虑的重要因素之一。在实地查勘估价对象房地产物质实体情况时，估价人员必须认真、仔细地查勘这些折旧指标，根据具体情况和有关规定来准确确定旧有房地产中房屋的结构等级、耐用年限及剩余耐用年限、房屋完损等级等折旧指标，并且做好详细的记录。

1992年6月5日，国家建设部、财政部制定了《房地产单位会计制度——会计科目和会计报表》（建综〔1992〕349号印发），对经租房产折旧作了有关规定。这些规定虽然是针对会计上的折旧和"经租房产"的，但一些参数，如房屋的耐用年限（此处应为折旧年限，而非实际使用寿命）、残值率等，对于估价上求取建筑物的折旧也有参考价值。经租房产折旧的有关规定如下：

1. 计算折旧必须确定房产的价值、使用年限、残值和清理费用，计算公式为：

年折旧额＝房产原值×（1－残值率）÷耐用年限

2. 经租房产根据房屋结构分为下列四类七等：

（1）钢筋混凝土结构

全部或承重部分为钢筋混凝土结构,包括框架大板与框架轻板结构等房屋。这类房屋一般内外装修良好,设备比较齐全。

(2) 砖混结构一等

部分钢筋混凝土,主要是砖墙承重的结构,外墙部分砌砖、水刷石、水泥抹面或涂料粉刷,并设有阳台,内外设备齐全的单元式住宅或非住宅房屋。

(3) 砖混结构二等

部分钢筋混凝土,主要是砖墙承重的结构,外墙是清水墙,没有阳台,内部设备不全的非单元式住宅或其他房屋。

(4) 砖木结构一等

材料上等、标准较高的砖木(石料)结构。这类房屋一般是外部有装修处理、内部设备完善的庭院式或花园洋房等高级房屋。

(5) 砖木结构二等

结构正规,材料较好,一般外部没有装修处理,室内有专用上、下水等设备的普通砖木结构房屋。

(6) 砖木结构三等

结构简单,材料较差,室内没有专用上、下水等设备,较低级的砖木结构房屋。

(7) 简易结构

如简易楼、平房、木板房、砖坯房、土草房、竹木捆绑房等。

3. 各种结构房屋的耐用年限一般为:

(1) 钢筋混凝土结构

生产用房50年,受腐蚀的生产用房35年,非生产用房60年。

(2) 砖混结构一等

生产用房40年,受腐蚀的生产用房30年,非生产用房50年。

(3) 砖混结构二等

生产用房40年,受腐蚀的生产用房30年,非生产用房50年。

(4) 砖木结构一等

生产用房30年,受腐蚀的生产用房20年,非生产用房40年。

(5) 砖木结构二等

生产用房30年,受腐蚀的生产用房20年,非生产用房40年。

(6) 砖木结构三等

生产用房30年,受腐蚀的生产用房20年,非生产用房40年。

(7) 简易结构10年

其中,房屋残值是指房屋达到使用年限,不能继续使用,经拆除后的旧料价值;清理费用是指拆除房屋和搬运废弃物所发生的费用;残值减去清理费用,即为残余价值,其与房屋造价的比例为残值率。

各种结构房屋的残值率一般为:

1) 钢筋混凝土结构0;

2) 砖混结构一等2%;

3) 砖混结构二等2%;

4) 砖木结构一等 6%；
5) 砖木结构二等 4%；
6) 砖木结构三等 3%；
7) 简易结构为零。

4. 房屋完损等级评定的有关规定

房屋完损等级是用来检查房屋维修养护情况的一个标准，是确定房屋实际新旧程度和测算折旧的重要依据。房屋的完好程度越高，其现值就越接近于重新购建价格。

1984 年 11 月 8 日，原城乡建设环境保护部发布了《房屋完损等级评定标准》，同年 12 月 12 日发布了《经租房屋清产估价原则》。其中有关内容综合如下：

（1）房屋完损等级是根据房屋的结构、装修、设备三个组成部分的各个项目完好、损坏程度来划分的，分为下列 5 类：

1) 完好房；
2) 基本完好房；
3) 一般损坏房；
4) 严重损坏房；
5) 危险房。

（2）房屋结构、装修、设备三个组成部分的各个项目为：

1) 房屋结构组成分为：地基基础、承重构件、非承重墙、屋面、楼地面；
2) 房屋装修组成分为：门窗、外抹灰、内抹灰、顶棚、细木装修；
3) 房屋设备组成分为：水卫、电照、暖气及特种设备（如消防栓、避雷装置等）。

（3）房屋完损等级的判定依据是：

1) 完好房：结构构件完好，装修和设备完好、齐全完整，管道畅通，现状良好，使用正常；或虽然个别分项有轻微损坏，但一般经过小修就能修复的。

2) 基本完好房：结构基本完好，少量构部件有轻微损坏，装修基本完好，油漆缺乏保养，设备、管道现状基本良好，能正常使用，经过一般性的维修能恢复的。

3) 一般损坏房：结构一般性的损坏，部分构部件有损坏或变形，屋面局部漏雨，装修局部有破损，油漆老化，设备、管道不够畅通，水卫、电照管线、器具和零件有部分老化、损坏或残缺，需要进行中修或局部大修更换部件的。

4) 严重损坏房：房屋年久失修，结构有明显变形或损坏，屋面严重漏雨，装修严重变形、破损，油漆老化见底，设备陈旧不齐全，管道严重堵塞，水卫、电照管线、器具和零部件残缺及严重损坏，需进行大修或翻修、改建的。

5) 危险房：承重构件已属危险构件，结构丧失稳定及承载能力，随时有倒塌可能，不能确保住用安全的。

（4）房屋新旧程度的判定标准是：

1) 完好房：十成、九成、八成；
2) 基本完好房：七成、六成；
3) 一般损坏房：五成、四成；
4) 严重损坏房及危险房：三成及三成以下。

六、成本法估价的应用案例

【案例 7-2】

××仓库估价报告（摘要）

一、估价对象概况

本估价对象是一个专用仓库；坐落在某城市建成区内；土地总面积 $2500m^2$，总建筑面积 $8500m^2$；土地权利性质为出让土地使用权；建筑物建成于 1981 年 7 月底，建筑结构为钢筋混凝土结构。

二、估价要求

需要评估该专用仓库 2001 年 7 月 30 日的价值。

三、估价过程

1. 选择估价方法

本估价对象为专用仓库，很少出现买卖，也无直接、稳定的经济收益，故拟选用成本法进行估价。

2. 选择计算公式

该宗房地产估价属于成本法中的旧房地产估价，需要评估的价值包含土地和建筑物的价值，故选取的计算公式为：

旧房地价格＝土地的重新取得价格或重新开发成本＋建筑物的重新购建价格
－建筑物的折旧

3. 求取土地的重新取得价格或重新开发成本

由于该土地坐落在城市建成区内，直接求取其重新开发成本很难，政府尚未确定公布基准地价，故拟通过如下两个途径求取该土地的重新取得价格或重新开发成本：①采用比较法，利用当地类似土地使用权的出让或转让价格来求取；②采用成本法，具体是利用征用农地的费用加土地开发费和土地使用权出让金等，再加上地段差价调节的办法来求取。

（1）采用比较法求取土地价格

调查选取了 A、B、C 三个可比实例并进行比较修正如下：

可比实例 A：土地面积 $2300m^2$；成交日期 2000 年 5 月；成交价格土地单价）605 元$/m^2$。

修正计算：

实例土地　　　交易情况　　　交易日期　　　土地状况
成交价格　　　修正　　　　修正　　　　修正
650　　×　$\dfrac{100}{100}$　×　$\dfrac{107}{100}$　×　$\dfrac{100}{95}$

＝681.4（元$/m^2$）

可比实例 B：土地面积 $3000m^2$；成交日期 2000 年 12 月；成交价格（土地单价）710 元$/m^2$；

修正计算：

$$\begin{array}{cccc}
\text{实例土地} & \text{交易情况} & \text{交易日期} & \text{土地状况} \\
\text{成交价格} & \text{修正} & \text{修正} & \text{修正} \\
710 & \times \dfrac{100}{100} & \times \dfrac{103}{100} & \times \dfrac{100}{106}
\end{array}$$

$=689.9$（元/m²）

可比实例C：土地面积2500m²；成交日期2001年5月；成交价格（土地单价）633元/m²。

修正计算：

$$\begin{array}{cccc}
\text{实例土地} & \text{交易情况} & \text{交易日期} & \text{土地状况} \\
\text{成交价格} & \text{修正} & \text{修正} & \text{修正} \\
633 & \times \dfrac{100}{95} & \times \dfrac{101}{100} & \times \dfrac{100}{99}
\end{array}$$

$=679.8$（元/m²）

因此，估价对象土地的单价＝（681.4＋689.9＋679.8）÷3＝684（元/m²）

（2）利用征用农地的费用加土地开发费和土地使用权出让金等，再加上地段差价调节的办法来求取土地价格。

在估价时点（2001年7月30日）征用郊区农地平均每亩需要支付10万元的征地补偿、安置等费用，约合每平方米150元；向政府交付土地使用权出让金等每平方米30元；将土地开发成可直接供建筑使用，需要"五通一平"，为此，每平方米还需要投资（含开发土地的费用、税金和利润）110元。以上合计每平方米290元，可视为城市边缘熟地的价格。

该城市土地分为10个级别，城市边缘熟地列为最差级，即处于第十级土地上，而估价对象房地产处于第七级土地上，因此，还需要进行土地级别修正。各级土地之间的价格差异见表7-4。

某城市各级土地之间的价格差异表　　　　　　　表7-4

土地级别	1	2	3	4	5	6	7	8	9	10
地价是次级土地的倍数	1.30	1.30	1.30	1.30	1.30	1.30	1.30	1.30	1.30	1
地价是最差级土地的倍数	10.6	8.16	6.27	4.83	3.71	2.86	2.20	1.69	1.30	1

根据表7-4，估价对象土地的单价＝290×2.20＝638（元/m²）

由以上两个途径求得的估价对象土地的单价分别为每平方米684元和638元。该房地产估价主要是以前者为基础，但对于后者也加以充分考虑，并斟酌精通当地房地产市场行情者的意见，决定土地部分的单价为每平方米680元。故：

估价对象土地的总价＝680×2500＝170（万元）

4．求取建筑物的重新购建价格

现时（在估价时点2001年7月30日）与估价对象建筑物类似的不包括土地价格在内

的建筑物的造价为每平方米建筑面积1000元（含合理利润、税费等），以此作为估价对象建筑物的重置价格，即每平方米建筑面积也为1000元。故：

估价对象建筑物总价＝1000元×8500＝850（万元）

5．求取建筑物的折旧

采用直线法求取折旧额。参照规定并根据估价人员的判断，该专用仓库建筑物的经济寿命为60年，残值率为零。故：

估价对象建筑物的折旧总额＝850×20/60＝283.3（万元）

估价人员到现场观察，认为该专用仓库建筑物的折旧程度也为三成，即将近七成新，与上述计算结果基本吻合。

6．求取积算价格

旧房地价格＝土地的重新取得价格或重新开发成本＋建筑物的重新购建价格
－建筑物的折旧＝170＋850－283.3＝736.7（万元）

四、估价结果

根据上述计算结果并参考估价人员的经验，将本估价对象专用仓库2001年7月30日的价值总额评估为737万元，折合每平方米建筑面积867元。

【案例7-3】

××土地使用权估价报告（摘要）

现拟评估××市××区××路××号土地使用权于2003年11月1日的市场价格。土地面积11258m^2，容积率1.6，土地用途为居住，现为三通一平的待开发熟地。

因委估对象位于城区边缘，其土地取得和土地开发实例较为丰富，故选择成本法进行评估。

基本公式为：

土地价格＝土地取得费用＋土地开发费＋投资利息＋投资利润
＋土地增值收益＋土地出让金

1．土地取得费（含税费）

（1）土地补偿费（税费）

根据××市物价局、财政局有关文件规定，××区土地补偿费标准，蔬菜地为36000元/亩，即54元/m^2。

（2）劳动力安置补助费

根据××市规定，被征地劳动力由乡镇企业接受按40000元/人计。通过调查，该地区耕地面积与劳动力数量比为1∶1.6，养老与吸劳比为3∶7，该地区男女人口比例为1∶0.92，则：

劳动力安置费＝40000×1.6×0.7
＝44800元/亩，即67.20元/m^2

养老费按近郊区标准：男性87459元/人，女性116215元/人

养老费＝(87459×1＋116215×0.92)×1.5×0.3÷(1＋0.92)
＝45557.06元/亩，即68.34元/m^2

$$\text{安置补助费} = \text{劳动力安置费} + \text{养老费}$$
$$= 67.20 + 68.34$$
$$= 135.54 \text{ 元}/m^2$$

(3) 农户拆迁费

根据调查及有关规定，该地区农户拆迁费平均每户为15万元，每亩约为0.8户。则：

$$\text{农户拆迁费} = 15 \text{ 万元}/\text{户} \times 0.8 \text{ 户}/\text{亩}$$
$$= 120000 \text{ 元}/\text{亩，即 } 180 \text{ 元}/m^2$$

(4) 青苗补偿费

根据××市标准，该地区青苗补偿费的标准按蔬菜地3260元/亩计，则：

$$\text{青苗补偿费} = 3260 \text{ 元}/\text{亩，即 } 4.89 \text{ 元}/m^2$$

(5) 新菜地建设基金

根据××市标准，蔬菜保护区内为30000元/亩，即45元/m^2

(6) 耕地占用税

根据××市标准，为10元/m^2

(7) 耕地占补平衡费

根据××市标准，为15000元/亩，即22.5元/m^2

(8) 征地管理费：$[(1)+(3)+(4)+(5)] \times 2\%$

$$(54+180+4.89+45) \times 2\% = 5.68 \text{ 元}/m^2$$

(9) 不可预见费：$[(1)+(3)+(4)] \times 2\%$

$$(54+180+4.89) \times 2\% = 4.78 \text{ 元}/m^2$$

$$\text{土地取得费用} = (1)+(2)+(3)+(4)+(5)+(6)+(7)+(8)+(9)$$
$$= 54+135.54+180+4.89+45+10+22.5+5.68+4.78$$
$$= 462.39 \text{ 元}/m^2$$

2. 土地开发费

根据××市该地区土地开发平均水平，三通一平费用合计95元/m^2。

3. 投资利息

假设土地取得费用在取得土地时一次投入，土地开发期为半年，开发费用均匀投入，取银行一年期贷款利息5.31%，则

$$\text{利息} = 462.39 \times [(1+5.13\%)^{0.5}-1] + 95 \times [(1+5.31\%)^{0.25}-1]$$
$$= 13.35 \text{ 元}/m^2$$

4. 投资利润

取××市行业平均土地开发年投资利润率为12%，则

$$\text{投资利润} = (462.39+95) \times 0.5 \times 12\%$$
$$= 33.44 \text{ 元}/m^2$$

5. 土地增值收益

根据估价对象的土地用途、所处位置及市场状况，土地增值收益率取20%，则：

$$\text{土地增值收益} = (\text{土地取得费用} + \text{土地开发费} + \text{投资利息} + \text{投资利润})$$
$$\times \text{土地增值收益率}$$
$$= (462.39+95+13.35+33.44) \times 20\% = 120.84 \text{ 元}/m^2$$

6. 土地出让金＝(土地取得费用＋土地开发费)×30%
   　　　　　＝(462.39＋95)×30%
   　　　　　＝167.22 元/m²

7. 土地价格＝土地取得费用(包含税费)＋土地开发费＋投资利息
   　　　　＋投资利润＋土地增值收益＋土地出让金
   　　　＝462.39＋95＋13.35＋33.44＋120.84＋167.22
   　　　＝892.24 元/m²

8. 估价结果
   　　　　　土地总价＝892.24×11258＝1004.48 万元。

第三节 收益法在房地产估价中的运用

一、收益法的概念

收益法又称收益资本化法、收益还原法，是预测估价对象的未来收益，然后将其转换为价值，以此求取估价对象的客观合理价格或价值的方法。收益法的本质是以房地产的预期收益能力为导向求取估价对象的价值。

二、收益法的基本原理

收益法是以预期原理为其理论依据的。预期原理说明，决定房地产当前价值的，重要的不是过去的因素而是未来的因素。收益法的基本思想首先可以粗略地表述如下：由于房地产的寿命长久，占用收益性房地产不仅现在能获得收益，而且能期望在未来持续获得收益。

例如，某人拥有的房地产每年可产生 2 万元的净收益，同时此人有 40 万元资金以 5%的年利率存入银行每年可得到与该宗房地产所产生的净收益等额的利息，则对该人来说，这宗房地产与 40 万元的资金等价，即值 40 万元。

普遍适用的收益法原理表述如下：将估价时点视为现在，那么在现在购买一宗有一定期限收益的房地产，预示着在其未来的收益期限内可以源源不断地获取净收益，如果现有一笔资金可与这未来一定期限内的净收益的现值之和等值，则这笔资金就是该宗房地产的价格。

收益性房地产的价值就是其未来净收益的现值之和，该价值高低主要取决于下列 3 个因素：

(1) 未来净收益的大小——未来净收益越大，房地产的价值就越高，反之就越低；

(2) 获得净收益的可靠性——获得净收益越可靠，房地产的价值就越高，反之就越低；

(3) 获得净收益期限的长短——获得净收益期限越长，房地产的价值就越高，反之就越低。

三、收益法估价的适用范围和适用条件

收益法适用的对象是有收益或有潜在收益的房地产，如写字楼、住宅（公寓）、商店、

旅馆、餐馆、游乐场、影剧院、停车场、加油站、标准厂房（用于出租的）、仓库（用于出租的）、农地等。它不限于估价对象本身现在是否有收益，只要估价对象所属的这类房地产有获取收益的能力即可。

收益法适用的条件是房地产的收益和风险都能够较准确地量化。没有定量化的收益和风险数据，收益法运用时将缺乏必要的资料，当然无法进行房地产估价。

四、房地产的净收益

（一）房地产收益的种类

运用收益法估价，需要预测估价对象的未来收益。可用于收益法中转换为价值的未来收益主要有4种：①潜在毛收入；②有效毛收入；③净运营收益；④税前现金流量。

（1）潜在毛收入是假定房地产在充分利用、无空置（即100%出租）情况下的收入。

（2）有效毛收入是由潜在毛收入扣除空置等造成的收入损失后的收入。空置等造成的收入损失是因空置、拖欠租金（延迟支付租金、少付租金或不付租金）以及其他原因造成的收入损失。

（3）净运营收益通常简称净收益，是由有效毛收入扣除运营费用后得到的归属于房地产的收入。运营费用是维持房地产正常使用或营业所必须支出的费用。

（4）税前现金流量是从净收益中扣除抵押贷款还本付息额后的数额。

（二）净收益测算的基本原理

收益性房地产获取收益的方式，主要有出租和营业两种。据此，净收益的测算途径可分为两种：一是基于租赁收入测算净收益，例如存在大量租赁实例的普通住宅、公寓、写字楼、商铺、标准工业厂房、仓库等类房地产；二是基于营业收入测算净收益，例如旅馆、疗养院、影剧院、娱乐场所、加油站等类房地产。有些房地产既存在大量租赁实例又有营业收入，如商铺、餐馆、农地等，在实际估价中只要能够通过租赁收入测算净收益的，宜通过租赁收入测算净收益来估价。所以，基于租赁收入测算净收益的收益法是收益法的典型形式。

1. 基于租赁收入测算净收益

基于租赁收入测算净收益的基本公式为：

净收益 = 潜在毛收入 − 空置等造成的收入损失 − 运营费用
　　　 = 有效毛收入 − 运营费用

（1）潜在毛收入、有效毛收入、运营费用、净收益通常以年度计，并假设在年末发生。

（2）空置等造成的收入损失一般是以潜在毛收入的某一百分率来计算。

（3）运营费用与会计上的成本费用有所不同，是从估价角度出发的，不包含房地产抵押贷款还本付息额、会计上的折旧额、房地产改扩建费用和所得税。

2. 基于营业收入测算净收益

有些收益性房地产通常不是以租赁方式而是以营业方式获取收益的，如旅馆、娱乐中心、加油站等。这些收益性房地产的净收益测算与基于租赁收入的净收益测算，主要有如下两个方面的不同：一是潜在毛收入或有效毛收入变成了经营收入，二是要扣除归属于其他资本或经营的收益，如商业、餐饮、工业、农业等经营者的正常利润。基于租金收入测算净收益由于归属于其他资本或经营的收益在房地产租金之外,即实际上已经扣除,所以就不再扣除归属于其他资本或经营的收益。

(三) 几种收益类型房地产净收益的求取

净收益的具体求取因估价对象的收益类型不同而有所不同,可归纳为下列几种情况:

1. 出租的房地产净收益求取

出租的房地产是收益法估价的典型对象,包括出租的住宅(特别是公寓)、写字楼、商铺、停车场、标准厂房、仓库和土地等,其净收益通常为租赁收入扣除由出租人负担的费用后的余额。租赁收入包括租金收入和租赁保证金或押金的利息收入。出租人负担的费用是出租人与承租人约定或按惯例由出租人负担的部分。

2. 营业的房地产净收益求取

营业的房地产的最大特点是,房地产所有者同时又是经营者,房地产租金与经营者利润没有分开。

(1) 商业经营的房地产,应根据经营资料测算净收益,净收益为商品销售收入扣除商品销售成本、经营费用、商品销售税金及附加、管理费用、财务费用和商业利润。

(2) 工业生产的房地产,应根据产品市场价格以及原材料、人工费用等资料测算净收益,净收益为产品销售收入扣除生产成本、产品销售费用、产品销售税金及附加、管理费用、财务费用和厂商利润。

(3) 农地净收益的测算,是由农地平均年产值(全年农产品的产量乘以单价)扣除种苗费、肥料费、人工费、畜工费、机工费、农药费、材料费、水利费、农舍费、农具费、税费、投资利息、农业利润等。

3. 自用或尚未使用的房地产净收益求取

自用或尚未使用的房地产,可以根据同一市场上有收益的类似房地产的有关资料按上述相应的方式测算净收益,或者通过类似房地产的净收益直接比较得出净收益。

4. 混合的房地产净收益求取

对于现实中包含上述多种收益类型的房地产,其净收益视具体情况采用下列方式之一求取:一是把它看成是各种单一收益类型房地产的简单组合,先分别求取各自的净收益,然后予以加总。二是先测算各种类型的收入,再测算各种类型的费用,然后将两者相减。三是把费用分为固定费用和变动费用,将测算出的各种类型的收入分别减去相应的变动费用,予以加总后再减去总的固定费用。

(四) 求取净收益时对有关收益的取舍

1. 有形收益和无形收益

房地产的收益可分为有形收益和无形收益。有形收益是由房地产带来的直接货币收益,无形收益是指房地产带来的间接利益,如安全感、自豪感、提高个人的声誉和信用、增强企业的融资能力和获得一定的避税能力。在求取净收益时不仅要包括有形收益,还要考虑各种无形收益。

无形收益通常难以货币化,因而在计算净收益时难以考虑,但可以通过选取较低的报酬率或资本化率来考虑无形收益。同时值得注意的是,如果无形收益已通过有形收益得到体现,则不应再单独考虑,以免重复计算。如在当地能显示承租人形象、地位的写字楼,即承租人租用该写字楼办公可显示其实力,该因素往往已包含在该写字楼的较高租金中。

2. 实际收益和客观收益

房地产的收益可分为实际收益和客观收益。实际收益是在现状下实际取得的收益，一般来说它不能直接用于估价。因为具体经营者的经营能力等对实际收益影响很大，如果将实际收益进行资本化，就会得到不切实际的结果。

客观收益是排除了实际收益中属于特殊的、偶然的因素之后所能得到的一般正常收益，一般来说只有这种收益才可以作为估价的依据。所以，估价中采用的潜在毛收入、有效毛收入、运营费用或者净收益，除了有租约限制的以外，都应采用正常客观的数据。为此，除了有租约限制的以外，利用估价对象本身的资料直接测算出潜在毛收入、有效毛收入、运营费用或者净收益后，还应与类似房地产在正常情况下的潜在毛收入、有效毛收入、运营费用或者净收益进行比较。如果与正常客观的情况不符，则应对它们进行适当的修正，使其成为正常客观的。

有租约限制的，租赁期限内的租金应采用租约约定的租金（简称租约租金，又称为实际租金），租赁期限外的租金应采用正常客观的市场租金。所以，租约租金高于或低于市场租金，都会影响房地产的价值。从投资角度来说，当租约租金高于市场租金时，房地产的价值就要高一些；相反，当租约租金低于市场租金时，房地产的价值就要低一些。当租约租金与市场租金差异较大时，毁约的可能性也较大。这对于房地产的价值也有影响。

收益法的一种变通形式是"成本节约法"。当一种权益或资产并不产生收入，可以帮助所有者避免原本可能发生的成本时，就可以采用这种方法评估其价值。该方法的实质是，某种权益或资产的价值等于其未来有效期内可以节约的成本的现值。承租人权益的价值评估是这种方法的一种典型。承租人权益的价值等于剩余租赁期限内租约租金与同期市场租金的差异经折现后的现值。如果租约租金低于市场租金，则承租人权益就有价值；反之，如果租约租金高于市场租金，则承租人权益就是负价值。

同一宗房地产，有租约限制下的价值、无租约限制下的价值和承租人权益的价值三者之间的关系为：

有租约限制下的价值＝无租约限制下的价值－承租人权益的价值

（五）收益年限的确定

收益年限是估价对象自估价时点起至未来可获收益的年数。收益年限应视估价对象的不同，在房地产自然寿命、法律规定（如土地使用权法定最高年限）、合同约定（如租赁合同约定的租赁期限）等的基础上，结合房地产剩余经济寿命来确定。一般情况下，估价对象的收益年限为其剩余经济寿命，其中，土地为剩余使用年限。

对于单独土地和单独建筑物的估价，应分别根据土地剩余使用年限和建筑物剩余经济寿命确定收益年限，选用相应的收益年限为有限年的公式进行计算。对于土地与建筑物合成体的估价对象，如果是建筑物的经济寿命晚于或与土地使用年限一起结束的，应根据土地剩余使用年限确定收益年限，选用相应的收益年限为有限年的公式进行计算。如果是建筑物的经济寿命早于土地使用年限而结束的，可先根据建筑物的剩余经济寿命确定收益年限，选用相应的收益年限为有限年的公式进行计算，然后再加上土地使用年限超出建筑物经济寿命的土地剩余使用年限价值的折现值。

五、收益法估价的应用案例

【案例 7-4】

××大厦估价报告（摘要）

现拟评估××市××路××号××大厦房地产于 2003 年 10 月 31 日的公开市场价值，为房地产市场交易提供价值参考。

该房地产权利人为××房地产有限公司，大厦 2002 年 11 月 1 日竣工投入使用，建筑面积 3875.68m²，总高 24 层，相应土地面积 5148m²，土地性质为国有出让土地，土地使用期限 1999 年 11 月 1 日至 2049 年 10 月 31 日止，土地用途为综合土地。

估价对象处于××商业中心，周围各项商业服务设施齐全，交通方便。估价对象为市中心商业圈内的高档商务办公楼，其本身的市场经营状况良好，具有较稳定的收益，故采用收益还原法评估其价格。

1. 有效出租面积、出租率分析

××大厦的实际可出租建筑面积为 3485.25m²，2001 年出租率为 78%，2002 年出租率为 85%，2003 年签约出租率为 90%，据此测算出：

平均出租率 = (78% + 85% + 90%) ÷ 3 = 84.33%。

总建筑面积 3875.68m²，有效面积比为：

$$3485.25 \div 3875.68 = 89.93\%$$

2. 房地产年总收益

根据对××商业圈内同类商务办公楼出租情况调查及租金资料分析，月平均租金水平为 19 美元/（月·m²）（物业管理费 3 美元/（月·m²），电费、电话费另付）。

则其年总收益 = 月出租收入 × 12 × 有效面积比率 × 出租率
= 19 × 12 × 89.93% × 84.33%
= 172.91 美元/（月·m²）

按 2003 年 10 月 31 日美元外汇比率 1:8.274，折合人民币为：

$$172.91 \times 8.274 = 1430.66 \text{ 元}/(\text{年} \cdot m^2)。$$

3. 房地产年总支出

总支出 = 管理费 + 维修费 + 保险费 + 税金

（1）管理费：按年租金的 3% 计，则

管理费 = 房地产年总收益 × 3%
= 1430.66 × 3% = 42.92 元/（年·m²）

（2）保险费：取建筑物重置造价的 3‰ 计，同类建筑重置造价 3800 元/m²，则：

保险费 = 3800 × 3‰ = 11.40 元/（年·m²）

（3）维修、保养费：按房屋重置价格的 2% 计算，则：

维修费 = 3800 × 2% = 76.00 元/（年·m²）

（4）税金：营业税和房产税合计为出租收入的 17.55%，则：

税金 = 1430.66 × 17.55% = 251.08 元/（年·m²）

年总支出 = 管理费 + 保险费 + 维修费 + 税金

$$=49.92+11.40+76.00+251.08$$
$$=381.40 \text{元}/(\text{年} \cdot \text{m}^2)$$

4. 房地产年纯收益

$$\text{房地产年纯收益} = \text{房地产总收益} - \text{年出租总支出}$$
$$=1430.66-381.40$$
$$=1049.26 \text{元}/(\text{年} \cdot \text{m}^2)$$

5. 还原利率

银行1年期贷款利率为5.31%，根据委托对象同类房地产行业投资收益水平，风险调整值取3%，委估对象为商务楼，综合后房地产还原率取8%。

6. 评定收益价格

房地产剩余收益年限为46年，根据公式

$$V = \frac{a}{r}\left[1-\frac{1}{(1+r)^n}\right]$$

式中　a——房地产年纯收益（元/年·m²）；
　　　r——房地产还原率（%）；
　　　n——房地产剩余收益年限（年）；

对本案例，$a=1049.26$；$r=8\%$；$n=46$。

则收益价格　　$V=1049.26 \div 8\% \times [1-1 \div (1+8\%)^{46}]$
$$=12735.30 \text{元}/\text{m}^2$$

7. 估价结果

$$\text{房地产总价值} = 12735.30 \text{元}/\text{m}^2 \times 3875.68 \text{m}^2$$
$$=49357948 \text{元，取整为} 4936 \text{万元。}$$

【案例7-5】

××写字楼估价报告（摘要）

一、估价对象概况

本估价对象是一座出租的写字楼，土地总面积12000m²，总建筑面积52000m²；建筑物层数为地上22层、地下2层，建筑结构为钢筋混凝土结构；土地使用权年限为50年，从1996年5月15日起计。

二、估价要求

需要评估该写字楼2001年5月15日的购买价格。

三、估价过程

1. 选择估价方法

该宗房地产是出租的写字楼，为收益性房地产，适用收益法估价，故选用收益法。因其收益年限为有限年，故具体选取用的收益法公式为：

$$V = \frac{a}{r}\left[\frac{1}{1-(1+r)^n}\right]$$

2. 搜集有关资料

通过调查研究，搜集的有关资料如下：

(1) 租金按净使用面积计

可供出租的净使用面积总计为 $31200m^2$，占总建筑面积的 60%，其余部分为大厅、公共过道、楼梯、电梯、公共卫生间、大楼管理人员用房、设备用房等占用的面积。

(2) 租金平均每月每平方米 35 元。

(3) 空房率年平均为 10%，即出租率年平均为 90%。

(4) 建筑物原值 5500 万元。

(5) 家具设备原值 500 万元。

(6) 经常费平均每月 10 万元，包括人员工资、水电、空调、维修、清洁、保安等费用。

(7) 房产税按建筑物原值减扣 30% 后的余值的 1.2% 缴纳（每年）。

(8) 其他税费约为月总收入的 6%（每月）。

3. 估算年有效毛收入

$$年有效毛收入 = 31200 \times 35 \times 12 \times 90\% = 1179.36 \text{ 万元}$$

4. 估算年运营费用

(1) 经常费

$$年经常费 = 10 \times 12 = 120 \text{（万元）}$$

(2) 房产税

$$年房产税 = 5500 \times (1-30\%) \times 1.2\% = 46 \text{（万元）}$$

(3) 家具设备折旧费

采用直线折旧法计算每年家具设备的折旧费。家具设备的经济寿命推定平均为 10 年，残值率为 4%。

$$年家具设备的折旧费 = \frac{500 \times (1-4\%)}{10} = 48 \text{（万元）}$$

(4) 其他税费

$$年其他税费 = 31200 \times 35 \times 90\% \times 6\% \times 12$$
$$= 70.76 \text{（万元）}$$

(5) 年运营费用

$$年运营费用 = (1) + (2) + (3) + (4)$$
$$= 120 + 46 + 48 + 70.76$$
$$= 284.76 \text{（万元）}$$

5. 计算年净收益

$$年净收益 = 年有效毛收入 - 年运营费用$$
$$= 1179.36 - 284.76$$
$$= 894.6 \text{（万元）}$$

6. 确定资本化率

资本化率确定为 10%。

7. 计算房地产价格

计算公式为：

$$V = \frac{a}{r}\left[1 - \frac{1}{(1+r)^n}\right]$$

上述公式中的 n 值为 50－5＝45（因为1996年5月15日至2001年5月15日为5年，此后的收益年限为45年）。则：

$$V = \frac{894.6}{10\%}\left[1 - \frac{1}{(1+10\%)^{45}}\right]$$
$$= 8823.27(万元)$$

四、估价结果

根据计算结果，并参考估价人员的经验，确定本估价对象2001年5月15日的购买总价为8823万元，约合每平方米建筑面积1696.7元。

第八章 其他估价方法在实务中的运用

第一节 假设开发法在房地产估价中的运用

一、假设开发法的概念

假设开发法又称开发法、预期开发法、剩余法,是将预测的估价对象未来开发完成后的价值,减去未来的正常开发成本、税费和利润等,以此求取估价对象的客观合理价格或价值的方法。

二、假设开发法的基本原理

假设开发法是一种科学实用的估价方法,其基本理论依据与收益法类似,是预期原理。

假设开发法在形式上是评估新开发完成的房地产价格的成本法的倒算法。两者的主要区别是:成本法中的土地价格为已知,需要求取的是开发完成后的房地产价格;假设开发法中开发完成后的房地产价格已事先通过预测得到,需要求取的是土地价格。

假设开发法更深的理论依据类似于地租原理。只不过地租是每年的租金剩余,假设开发法通常测算的是一次性的价格剩余。

三、假设开发法估价的适用范围和适用条件

(一)假设开发法的适用范围

假设开发法适用于具有投资开发价值或再开发潜力的房地产的估价,如待开发的土地(包括生地、毛地、熟地)、在建工程(包括房地产开发项目)、可装修改造或可改变用途的旧房(包括装修、改建、扩建,如果是重建就属于毛地的范畴),以下统称为"待开发房地产"。

(二)假设开发法适用的条件

(1)要有一个明朗、开放及长远的房地产政策;

(2)要有一套统一、严谨及健全的房地产法规;

(3)要有一个完整、公开及透明度高的房地产资料库;

(4)要有一个稳定、清晰及全面的有关房地产投资开发和交易的税费清单;

(5)要有一个长远、公开及稳定的土地供给(出让)计划,如果这些条件不具备,在运用假设开发法估价时会使本来就难以预测的房地产市场的客观方面,掺入了许多人为的主观影响因素,使未来的房地产市场变得更加不可捉摸,从而对未来开发完成后的房地产价值、开发成本和税费等的预测也会更加困难。

四、假设开发法的其他用途

假设开发法除了适用于估价,还大量用于房地产开发项目投资分析,是房地产开发项目投资分析的常用方法之一。假设开发法用于估价与用于投资分析的不同之处,是在选取有关参数和测算有关数值时,用于估价是假设站在一个典型的投资者的立场,用于投资分析是站在一个具体的投资者的立场。

房地产开发项目投资分析的目的,是为了给房地产开发商的投资决策提供依据。假设开发法具体可为房地产开发商提供下列3种数据:

1. 确定拟开发场地的最高价格

如果开发商有兴趣取得某个开发场地,他必须事先计算出能够接受的最高价格,他实际的购买价格应低于或等于此价格,否则不值得购买。

2. 确定开发项目的预期利润

在确定预期利润时,是假定开发场地已按照某个价格购买,即场地购置费被看成已知。预计可取得的总收入扣除场地购置费、开发成本及资金利息等后的余值,为开发项目所能产生的利润。此利润如果高于开发商期望的利润,则该开发项目被认为是可行的;否则,应被推迟开发,甚至取消投资。

3. 确定开发中可能出现的最高费用

在确定最高费用时,场地购置费也被视为已知。确定最高费用的目的是为了使开发利润保持在一个合理的范围内,同时使整个开发成本、费用在开发过程的各个阶段得到有效的控制,不至于在开发过程中出现费用失控。

五、假设开发法估价的应用案例

【案例 8-1】

有一成片荒地需要估价。

获知该成片荒地的面积为 $2km^2$,适宜进行"五通一平"的开发后分块有偿转让;可转让土地面积的比率为 60%。附近地区与之位置相当的"小块""五通一平"熟地的单价为 800 元/m^2;开发期需要 3 年;将该成片荒地开发成"五通一平"熟地的开发成本、管理费用等经测算为 2.5 亿元/km^2;贷款年利率为 10%;投资利润率为 15%;当地土地转让中卖方需要缴纳的税费为转让价格的 6%,买方需要缴纳的税费为转让价格的 4%。

试用传统方法测算该成片荒地的总价和单价。

估价过程:

设该成片荒地的总价为 V 则:

1. 该成片荒地开发完成后的总价值 $=800\times2000000\times60\%=9.6$(亿元)
2. 开发成本和管理费用等的总额 $=2.5\times2=5$(亿元)
3. 投资利息总额 $=(V+V\times4\%)\times[(1+10\%)^3-1]+5\times[(1+10\%)^{1.5}-1]$
   $=0.344V+0.768$(亿元)
4. 转让税费总额 $=9.6\times6\%=0.576$(亿元)
5. 开发利润总额 $=(V+V\times4\%+5)\times15\%$
   $=0.156V+0.75$(亿元)

6. 购买该成片荒地的税费总额 = $V \times 4\% = 0.04V$（亿元）

7. 荒地的总价

显然，该成片荒地的总价有下列关系式：
$$V = 9.6 - 5 - (0.344V + 0.768) - 0.576 - (0.156V + 0.75) - 0.04V$$

于是可求得： $V = 1.627$（亿元）

荒地总价 = 1.627（亿元）

荒地单价 = 81.35（元/m²）

【案例 8-2】

需要评估一宗"七通一平"熟地于 2004 年 9 月的价值。

获知该宗土地的面积为 5000m²，土地剩余使用年限为 65 年，容积率为 2，适宜建造某种类型的商品住宅。

预计取得该宗土地后建造该类商品住宅的开发期为 2 年，建筑安装工程费为每平方米建筑面积 800 元，勘察设计等专业费用及管理费为建筑安装工程费的 12%，第一年需要投入 60% 的建筑安装工程费、专业费用及管理费，第二年需要投入 40% 的建筑安装工程费、专业费用及管理费。

销售商品住宅时的广告宣传等费用为其售价的 2%，房地产交易中卖方需要缴纳的营业税等为交易价格的 6%，买方需要缴纳的契税等为交易价格的 3%；预计该商品住宅在建成时可全部售出，售出时的平均价格为每平方米建筑面积 2000 元。

试利用所给资料用现金流量折现法测算该宗土地 2004 年 9 月的总价、单价及楼面地价（折现率为 12%）。

估价过程：

设该宗土地的总价为 V，则：

1. 开发完成后的总价值 = $2000 \times 5000 \times 2 \div (1+12\%)^2 = 1594.39$（万元）

2. 建筑安装工程费等的总额
$$= 800 \times (1+12\%) \times 5000 \times 2 \times [60\%/(1+12\%)^{0.5} + 40\%/(1+12\%)^{1.5}]$$
$$= 810.36（万元）$$

建筑安装工程费、专业费用及管理费在各年的投入实际上是覆盖全年的，但为体现计算的方便起见，假设各年的投入是集中在各年的年中，这样，就有了上述计算中的折现年数分别是 0.5 和 1.5 的情况。

3. 销售费用和销售税费总额 = $1594.39 \times (2\% + 6\%) = 127.55$（万元）

4. 购买该宗土地的税费总额 = $V \times 3\% = 0.03V$（万元）

5. 该宗土地的总价显然土地总价为：
$$V = 1594.39 - 810.36 - 127.55 - 0.03V$$

由上式得：$V = 637.36$（万元）

故：土地总价 = 637.36（万元）

土地单价 = 1274.72（元/m²）

楼面地价 = 637.36（元/m²）

【案例 8-3】
一、估价对象概况

本估价对象是一块"三通一平"的建设用地；土地总面积 10000m²，且土地形状规则；规划许可用途为商业和居住，容积率≤5，建筑覆盖率≤50%；土地使用权出让时间为 2004 年 10 月，土地使用年限从土地使用权出让时起 50 年。

二、估价要求

需要评估该块土地于 2004 年 10 月出让时的正常购买价格。

三、估价过程

1. 选择估价方法

该块土地属于待开发房地产，适用假设开发法进行估价，故选用假设开发法。具体是打算采用假设开发法中的现金流量折现法。

2. 选择最佳的开发利用方式

通过市场调查研究，得知该块土地的最佳开发利用方式如下：

1）用途为商业与居住混合。
2）容积率达到最大的允许程度，即为 5，故总建筑面积为 50000m²。
3）建筑覆盖率适宜为 30%。
4）建筑物层数确定为 18 层；其中，1～2 层的建筑面积相同，均为 3000m²，适宜为商业用途；3～18 层的建筑面积相同，均为 2750m²，适宜为居住用途；故商业用途的建筑面积为 6000m²，居住用途的建筑面积为 44000m²。

3. 预计开发期

预计共需 3 年时间才能完全建成投入使用，即 2007 年 10 月建成。

4. 预测开发完成后的房地产价值

根据对市场的调查分析，预计商业部分在建成后可全部售出，居住部分在建成后可售出 30%，半年后可再售出 50%，其余 20%需一年后才能售出；商业部分在出售时的平均价格为每平方米建筑面积 4500 元，居住部分在出售时的平均价格为每平方米建筑面积 2500 元。

5. 测算有关税费和折现率

建筑安装工程费预计为每平方米建筑面积 1200 元；勘察设计和前期工程费及管理费等预计为每平方米建筑面积 500 元；估计在未来 3 年的开发期内，开发建设费用（包括勘察设计和前期工程费、建筑安装工程费、管理费等）的投入情况如下：第一年需投入 20%，第二年需投入 50%，第三年投入余下的 30%。销售费用和销售税费预计为售价的 9%，其中广告宣传和销售代理费为售价的 3%，两税一费和交易手续费等为售价的 6%。折现率选取 14%。据了解，如果得到该土地，还需要按取得价款的 3%缴纳有关税费。

6. 求取地价

计算的基准时间定为该块土地的出让时间，即 2004 年 10 月。

建成后的总价值 = 4500×6000/(1+14%)³ + 2500×44000×
　　　　　　[30%/(1+14%)³ + 50%/(1+14%)^3.5 + 20%/(1+14%)⁴]
　　　　　= 8829.33(万元)

7. 开发建设费用总额

$$(1200+500) \times 50000 \times [20\%/(1+14\%)0.5 + 50\%/(1+14\%)1.5$$
$$+ 30\%/(1+14\%)2.5]$$
$$= 6921.57(万元)$$

8. 销售费用和销售税费总额＝建成后的总价值×9%
$$= 8829.33 \times 9\%$$
$$= 794.64（万元）$$

9. 购地税费总额＝总地价×3%＝0.03 总地价（万元）
10. 总地价＝8829.33－6921.57－794.64－0.03 总地价
    总地价＝(8829.33－6921.57－794.64)÷(1+0.03)＝1080.70(万元)

四、估价结果

以上述计算结果为主，并参考估价人员的经验，将总地价确定为 1080 万元。

对于房地产开发用地的估价，通常要给出三种价格形式，即总地价、单位地价和楼面地价。这样，该块土地在 2004 年 10 月出让时的正常购买价格的测算结果为：总地价 1080 万元，单位地价 1080 元/m^2，楼面地价 216 元/m^2。

第二节 基准地价修正法在房地产估价中的运用

一、基准地价修正系数法概述

（一）基准地价修正系数法的含义

基准地价修正系数法，是利用城镇基准地价和基准地价修正系数表等评估成果，按照替代原则，将待估宗地的区域条件和个别条件等与其所处区域的平均条件相比较，并对照修正系数表选取相应的修正系数对基准地价进行修正，从而求取待估宗地在估价期日价格的方法。在我国许多城市，尤其是地产市场比较发达的城市，基准地价修正系数法也是常用的方法。

基准地价系数修正法的基本原理是替代原理，即在正常的市场条件下，具有相似土地条件和使用功能的土地，在正常的房地产市场中，应当具有相似的价格。基准地价，是某级别或均质地域内分用途的土地使用权平均价格，基准地价相对应的土地条件，是土地级别或均质地域内该类用途土地的平均条件。因此，通过待估宗地条件与级别或区域内同类用地平均条件的比较，并根据二者在区域条件、个别条件、使用年期、容积率和价格期日等方面的差异大小，对照因素修正系数表选取适宜的修正系数，对基准地价进行修正，即可得到待估宗地地价。

基准地价修正系数法的计算公式如下：

宗地地价 ＝基准地价×区域因素修正×个别因素修正
×年期修正系数×期日修正系数×容积率修正系数。

（二）基准地价修正系数法的适用范围

基准地价修正系数法适用于完成基准地价评估城镇的土地估价，即该城市具备基准地价成果图和相应修正体系成果。基准地价修正系数法可在短时间内大批量进行宗地价评估，因此，可快速方便地进行大面积的数量众多的土地价格评估。

基准地价修正系数法估价的精度取决于基准地价及其修正系数的精度，因此，该方法一般在宗地地价评估中不作为主要的评估方法，而作为一种辅助方法。

（三）基准地价修正系数测定途径

1. 基准地价修正系数测定途径：

（1）利用房地产市场交易资料，用统计方法测定；

（2）以土地用途、土地级别为基础评估和公布的基准地价，确定修正系数；

（3）以级别内区段基准地价为基础，确定修正系数；

（4）以级别为单位，按土地利用分区，确定修正系数；

（5）以级别基准地价为基础，按单元总分值进行修正系数测定。

2. 修正系数目前一般采用下列具体测定方法：

（1）根据收益，基准地价，利用分区域土地级别进行进一步分区；

（2）调查每一类区域中宗地收益资料（或地价资料单元分值资料），按好、较好、一般、较劣、劣五个标准，收集整理相应的宗地交易资料，计算修正幅度；

（3）影响地价因素及其权重确定；

（4）将已确定的级内（或分区内）优劣标准及修正幅度分摊到各影响因素，初步确定各影响因素修正系数；

（5）经反复验证，调整，最后得到各级（或各区）的修正系数。测算出的基准地价修正系数一般用于标定地价评估。

二、基准地价修正系数表编制举例

（一）商业用地宗地地价修正的系数表

1. 临街类型修正（见表 8-1）

临街形式与地价关系比例表　　　　　　　　　　　表 8-1

临街类型	主干道	次干道	支路
修正系数	1.2	1.0	0.8

2. 进深修正（见表 8-2）

商业用地进深系数修正表　　　　　　　　　　　表 8-2

进深(m)	0～3	3～6	6～9	9～12	12～15	15～17	17～19	19～21
修正系数	1.50	1.37	1.18	1.00	0.87	0.80	0.75	0.71

3. 宽度修正（见表 8-3）

商业用地宽度修正系数表　　　　　　　　　　　表 8-3

宽度(m)	0～3	3～5	5～7	7～9	9～10	10～10	11～13	13～15	>15
修正系数	0.80	0.85	0.90	0.95	1.00	1.10	1.20	1.28	1.35

4. 宽深比修正（见表 8-4）

商业用地宽深比修正系数表　　　　　　　　　　　表 8-4

宽深比(宽/深)	<0.50	0.50～0.70	0.70～0.80	0.80～0.95	0.95～1.05	1.05～1.20	>1.20
修正系数	0.80	1.00	1.10	1.17	1.23	1.29	1.34

5. 使用年限修正（见表 8-5）

商业用地使用年限系数修正形表　　　　　　　　　　表 8-5

使用年限	0.5	1	2	5	10	15	20	30	40
修正系数（%）	3.96	7.76	14.96	33.48	56.27	71.78	82.34	94.41	100

6. 容积率修正（见表 8-6）

商业用地容积率修正系数表　　　　　　　　　　表 8-6

容积率	0.5	1.0	1.5	2.0	2.5	3.0	3.5	4.0
修正系数	0.50	0.60	0.75	1.00	1.24	1.43	1.66	1.84

7. 楼层地价分配率修正（见表 8-7）

商业用地楼层地价分配表　　　　　　　　　　表 8-7

楼　　层	一层	二层	三层	四层	五层	六层	七层
地价分配率（%）	27	18	13	12	11	10	9

8. 临街形式修正（见表 8-8）

商业用地临街形式与地价关系比例表　　　　　　　　　　表 8-8

临街形式	十字路口	丁字路口	沿街
修正系数	1.4	1.2	1.0

（二）住宅用地宗地地价修正的系数表

1. 地价修正（见表 8-9 和表 8-10）

住宅用地宗地地价修正系数说明表　　　　　　　　　　表 8-9

	内　　容	优	较优	一般	较劣	劣
交通条件	相临道路级别（宽 m）	>20	12～20	8～12	5～8	<5
	距汽车站距离（m）	<300	300～500	500～800	800～1000	>1000
宗地条件	采光通风	优	较优	一般	较劣	劣
	微观景观	优	较优	一般	较劣	劣
	临街状况	两面临街	一面临街	不临街		
	宗地形状与面积	对土地利用无影响	略有影响	有一定影响	影响较重	影响严重
商服繁华程度	距市级商服中心距离(m)	<500	500～800	800～1100	1100～1400	>1400
	距区级商服中心距离(m)	<250	250～450	450～750	750～1000	>1000
	距农贸市场距离（m）	<200	200～350	350～500	500～700	>700
公用设施完备程度	距幼儿园距离（m）	<300	300～500	500～700	700～1000	>1000
	距小学距离（m）	<350	350～550	550～800	800～1100	>1100
	距医院距离（m）	<500	500～1000	1000～1500	1500～2000	>2000
	距邮电局距离（m）	<600	600～1200	1200～1700	1700～2200	>2200
	距绿地、公园距离（m）	<500	500～1000	1000～1500	1500～2000	>2000
	文体设施完善程度	完善	较完善	一般	不完善	很差
环境状况	环境质量状况（分值）	100	70～100	50～70	30～50	<30
	"三废"污染	轻	较轻	中	较重	重

住宅用地宗地地价修正系数表 表 8-10

内容		优	较优	一般	较劣	劣
交通条件	道路级别（宽）	+0.75	+0.38	0	−0.38	−0.75
	距汽车站距离	+0.50	+0.25	0	−0.25	−0.50
宗地条件	采光通风	+1.00	+0.50	0	−0.50	−1.00
	微观景观	+1.00	+0.50	0	−0.50	−1.00
	临街状况	+0.80	+0.40	0		
	宗地形状与面积	+0.70	+0.35	0	−0.35	−0.70
商服繁华程度	距市级商服中心距离	+1.25	+0.63	0	−0.63	−1.25
	距区级商服中心距离	+0.90	+0.45	0	−0.45	−0.90
	距农贸市场距离	+1.25	+0.63	0	−0.63	−1.25
公用设施完备程度	距幼儿园距离	+1.00	+0.50	0	−0.50	−1.00
	距小学距离	+1.00	+0.50	0	−0.50	−1.00
	距医院距离	+0.90	+0.45	0	−0.45	−0.90
	距邮电局距离	+0.60	+0.30	0	−0.30	−0.60
	距绿地、公园距离	+1.25	+0.63	0	−0.63	−1.25
	文体设施完善程度	+1.00	+0.50	0	−0.50	−1.00
环境状况	环境质量状况（分值）	+1.10	+0.55	0	−0.55	−1.10
	"三废"污染	+0.90	+0.45	0	−0.45	−0.90
其他因素		最高修正 3%				

2. 容积率修正（见表 8-11）

住宅用地容积率修正系数表 表 8-11

容积率	0.5	1.0	1.5	2.0	3.0	5.0	7.0	9.0	12.0
修正系数	0.54	0.63	0.77	1.00	1.43	2.20	2.98	3.65	4.68

3. 楼层地价分配率修正（见表 8-12）

住宅用地楼层地价分配表 表 8-12

楼层	一层	二层	三层	四层	五层	六层	七层	八层
地价分配率（%）	11	23	20	11	10	9	8	8

4. 临街类型修正（见表 8-13）

道路类型与住宅用地地价比例关系表 表 8-13

临街类型	生活型主干道	生活型次干道	混合型主干道	混合型次干道	交通型道路	支路
修正系数	1.2	1.1	1.0	0.9	0.8	0.7

5. 使用年限修正（见表 8-14）

住宅用地使用年限系数修正表 表 8-14

使用年限	0.5	5	10	15	20	30	40	50	60	70
修正系数（%）	3.79	32.09	53.93	68.79	78.91	90.48	95.84	98.32	99.47	100

（三）工业用地宗地地价修正的系数表

1. 交通状况修正（见表 8-15 和表 8-16）

道路类型与工业用地地价比例关系表　　　　　　　　　　　　　　　　表 8-15

道路类型	交通型主干道	交通型次干道	混合型主干道	混合型次干道	生活型道路	支　路
修正系数	1.2	1.1	1.0	0.9	0.8	0.7

交通便捷度与工业用地地价比例关系表　　　　　　　　　　　　　　　　表 8-16

交通便捷度	挂车快捷通行	无斗车快捷通行	挂车可通行	无斗车可通行	小卡车快捷通行	小卡车可通行
修正系数	1.15	1.10	1.05	1.00	0.90	0.85

2. 对外交通便利度修正（见表 8-17 和表 8-18）

工业用地距火车站距离与工业用地地价比例关系表　　　　　　　　　　　表 8-17

距火车站距离（m）	<1500	1500～3000	3000～4500	4500～6000	>6000
修正系数	1.2	1.1	1.0	0.9	0.8

工业用地距港口距离与工业用地地价比例关系表　　　　　　　　　　　　表 8-18

距港口距离（m）	<2000	2000～4000	4000～6000	6000～8000	>8000
修正系数	1.2	1.1	1.0	0.9	0.8

3. 基础设施状况修正（见表 8-19、表 8-20 和表 8-21）

基础设施配套状况与工业用地地价比例关系表　　　　　　　　　　　　　表 8-19

基础设施配套状况	七通一平	六通一平	五通一平	四通一平	三通一平
修正系数	1.2	1.1	1.0	0.9	0.8

供电保证率与工业用地地价比例关系表　　　　　　　　　　　　　　　　表 8-20

供电率保证（停电小时/月）	0	0～5	5～10	10～15	>15
修正系数	1.1	1.05	1.00	0.95	0.90

供水保证率与工业用地地价比例关系表　　　　　　　　　　　　　　　　表 8-21

供水保证率（停水小时/月）	0	0～1.5	1.5～3	3～4.5	>4.5
修正系数	1.1	1.05	1.00	0.95	0.9

4. 工业的聚集效益修正（见表 8-22）

工业区规模与工业用地地价比例关系表　　　　　　　　　　　　　　　　表 8-22

工业区规模	大	较大	一般	较小	小
修正系数	1.18	1.09	1.00	0.91	0.82

5. 自然环境条件修正（见表 8-23）

自然环境条件与工业用地地价比例关系表　　　　　　　　　　　　　　　表 8-23

自然环境	优	较优	一般	较劣	劣
修正系数	1.15	1.08	1.00	0.92	0.85

三、基准地价修正法的运用案例

【案例 8-4】

××综合用地使用权估价报告（摘要）

（一）估价对象概况

某地块位于××市××区××路××号，土地用途为综合用地，面积 3940m²，容积率 3.5，处于二级地段，已完成三通一平。土地取得方式为出让，50 年使用权，取得日期为 2003 年 5 月 1 日，权利人为××市××房地产开发公司。

（二）估价目的

现拟用基准地价修正法评估其于 2004 年 4 月 30 日的土地使用权市场价格。

（三）估价过程

土地价格 ＝基准地价×年期修正系数×宗地因素修正系数
×期日修正系数×容积率修正系数

1. ××市二级综合用地基准地价为 6500 元/m²（楼面地价）

2. 年期修正系数

估价对象实际使用年限为 50－1＝49 年，根据××市房地产市场状况，目前银行利率水平及房地产投资风险，取综合用途土地资本化率 8%，故：

年期修正系数＝［1－1/（1＋8%）⁴⁹］＝0.9770

3. 宗地因素比较与修正系数表（见表 8-24）

宗地因素比较与修正系数　　　　　　　　　　表 8-24

因素名称	比 较 条 件	评估等级	修正系数
商服繁华度	地处市级商服中心一般繁华地段	较优	0.0250
交通条件	临主干道且四面临街，附近有公交站点，临轨道交通	较优	0.0195
宗地临街状况	临商服中心边缘街宽度，一面临街	一般	0.0000
目前利用情况	目前为净地，拟建商业性综合物业	较优	0.0089
宗地自身条件	面积适中，形状规则，对土地利用有利	优	0.0151
规划限制	利用类型无限制，建筑容积率较大	较优	0.0075
其他因素	无明显利弊	一般	0.0000
综合			0.0760

4. 期日修正系数

××市基准地价于 2000 年 5 月 1 日起实施，根据市场调查分析及相关资料，2000 年 5 月 1 日至 2002 年 4 月 30 日××市综合用地地价指数平均每月比上月增长 0.2%，2002 年 5 月 1 日至 2004 年 4 月 30 日平均每月比上月增长 0.5%。

故：期日修正系数＝（1＋0.1%）²⁴×（1＋0.25%）²⁴＝1.0875

5. 容积率修正

该土地容积率 3.5，符合基准要求，不作修正。

（四）估价结果

将上述所有因素代入基准地价修正公式得：

$$V = 6500 \text{元}/m^2 \times 0.9770 \times (1+7.60\%) \times 1.0875 \times 1 = 7431 \text{元}/m^2$$

估价对象土地总价＝7431×3.5×3940

＝102473490 元，取整为 10247 万元。

【案例 8-5】

××住宅用地使用权估价报告（摘要）

（一）估价对象概况

估价对象位于××市××区××路××号，总面积 39875m^2，规划容积率 3.8。土地取得方式为出让，用途为住宅，使用年限 70 年。该地块处于三级地段，已实现三通一平。

（二）估价目的

现拟评估某地块于 2003 年 11 月 10 日的土地使用权市场价格，为市场交易提供价值参考。

（三）估价过程

现采用基准修正法进行评估，基本公式如下：

$$V = P_0 R_y (1 \pm R_i)(1 \pm R_a)(1 \pm R_e) \times R_p$$

其中　V——土地价格（楼面地价）；

P_0——三级地土地基准地价 4565 元/m^2（楼面地价）；

R_y——年期修正系数，估价对象实际使用年限为 70 年，故 $R_y=1$；

R_i——期日修正系数；

R_a——区域因素修正系数；

R_e——个别因素修正系数；

R_p——容积率修正系数。

××市基准地价于 1998 年 6 月 1 日起实施，1998 年至 2003 年居住用地土地交易环比指数如表 8-25。

居住用地土地交易环比指数　　　表 8-25

年期	1998	1999	2000	2001	2002	2003
地价指数	93.4	91.3	86.3	92.2	111.0	125.0

则：$100 \times \dfrac{91.3}{100} \times \dfrac{86.3}{100} \times \dfrac{92.2}{100} \times \dfrac{111.0}{100} \times \dfrac{125.0}{100} = 100.80$

$$R_i = 100.80\% - 100\% = 0.80\%$$

区域因素修正系数 R_a 见表 8-26。

个别因素修正系数 R_e，见表 8-27。

容积率修正系数 R_p。该土地容积率 3.8，符合国家住宅土地利用规范 $R_p=1$。

（四）估价结果

将上述所有因素代入基准地价修正公式得：

$$V = 4565 \text{元}/m^2 \times 1 \times (1+0.8\%) \times (1-2.6\%) \times (1-0.5\%) \times 1$$

$$= 4459 \text{元}/m^2$$

估价对象土地总价＝4459×3.8×39875＝675649975 元，取整为 67565 万元。

区域因素修正系数　　　　　　　　　　　　　　　　　　　　　　表 8-26

区域因素情况综述及修正系数表

项目	公共设施种类数量修正	区域繁华度修正	交通条件修正				基础设施修正				周围环境修正	
							保证率					
			公交便捷度	道路通达度	至火车站距离	至飞机场距离	供水保证率	供电保证率	排水保证率	基础设施状况	环境质量	周围土地利用类型
修正情况	多于5个	较差	较难	临支道	大于2km	大于2km	小于90%	小于90%	小于90%	三通一平	环境一般无污染	住宅
修正系数	2%	−1%	−0.6%	0%	0%	0%	−0.8%	−0.8%	−0.8%	−1.6%	1%	0%
区域因素修正$\sum R_a$	−2.60%											

个别因素修正系数 R_e　　　　　　　　　　　　　　　　　　　　　表 8-27

个别因素情况综述及修正系数

	宗地形状	临街状况	宗地面积
概况	不规则	三面临街	偏大
修正情况	难以充分利用	较好	偏大
修正系数	−1%	1%	−0.5%
个别因素修正$\sum R_e$	−0.5%		

第九章 宗地估价

不同类型的房地产，具有不同的特征，影响房地产价格的因素就不同，其价格的形成也就各具不同的原理。因此不同类型的房地产的估价，就必须选择各自适用的估价方法。本书的第七～十一章我们将分别就宗地、居住房地产、商业房地产、工业房地产、建筑物和在建项目房地产等的估价，如何确定适用的估价方法加以分析说明。

第一节 宗地估价概述

一、宗地估价的特点

宗地价格是一宗土地在某一时点的一定权益的价格。

在土地评估中，宗地具有以下三层含义：①宗地总是与一个权属状态相联系；②宗地在使用功能上具有一定独立性；③宗地的面积必须在一定数量以上。

宗地估价具有以下特点：

1. 特殊性

宗地所在区域的市场行情，区位地段、周边环境、基础设施状况、宗地个别条件等都直接影响宗地地价的高低。这使宗地地价呈现出鲜明的个别性和特殊性。

2. 地价形式多样性

由于评估目的的多样，宗地地价的表现形式各不相同，如土地出让、转让价格、抵押价格、兼并价格、作价入股、补偿价格等，若进一步按用途分还有商业用地、住宅用地、工业用地等各类价格。通过评估可以根据地价政策、城市价格水平及基础资料情况，选择不同的估价方法，得到适合特定目的的不同形式的宗地地价。

3. 客观性

宗地地价评估，应该在剔除对价格产生偏差的各类影响后，评估出正常市场中，一般经济技术及管理水平下的社会正常价格。

4. 时效性

宗地地价只反映某一时点的价格水平，具有一定的时效性。

土地估价不论出于何种目的，采用何种价格形式，其评估原理及评估方法是相通的。所不同的是对各宗地内外部条件的认定和把握。在评估中，只要根据特定的评估目的和委估宗地的实际状况来设计评估思路，便可进行各类不同类型的土地价格评估。

二、宗地价格的估价方法

宗地价格是一宗土地在某一时点的一定权益的价格。土地的一定权益，有出让土地使用权、划拨土地使用权、设有抵押权的土地使用权、设有地役权的土地使用权、有租约限制的土地使用权，等等。

宗地价格原则上可以采用下列两种方法来评估：

1. 直接运用市场法、成本法、收益法、假设开发法等来评估。

但是，宗地的类型和估价目的不同，具体适用的估价方法可能不完全相同。拿宗地的类型来说，待开发土地，如将利用该土地建造某种类型的商品住宅或写字楼、商店、宾馆等，适用假设开发法估价；经新近人工开发或改造的宗地，如填海造地，开山造地，征用农地或拆除旧城区的旧建筑物后进行"三通一平"、"五通一平"或"七通一平"的土地，适用成本法估价；已有建筑物的宗地，例如现成的写字楼、商店、宾馆、餐馆等的占地，适用收益法（具体是其中的土地剩余技术）估价；而不论宗地的类型如何，只要该类宗地有较发达的交易市场存在，可以找到较多的交易实例，均适用市场法估价。

2. 有了基准地价的地区，可通过基准地价修正法来评估。

在政府确定公布了基准地价的地区，通过具体区位、土地使用年限、容积率、土地形状、临街状况等的比较，由估价对象宗地所处地段的基准地价调整得出估价对象宗地价格的一种估价方法。

由于在不同城市，基准地价的内涵、构成、表达方式等可能不同，具体调整的内容和方法也不完全相同。基准地价的内涵、构成、表达方式等的不同，有基准地价是熟地价还是生地价，尤其是在城市建成区内是否包含市政配套费、拆迁补偿安置费；是土地级别的基准地价，还是区片价的基准地价或路线价的基准地价；是用土地单价表示的，还是用楼面地价表示的；对应的用途、容积率和土地使用年限等，如在评估基准地价时设定的土地使用年限是无限年还是相应用途的法定最高年限，或是统一为某个固定年限，如50年，等等。

第二节 待开发土地的估价

一、待开发土地及其特点

所谓待开发土地，是指具有开发潜质，允许改变现土地用途和利用方式，经重新开发可以达到最有效使用的土地。其特点为：

1. 现使用方式的限制

不论现在的用途如何，是否有地上物，利用强度怎样，现在的土地收益多少，均不影响此宗地开发后的利用方式与价值。

2. 方式为最有效使用

地价为该宗地最优使用状态下的价格，因为在此状态下，未来的收益最高，故价格亦是最高。

二、估价中需要把握的要点

1. 有效使用方式进行价格定位及其影响因素分析

评估时土地的开发用途，不能受现有利用方式的限制，应将估价对象宗地置于重新开发和最有效使用状态下，并能取得最佳的经济效益，将此作为价格定位及其影响因素分析的基础。如现有的工业用地将开发为商业用地，此时对价格的影响因素已不是产业集聚规模、生产配套条件、至销售地的距离等，而是适合于商业用地的临街情况、商业繁华度、客流量、交通便捷程度等，其价格定位应为同样条件下商业用地的价格。

2. 明确宗地的使用限制条件

法律法规对宗地权益的限制以及规划的制定和改变，对土地的开发、利用有着各种限制，这对土地利用方式和未来收益会产生一定的影响，在评估地价时应十分明确相关的限制条件。

（1）权益限制，包括待开发宗地的使用权性质、取得方式、内外销限制，进行转让、出租、抵押的条件，使用年期，对原使用人的权益是否保留、与产权共有人的权益怎样分配等。

（2）规划建筑限制，包括区域性质、规划用途和开发使用强度、容积率、建筑密度、绿化率、用地面积、建筑面积、建筑高度等。

（3）建筑要求限制，包括道路出入口、宽度、红线退让要求，地面地下车位数、消防、防震、防洪等要求，与周围建筑的距离、建筑风格和式样等。

3. 确定开发方式

宗地的原有条件即成熟程度对最有效使用下开发的成本有重要影响，因而在估价时应明确宗地计划开发的方式及深度，并且了解宗地原来状况，如市政基础设施及公共配套设施的完善程度、周边环境、动迁工作量等，这些都直接影响土地取得和开发成本，影响土地的预期开发价值，这在地价测算中是不容忽视的。

三、确定适用的估价方法

1. 采用市场比较法直接进行地价比较求取比准价格

选择与估价对象宗地具有可比性的宗地价格资料，并与估价对象宗地进行相关因素的比较修正，求得估价对象宗地的比准价格。

2. 运用假设开发法通过预期收益推求地价

基本公式：

熟地价＝房地产开发预期总收益－综合建筑成本－利息－利润－税费

预期总收益可通过三种方式求取。

（1）市场比较法，依据宗地周围同类房地产的市场售价求得。

（2）选择估价对象宗地周围同类房地产的客观收益，运用收益法，还原成房地产价格。

（3）预测估价对象宗地建筑完成后房地产逐年经营净收益，进行现金流量分析，贴现至估价时点后，得到房地产预期开发总收益。

当评估待开发宗地的生地价格时，公式为：

生地价＝熟地地价－土地开发成本－利息－利润－税费

公式中熟地地价可运用上述方法求取，利息、利润均以土地开发成本为计算基础，税费指当土地开发完成后作为熟地转让时应缴纳的税金和发生的销售费用。

3. 运用收益法在确定了土地纯收益的基础上，选择适当的土地资本化率进行资本还原，由此求得宗地的收益价格。

4. 运用成本逼近法求得宗地的价格

在城市边缘新开发地区或工业用地的估价中，可运用成本逼近法进行，基本公式为：

土地价格＝土地取得费＋土地开发费＋利息＋利润＋土地增值收益

式中 土地取得费——是为取得土地而向原土地所有人或使用人支付的费用，以宗地所在区域的平均费用标准计算。

土地开发费——含基础设施配套费、市政和公用设施建筑配套费和小区开发配套费。

利息、利润——以土地取得费和土地开发费作为计算基数。

土地增值收益——即为土地用途经规划允许改变和宗地以外区域多年投资开发带来的土地收益。这部分收益应当归还给社会。数值量通常为土地取得费用的20％～30％，或按当地政府收取的出让金计算。

5. 在制定了路线价和基准地价的城市和地区，可用路线价估价法和基准地价系数修订法评估。

四、待开发土地估价的应用案例

【案例 9-1】

××大厦基地地价评估（摘要）

一、估价对象概况

1. 估价对象所处的地理位置及周围环境

估价对象位于北京市××区××路××号，市商务中心用地内。地块南距×××路45m，西邻××街40m，北邻××路25m，东邻××街50m，规划用地11600m^2。规划建设集办公、旅馆、公寓及商业、娱乐等综合用途为一体的××大厦。

估价对象地处××区××地区，紧临使馆区，是北京涉外建筑最为集中的地方。其周边已开发建设成为北京主要的涉外商贸活动中心。以地块为中心，以2km为半径的范围内已建成十多家涉外酒店、高档写字楼。

估价对象所在地区规划布局合理、环境优美、交通便利。其距离长安街不到1km，距天安门约5.6km，距北京火车站约7.5km，距首都机场约20km。

2. 估价对象市政设施状况

估价对象所在区域市场发育状况良好，故此地块内的市政基础设施较完善，供城市生产和居民生活使用的上水、下水、供热、煤气、电力、电信等市政配套设施完善。

3. 估价对象规划设计条件

估价对象规划用途有办公、旅馆、商业、娱乐等。其具体规划设计条件见表9-1。

估价对象规划设计情况表　表9-1

内　容	指　标
总占地面积	19800m^2
红线用地面积	10500m^2
市政代征地面积	6800m^2
集中绿地代征地面积	2500m^2
总建筑面积	80000m^2
容积率	7.0
建筑限高	80m
绿化面积	占总用地30％
停车位	45个/万m^2

二、估价要求

估算估价对象土地1996年11月20日之土地使用权价格，为政府出让该土地使用权，提供土地价格依据。

三、估价采用的基本方法和步骤

估价对象属于高级商用综合楼的建设项目，根据国际上地价评估的惯例，宗地地价评估应采用两种或两种以上的评估方法进行评估，然后将评估结果进行算术平均或加权平均。考虑到我国的国情，结合该宗地的实际情况，以基准地价修正法和市场比较法估算较为合理。

项目总建筑面积功能分布表　　表 9-2

功　能	建筑面积（m²）	百分比（%）
1. 办公、写字	40000	50
2. 旅馆	16000	20
3. 公寓	12000	15
4. 商服	8000	10
5. 健身、娱乐	4000	5
合　计	80000	100

四、评估测算过程

（一）测算估价对象熟地地价

1. 假设开发法测算

(1) 确定地块整体开发的功能分布（表 9-2）。

(2) 开发总价值

本项目开发收益来源有：办公、写字楼和公寓的销售收益，旅馆、商服、健身娱乐用房的出租收益。下面分项计算本项目的开发收益。

1) 销售收益

a. 估价对象完成后物业售价的确定

估价对象规划限制建设为高级综合性商用楼，目前北京房地产市场上此类物业的交易实例可比性资料较多，故采用市场比较法可确定评估地块的物业售价见表 9-3。

比较对象因素修正表　　表 9-3

编号	地点	售价（USD/m²）	期日修正	区位修正	用途修正	个别因素修正	比准价格（USD/m²）
1	亚运村	1950	104/100	100/96	100/99	100/98	2177
2	朝阳门外大街	1786	105/100	100/96	100/98	100/99	2013
3	朝阳路南	1800	105/100	100/98	100/97	100/96	2071
4	麦子店	2000	101/100	100/98	100/99	100/97	2146
5	建国门	2800	95/100	100/103	100/106	100/106	2298

根据以上比准价格的测算，我们确定该估价对象的预期市场价：办公、写字楼为 2000USD/m²，公寓为 1900USD/m²。

b. 计算销售收益

取销售费用率为 0.1，美元与人民币汇率 1∶8.45 计，则该物业销售收益为：

办公写字楼：$2000 \times 8.45 \times 40000 \times (1-0.1) = 60840$ 万元

公寓：$1900 \times 8.45 \times 12000 \times (1-0.1) = 17339.4$ 万元

合计：78179.4 万元

2) 出租收益

a. 根据目前的市场水平，估价人员预测未来物业的租金为 35 USD/m²·月。

取出租费用率为 0.15

使用面积比为 0.75

公共流通比为 0.2
平均空置率为 0.2
则评估物业内的出租收益：
35×8.45×（1－0.15）×0.75×（1－0.2）×（1－0.2）×12×28000
＝ 40543776 元

b. 运用收益法公式，计算开发价值：

$$P = \frac{a}{r-s}\left[1-\left(\frac{1+s}{1+r}\right)^n\right]$$

式中　a——出租净收益；
　　　r——资本化率（取 12%）；
　　　s——收益年递增率（取 5%）；
　　　n——可收益年限（47.5 年）；
　　　P——开发价值。
则

$$P = \frac{40543776}{12\%-5\%}\left[1-\left(\frac{1+5\%}{1+12\%}\right)^{47.5}\right] = 55219.07 \text{ 万元}$$

3）项目开发总价值
$$78179.4 + 55219.07 = 133398.47 \text{ 万元}$$

（3）开发总成本

1）建安工程费
直接费：结构＋装修＝5000 元/m²
间接费：取直接费的 20%
$$5000 \times 20\% = 1000 \text{ 元/m}^2$$
不可预见费：取前两项和的 10%
$$(5000+1000) \times 10\% = 600 \text{ 元/m}^2$$
则建安工程总投资为：
$$(5000+1000+600) \times 80000 = 52800 \text{ 万元}$$

2）投资利息
年利率取 12%，建设周期为两年，第一年资金投入 60%，第二年资金投入 40%。
$$52800 \times [0.6 \times (1+12\%)^{1.5} + 0.4 \times (1+12\%)^{0.5} - 1] = 7101.5 \text{ 万元}$$

3）开发商利润：（利润率取 25%）
$$52800 \text{ 万元} \times 25\% = 13200 \text{ 万元}$$

4）工商统一税（取开发总价值的 5.05%）
$$133398.47 \times 5.05\% = 6736.62 \text{ 万元}$$

5）推销广告费（取开发总价值的 2%）
$$133398.47 \times 2\% = 2667.97 \text{ 万元}$$

6）总开发成本
$$52800+7101.5+13200+6736.62+2667.97 = 82506.1 \text{ 万元}$$

（4）开发余值 ＝ 开发总价值－开发总成本

$$133398.47 - 82506.1 = 50892.37 \text{ 万元}$$

（5）熟地地价

购地期望回报率为30%

设总地价为 X，

$$X \times [(1+12\%)^{2.5} + 30\%] = 50892.37 \text{ 万元}$$
$$X = 31269.65 \text{ 万元}$$
$$\text{土地单价} = 31269.65 \div 10500 = 29781 \text{ 元}/m^2$$
$$\text{楼面地价} = 31269.65 \div 80000 = 3909 \text{ 元}/m^2$$

2. 基准地价修正法测算

根据《北京市出让国有土地使用权基准地价表》（京政发[1993]34号）及其使用说明，求取估价对象的地价。

该基准地价是在调查各类用地的基础上，根据其地上建筑物现有的收益水平和经营情况测算的土地平均价格。由此，将基准地价通过容积率、用途、土地使用权出让年限等项目调整修正，可以推算出估价对象土地的地价。

具体测算过程如下：

（1）土地使用权出让金计算

根据北京市地价区类划分标准，估价对象属三类地区，其主要用途为公寓、写字楼，地上容积率为7.6，取估价对象每平方米土地使用权出让金标准为2000元/m^2，容积率修正系数6.0，则单位面积出让金为：

$$2000 \times 6.0 = 12000 \text{ 元}/m^2$$

（2）基础设施配套建设费

估价对象的市政及四原费为800元/m^2，小区建设配套费为400元/m^2，容积率为7.6，则每平方米土地的基础设施配套费为：

$$(800+400) \times 7.6 = 9120 \text{ 元}/m^2$$

（3）土地开发及其他费用

此项标准取值定为7800元/m^2。

（4）估价对象基准地价

$$\text{单位地价} = 12000 + 9120 + 7800 = 28920 \text{ 元}/m^2$$
$$\text{总地价} = 28920 \times 19500 = 303660000 \text{ 元}$$
$$\text{楼面地价} = 303660000 \div 80000 = 3796 \text{ 元}/米^2$$

3. 对以上两种结果进行技术处理

运用假设开发法和基准地价修正法测算的地价值，结果比较接近，我们对两个结果进行算术平均，见表9-4。

测算值比较修正表　　　　　　　　　　　　　　　　　表9-4

方法	总地价（万元）	单位地价（元/m^2）	楼面地价（元/m^2）
假设开发法	31269.65	29781	3909
基准地价修正法	30366.0	28920	3796
平均	30817.83	29351	3853

(二)测算估价对象生地地价

1. 假设开发法测算

根据委托方提供的资料,拆迁安置补偿费用如下:

(1) 地上建筑拆除补偿费 382.1 万元

(2) 地上建筑拆除清运费 68.78 万元

(3) 设备报废搬运费、安装调试 496.8 万元

(4) 职工停产期间工资补偿 2944.5534 万元

(5) 地上管线、道路等附属物补偿 100 万元

(6) 富余人员安置费 500 万元

(7) 托、幼儿园搬家安置费(转园费)37.5 万元

(8) 办公场地周转费 540 万元

(9) 拆迁管理费 49 万元

(10) 安置用房 12866.11 万元

合计 18004.84 万元

综上所述,拆迁安置补偿费用合计为 13438.73 万元。

2. 计算生地地价

将拆迁费用从熟地地价中扣除,即得到土地的生地地价。

生地总价 = 30817.8 － 18004.84 = 12812.96 万元

楼面地价 = 128129600 ÷ 80000 = 1602 元/m²

3. 市场比较法测算

(1) 交易资料的收集(见表9-5、表9-6)

市场比较法实例表　　　　　　　　　　　　　　　　表 9-5

实例	交易实例地点	交易日期	土地用途	使用年限	地上容积率	土地区类	楼面毛地价(元/m²)
1	朝阳门外大街	1994.5	综合	50	2.18	三类	1650
2	体育馆路	1994.5	综合	50	4.92	三类	1628
3	东大街	1994.12	综合	50	2.37	三类	1550

市场比较法实例计算修正表　　　　　　　　　　　　表 9-6

实例	楼面毛地价(元/m²)	情况修正	期日修正	用途修正	区类修正	容积率修正	个别因素修正	修正地价(元/m²)
1	1650	100/100	102/100	100/100	100/100	100/94	100/104	1624
2	1628	100/100	102/100	100/100	100/100	100/97	100/105	1630
3	1550	100/100	100/100	100/100	100/100	100/94	100/100	1649

(2) 比较修正结果

以上三个比较案例与估价对象位于同一区位,且交易日期比较接近,故取三个修正结果的算术平均值作为估价对象的比准价格,即 1634 元/m²。

4. 对以上两种结果进行技术处理

选取假设开发法、基准地价修正法求得的生地地价结果和市场比较法测算的生地地价比较接近。两者是从不同侧面反映了估价对象的地价水平,并无实质差异。因此取两者的算术平均值,作为估价对象的最终地价(见表9-7)。

测算值比较修正表　　　　　　　　　　　　　表9-7

方法	生地总地价 (万元)	单位地价 (元/m^2)	楼面地价 (元/m^2)
假设开发法	12812.96	12202	1602
市场比较法	13071.45	12449	1634
平　均	12942.21	12326	1618

熟地
  总地价　　　　　　30817.83 万元
  单位地价　　　　　29351 元/m^2
  楼面地价　　　　　3853 元/m^2
生地
  总地价　　　　　　12942.21 万元
  单位地价　　　　　12326 元/m^2
  楼面地价　　　　　1618 元/m^2

【案例 9-2】

××开发区西北小区部分土地价格评估(摘要)

为以土地使用权作价投入合作公司进行房地产开发,××开发公司委托××房地产估价所进行土地价格评估,评估期日为 1996 年 10 月 31 日。

评估过程如下

一、评估对象概况

评估对象为××开发区西北小区部分土地,为国有划拨土地,××开发公司通过办理征地手续取得土地使用权,已领有国有土地使用证。

区域环境(略)

西北小区为××开发区的一部分,面积 1.89km^2,规划为居住 1.7 万人口的现代化居住小区,区内将建有多、高层住宅、学校、幼托、商业及文体、市政设施。区内生活服务配套功能齐全,环境质量优良,绿化率达 30% 以上。

区内目前正在进行大规模的市政基础设施建设。至评估期日,评估地块已具备部分上水、雨水、污水、电力、通信、煤气条件,但尚未完成动迁安置。

西北小区共有可使用面积(扣除区内道路、集中绿地、河道)373459 m^2,评估对象为上述面积中扣除保留用地(36634m^2)后的剩余部分,面积为 373459－36634 = 336825m^2,占西北小区可使用面积的 90.2%。

小区内各用途用地面积和规划建筑面积见表9-8。

各种用途面积和容积率　　　　　　　　　　　表 9-8

编号	用地类型	土地面积（m²）	规划容积率	规划建筑面积（m²）	备　注
1	多层住宅	208847	1.433	299215	
2	高层商住	25822	4.0	103290	
3	公建配套	43384	0.532	23080	
4	绿　化	57127			
5	市政设施	1645			
合　计		336825	1.26	425585	含公建配套

有收益部分面积：评估地块完成开发后，可用于销售经营，取得收益的建筑面积为 $425585-23080=402505m^2$，占地面积 $208847+25822=234669m^2$。其中多层住宅建筑面积 $299215m^2$，占地面积 $208847m^2$；高层商住建筑面积 $103290m^2$，占地面积 $25822m^2$。

二、土地价格评估

1. 价格类型

评估地块为国有划拨土地，投入合作公司后，需办理土地使用权出让手续，将其转为内销商品住宅用地，以销售、经营方式取得房地产收益。因此评估的前提条件为假定评估对象的用途能够合法转为内销商品住宅。评估对象现状为已完成部分征地补偿和部分市政配套的土地，与之相应的是开发公司已支付了征地中的国家税费、已完成的基础设施费用和区域大市政配套分摊的费用。尚未实施的基础设施、大市政配套、运迁补偿安置费用将由合作公司支付。即开发公司将以未完成动拆迁补偿安置的、拥有部分市政设施条件的土地投入合作公司。因此，评估价格类型为：尚未支付土地使用权出让金的、内销商品住宅现状条件下的土地使用价格。

2. 评估思路与方法

（1）因评估价格为不完全的内销住宅地价，评估中可根据剩余法的思路分两步进行。首先测算评估地块完成建设后的总开发价值、总建筑成本费用、总开发利润，用总收益减去总成本、费用和利润、税金等，以求取熟地价格；第二步，从熟地价中扣除土地出让金和将由合作公司投入的土地费用后，其余值为评估价格。

（2）又因评估地块为近期通过征地、实施成片开发的地块，且邻近地区有成片开发的类似地块，土地取得、开发成本资料易于收集，故评估中可采用成本逼近法将达到现状条件已支付的各类成本费用累加，在计入合理利息、利润的基础上，确定成本价格，以作为评估值的下限依据。

3. 测算过程

（1）剩余法测算

1）求取评估地块熟地价

基本公式为：

熟地价 ＝ 房地产总收益－建造总成本－利息－利润－销售税费

①房地产总收益

根据地块建设完成后的总销售收益进行测算，经运用市场比较法选择周围地区同类商品房售价，比较修正后确定。评估对象建设完成后的平均销售价测定为 3805 元/m²。（比较、修正过程略）

销售地价：3805×402505 = 153153.2 万元

其他收益（商场、车位等），经测算约为总销售价的5%。

房地产总收益为：153153.2 × (1+5%) = 160810.9 万元

②建造总成本

根据本市一般建筑工程造价指数，按小区内实际高、多层比例分配，工程综合造价（建安成本＋专业费用）为 1057 元/m^2。（测算过程略）

地块内公建配套设施建筑费用按住宅项目的综合配套费中的公建配套费 120 元/m^2 计，该项费用分摊至可销售面积的单位造价中，不单列计算，故建筑综合造价为 1057＋120 = 1177 元/m^2。

总造价：1177×402505 = 47374.84 万元

③利息

按 10.98% 年利率，分批建设，每批建设周期以2年计息。

地价×10.98%×2＋47374.84×10.98%×2×1/2 = 地价×22%＋5201.8 万元

④利润

根据房地产位置、用途及市场情况，取房地产开发综合投资利润率 30%，为：

(地价＋47374.84)×30% = 地价×30%＋14212.5 万元

⑤销售税费

营业税及附加为销售收入的 5.065%，销售费用为销售收入的 2%，销售税费合计为 10557.2 万元。

熟地总价 = A－B－C－D－E = 54910.9 万元

2) 测算评估地块现状地价

基本公式为：

现状地价＝熟地价－出让金－合作公司投入的土地费用和利息、利润

①熟地价：按上述测算，熟地总价为 54910.9 万元。

②土地出让金：根据本市内销商品住宅土地出让金标准计算，出让金总价为 4458.7 万元（测算过程略）。

③合作公司投入的土地费用：各类补偿安置、吸劳养老金市政设施费用共 26541.7 万元。

④利息：取 10.98% 利息率，计息期 1.5 年，利息为 2185.7 万元。

⑤利润：按 25% 的土地开发投资利润率计，合作公司土地开发的投资利润为 6635.4 万元。

现状地价 = A－B－C－D－E = 15089.4 万元

剩余法评估结果为：开发公司投入的土地使用权的总价格为 15089.4 万元，折合每平方米土地单价为 448 元。

(2) 成本法测算

基本公式为：

现状地价 = 开发公司已投入费用＋相关费用＋利息、利润

根据委托方提供资料和评估人员按社会一般水平测算，西北小区土地总投资成本费用（估算）及支付情况见表 9-9：

成本费用估算和支付情况表　　单位：人民币（万元）　　表 9-9

编号	费用项目	总成本费用	开发分司已投入	合作公司待投入
1	征地、居民动迁安置费	20837.00	3217.00	17620.00
2	企业动迁安置费	2311.00	/	2311.00
3	市政、绿化征地费分摊	3681.00	3681.00	/
4	道路及管线工程费用	3780.90	2064.50	1716.40
5	大市政配套费用分摊	1691.50	259.20	1432.30
6	前期工程费	547.20	547.20	/
	1～6 项小计	32848.60	9768.90	23079.70
7	管理费（1～6）×5％	1642.40	488.40	1154.00
8	不可预计费（1～6）×10％	2308.00	/	2308.00
	1～8 项小计	36799.00	10257.30	26541.70
9	利息（1～8）×10.98％×n	3311.90	1126.20	2185.750
10	利润（1～8）×15％	9199.70	2564.30	6635.40
	1～10 项合计	49310.40	13947.80	35362.60

根据成本法测算，评估对象的现状地价即开发公司已投入的各类成本、费用及相关利息、利润共计为 13947.8 万元，折合每平方米的土地单价为 414 元。

三、评估结果

因本项目评估目的是以土地作为投资进行房地产开发，其作价额应以市场价格为基础，在确定评估结果时采用加权平均法，取剩余法评估价格权重为 65％，成本法评估价格权重为 35％，则评估结果见表 9-10。

两种测算值比较修正表　　表 9-10

评估方法	土地总价（万元）	土地单价（元/m²）	每亩价格（万元）	权重值
剩余法	15089.4	448	29.87	65％
成本法	12947.8	414	27.6	35％
评估结果	14689.8	436	29.08	/

评估对象于评估期日的市场价格为人民币壹亿肆仟陆佰捌拾玖万捌仟元整（RMB 146 898 000 元），每平方米土地单价为 436 元。

第三节　现有使用方式下的土地估价

一、现有使用方式下的土地及其特点

现有使用方式下的土地指已经一定的开发和使用，并在一段时间内不会改变使用方式的土地。相对于待开发土地而言，它的利用状态已固定，短期内不具有重新开发的可能。由于政府征收土地税费、企业改制中对土地资产处置、作价投资等经济活动的需要，要对

现有使用方式下的土地单独估价。在评估房地产价格中有些不适合采用房地合一方法进行评估的，也需要对房屋、土地分别估价。

现有使用方式下的土地具有下述特点：

（1）具备一定的建设用地条件。该类土地一般位于城市建成区内，经过开发和使用，具有一定的交通条件和基础设施条件，一定程度上能满足生产和生活的需要。

（2）不一定为最有效使用方式。现有使用方式有两种状态，一为已按最有效利用方式开发建设，达到了最佳使用；二是未达到最有效使用，或根据城市规划，其用途不符合最有效配置；或用途一致，但内部各种条件要素配合不当，土地利用集约度未达到最佳要求。其中后一种状态在现有使用方式中占相当的比例。

二、评估中需把握的要点

1. 根据使用现状明确价格定位。

由于现有使用方式的多样性，需根据特定的评估目的、评估要求来明确价格定位，确定评估思路。现状为最有效使用的，应按最有效利用原则，以同类用地中能带来最大收益的市场熟地价进行价格定位；若现状不为最有效使用的，则应根据合法利用原则，从现状出发，评估中不是以重新开发后的预期收益，而是以目前土地实际利用状态下能达到的收益作为价格定位的基础。

2. 必须以合理的持续经营为前提。

对现有使用方式不符合最有效要求的，需明确该种方式继续存在的合法、合理性，判断从现状使用向最有效使用转换可能性的大小。当法规（这里主要指城市规划）允许其转换，且在转换用途时有明确补交出让金的规定的，可按现有使用方式进行地价评估。

3. 充分考虑建筑对地价的影响。

现有使用方式下的土地不同于待开发土地，其上建筑物需继续使用，建筑物与基地也有着密切的关联，它们有机结合产生效用，二者间配置的均衡程度和建筑物的实体状况、使用状况对土地效用的发挥、土地收益的取得和土地的价格会产生较大的影响。如现状容积率较低、布局不合理、建筑物陈旧等会影响该宗地的收益能力。所以在估价中必须充分考虑地上建筑物对地价的影响。

三、确定适用的估价方法

1. 市场比较法评估土地价格。
2. 以房地产总价值中扣除建筑物价值后求取地价，基本公式为：

地价＝房地产总价值－建筑物价值

用商品房销售价、存量房屋交易价和收益价格来表示，则上述公式即为：

地价＝（房地总售价－单位面积平均造价×建筑面积－利息利润－税费）/土地面积

＝（房地产交易价－税金－管理费－房屋现值）/土地面积

＝（房地产收益价格－房屋现值）/土地面积

3. 运用收益法通过土地纯收益求取地价，公式为：

地价＝（房地产收益－房屋纯收益）/土地资本化率

4. 路线价估价法评估地价。

5. 基准地价系数修正法评估地价。

【案例9-3】

××宗地地价评估技术思路及评估过程（摘要）

一、估价对象概况

××公司于1990年11月以有偿出让方式取得A地块50年使用权，并于1991年11月在此地块上建成建筑物B。当时造价为每平方米1200元，其经济耐用年限为55年。目前该类建筑重置价格为每平方米1500元，残值率为10%。A地块面积450m²，建筑面积为400m²，目前该建筑全部出租，每月实收租金为10000元。据调查，当地同类建筑出租租金一般为每月每平方米30元，房屋空置率约为10%，土地及房屋资本化率分别为5%和6%，每年需支付的土地使用税及房产税，分摊至每建筑平方米为20元，需支付的年管理费为年租金的4%，年维修费为重置价的2%，年保险费为重置价的0.2%。

二、估价要求

为将土地使用权作价投资，成立合资企业，试根据上述资料估算A地块在1994年11月3日的土地使用权价格。

三、估价过程

1. 该宗土地与房屋通过出租，取得房地产收益，适宜采用收益法进行估价。

2. 计算出租总收益

收益应采用客观收益，即每月每平方米30元，空置率为10%。

年总收益 = $30 \times 400 \times 12 \times (1-10\%)$ = 144000元

3. 计算出租总费用

总费用包括以下几项

(1) 年税金 = 20×400 = 8000元

(2) 年管理费 = $30 \times 400 \times 12 \times 4\%$ = 5760元

(3) 年维修费 = $1500 \times 400 \times 2\%$ = 12000元

(4) 年保险费 = $1500 \times 400 \times 0.2\%$ = 1200元

(5) 计算房屋年折旧费

房屋年折旧费应根据房屋重置价、耐用年限、残值率等进行计算。但本案例中土地使用权出让年限，即土地使用者可使用土地的年限小于房屋耐用年限，而根据《城市房地产管理法》和国务院55号令规定，土地使用期满而使用者未申请续期的，土地使用权由国家无偿收回，关于地上建筑物的处置，《城市房地产管理法》未作具体规定，而国务院55号令则规定由国家无偿取得。因此使用者可使用房地产的年限不超过出让年限。对本案例而言，使用者可使用房产的年期为50−1 = 49年；而房屋的残值在使用期满时也并不能由房主取得。因此，整个房屋重置价必须在可使用期内全部收回，以回收全部投资。因此本案例中房屋年折旧费为：

年折旧费 = 房屋重置价 ÷ 房屋可使用年限

= $(1500 \times 400) \div 49$

= 12245元

所以总费用＝（1）＋（2）＋（3）＋（4）＋（5）＝39205元

4．计算房屋出租年纯收益

（1）房屋现值＝房屋重置价－年折旧费×已使用年限
$$＝1500×400－12245×3$$
$$＝563265 元$$

（2）房屋年纯收益＝房屋现值×房屋资本化率
$$＝563265×6\%$$
$$＝33796 元$$

5．计算土地年纯收益

土地年纯收益＝②－③－④
$$＝129600－39205－33796$$
$$＝56599 元$$

6．确定的土地使用权价格

本案例土地在1994年11月3日的土地使用权剩余使用年限为46年，因此土地使用权价格为：

$$土地使用权价格 = \frac{a}{r}\left[1 - \frac{1}{(1+r)^n}\right]$$
$$= 56599/5\% \times \left[1 - \frac{1}{(1+5\%)^{46}}\right]$$
$$= 1011994 元$$

四、估价结果

A地块在1994年11月3日的土地使用权价格为人民币壹佰零壹万壹仟玖佰玖拾肆元整。

第十章 居住房地产估价

第一节 居住房地产估价概述

一、居住房地产的主要特点

（一）居住功能要求

住宅是家庭最基本的居住和生活空间，人生的大部分时间是在家庭的居住环境中度过的。居住房地产应以家庭为核心，满足人们的生理需要、伦理需要、享受需要、发展需要、社交需要，满足人们不断增长的居住和生活需要。

常见家庭生活内容及活动特征、适宜活动空间，包括休息、活动、学习、饮食、家务、劳动、卫生、交通等。住宅建筑设计应在一定的造价标准下注重房型、平面及空间布局、厨房卫生间的适用性、建筑式样、外部环境等满足不断提高的居住功能和居住质量的要求，满足各层次大小家庭对各种功能的需求。

我国的住宅套型空间的功能划分及空间组织可分为三类：

1. 居室型

起居就寝合于一室，每一房间同时混杂有多种功能，除睡眠外，还包括会客、团聚、就餐、娱乐等多种活动。人们的同步活动和异步活动给家庭生活带来许多不便。此类住宅又叫生存型住宅。显然由于它的居住功能不足，使得房地产价格大为降低。

2. 餐寝分离型

利用扩大的交通空间，使之成为可使用的小方厅套型住宅，它有助于克服就餐、会客、家务、社交与休息、睡眠及学习之间的干扰，实现了低级功能分室要求。但这种方厅实际上是以餐桌为中心成为家庭活动的中心。由于采光、通风及空间尺度等因素限制，方厅无法满足家庭团聚、会客、娱乐等多种活动的要求，从而一定程度上造成功能减少，降低了房地产价格。

3. 活动就寝分离型

现代家庭在基本解决温饱后，迫切要求提高生活质量和居住质量，家庭团聚、会客、娱乐、休闲、发展等功能活动日益受到重视，人们要求有较大的客厅会客和娱乐，有相对独立的卧室，最好设有主客分离卫生间，宽敞的厨房等。

这类小康型住宅将日益成为我国住宅套型的基本型式。

（二）环境功能要求

居住外部环境是家庭居住质量和生活质量的重要部分和保证系统，环境功能包括市政公用设施的完善性，供水、供电、通信系统的正常性，道路通畅性，污水排放通畅性，购物、就医、上学的方便性，出行便捷性，绿化景观优美性，社区文化活跃性，防火、防灾安全性，环境卫生清洁性，物业管理完善性等等。

（三）价格组成特点

决定居住房价格增长的主要因素有造价因素、质量因素、成新因素和政策因素。

1. 造价因素

居住房地产的造价是指房地产开发重置成本，在项目取费标准上，居住房地产的造价构成不同于其他房地产的造价构成。居住房地产估价中，除了大市政配套外还要加上小区公建设施费以及当地主管部门规定的各种摊派费用。

2. 质量因素

居住房地产的建筑质量包括工程质量，功能质量，美学质量、设备质量、环境质量等部分。

工程质量指房屋的结构稳定性、抗震、防渗漏、隔热保温等。达到一定标准的工程质量是房屋具有使用功能的前提，因而这是反映房屋建筑质量的基础指标，也是传统的评价房屋建筑质量的主要指标。但现在房屋的工程质量问题依然存在，如顶层及山墙的漏雨，不均匀沉降引起的墙体裂缝等。

房屋的功能质量和美学质量是指造型、式样、房型、层高、内部空间布局、朝向、层次等。人们对住宅的消费观念发生了巨大的变化，不再把住宅当作安身之地，而是追求功能的合理性、居住的舒适性。在相同的工程质量和造价条件下，合理的功能布局和内部空间结构、层次、朝向会在很大程度上提高住宅的使用功能，从而成为决定售价的重要因素。

房屋的设备质量是指厨房、卫生间、家电、空调、升降、排风等设备的运行性能及安装的美观性、合理性。如住宅单元内全部管线的隐蔽性会提高住宅的美学功能，电梯运行的稳定性保证了高层住宅的使用功能。所以，设备质量也是形成住宅使用功能、美学功能的重要部分。

住宅的工程质量是估价的基础指标，使用功能质量是估价的重点指标，美学质量是估价的高层次指标。工程质量、功能质量及美学质量的内涵及标准随着时代的发展及消费者需求的提高而不断进化，逐步替代的标准。在现代需求中，传统的功能质量指标下降为基础指标，而新的功能要求被消费者认为是基本的功能指标。住宅质量的内涵、指标及它们的不断进化，可以帮助估价人员在估价实务中确定价格调整因素及权重。

房屋的环境质量是指房屋的外部环境质量，与地理环境相联系的生活条件和居住质量，包括景观环境、交通环境、购物环境、人文环境、社区环境等。

对环境质量，不同消费层次的需求是不一样的。目前，人们对环境质量的重视程度迅速提高，环境质量对居住房地产价格影响的权重也显著增大。

3. 居住房地产房屋和土地资产的成新度因素。居住房地产的折旧是指房地产价值的损失、贬值，它包括物理折旧、功能折旧和经济折旧。

房地产的物理折旧包括房屋折旧及土地资产折旧两部分。

房屋的物理折旧主要由主体结构及水、电、煤、卫等功能设施和装修部分的贬值。其中主体结构的耐用寿命长且占造价的主要部分，而功能设施与装修部分的耐用寿命与主体结构不同步，它的造价比例低，并且其贬值可以修复。所以，在确定房屋的成新度时应把主体结构与功能设施及装修部分的成新度分开，把主体结构成新度作为基础，参考房屋功能设施及装修的完好程度加以修整。

土地本身没有折旧，可永续使用，除非出现地震、海啸等灾害或意外情况。但土地使用权人在使用土地期间所投入的劳动会形成土地资产，这部分土地资产在使用中要有利息，还要折旧或一次性回收。土地使用权人在土地使用期间所投入的成本需进行补偿，或作为土地使用人的资产进行转让。同时，如果在转让时，购买的土地使用权年限还未用完，就需要对土地使用权剩余年限内的地产进行评估。

因此，在评估房地产的成新度时不仅要把房屋主体结构与功能设施的装修部分成新度分开，而且应把房产的成新度评估与土地资产成新度以及土地使用权剩余年限的权益分开评估。

功能折旧是指把估价对象与新建的住宅相比在房型、内部空间分配、造型、规格等方面显得功能不足、陈旧，从而不能满足消费者需求所造成的价值贬值。如大房间、小厅、暗厅、卫生和厨房间面积过小等已不受消费者欢迎。

经济折旧是指外部环境折旧，它是由建筑物外的原因引起的折旧，如由于市政规划的改变，把居住小区的道路变成主干道，繁忙的交通运输给宁静的住宅区带来噪声、空气污染、出行不安全；又如住宅小区内楼房之间的距离过窄，影响采光、通风；住宅紧靠马路，无绿化隔离带等不符合现代建筑要求，降低居住的舒适性，造成房地产价格下降等。

4. 政策因素

我国现行的城市土地使用制度为有偿出让和划拨使用两种方式，居住房地产价格有商品房市场价格、国家指导价格即成本价格和不完全成本价等类型的价格。各地方还会有自己具体的价格形式。

虽然居住房地产的估价主要按市场价格来评估，但是，我国现阶段推行的多元化房地产价格政策，界定了不同价格的适用范围，从而制约着居住房地产的价格评估，因而掌握各类居住房地产价格的特点及限制条件是有实际意义的。

二、居住房地产的估价方法

居住房地产的估价对象可以是一套住宅、一幢楼、一个居住小区，也可以是带建筑物的房地产或不带建筑物的土地。按估价的特点可以将估价对象分为两类：新建居住房地产和旧有居住房地产。

居住房地产的估价目的有买卖、抵押、交换、入股、租赁、担保等，估价的值除了市场价值外还有少量的拆迁补偿价值。

鉴于居住房地产的估价目的及估价对象的特点，估价的思路为整体房地产估价和房、地分别估价。估价主要方法为以市场比较法为主求取其比准价格，以成本法为辅求取其积算价格，然后对两种价格进行综合平衡分析，评定出估价对象房地产的价格。

新建居住房地产和旧有居住房地产以及拆迁住宅房地产的估价方法如下：

（一）新建居住房地产评估

对新建居住房地产，通常进行整体房地产估价。当市场交易中比较实例较多时先用市场比较法进行整体评估即选择3例以上同一地价区段，类似新建居住房地产、较近时期发生的比较实例进行整体评估，得出比准价格。同时对新建居住房地产采用成本法进行整体评估，得出积算价格，最后对市场比较法与成本法的评价结果进行分析综合，得出最后估价值（见表8-1）。

用市场比较法对居住房地产进行整体评估时，由于难于找到与估价对象各项因素都相同的比较实例，这时要保证比较实例与估价对象间具有可比性，要抓住三个关键：基本可比性，即结构、类型、式样、房型相同，地段相同，装修标准相似，其中最重要的是结构相同。

此外，要对比较对象因非正常交易状况而增减的房价予以扣除，如特殊付款方式增加房价。对期房价格还要调整成现房价格。

还要注意比较实例和估价对象之间在工程质量、功能质量及环境质量等方面差异的调整。

新建居住房地产包括刚建成的或在建的居住房地产，它的造价指社会平均造价，其包括的费用项目，列在表10-1中的成本估价法部分。至于在建居住房地产，则根据实际工程进度，对已完成部分的工程量进行评估。

居住房地产估价的技术思路与方法　　　　　　　表10-1

步骤	方法	技术操作步骤	
1	市场比较法	（1）在同一地价区段内选择3例以上用途相同，类型与结构相似，装修标准相近，接近估价时点的已成交的比较实例 （2）调查可比较实例的交易情况、交易价格、交易日期、区域环境因素和个别因素 （3）根据修正标准与幅度，对比较实例与估价对象间的上述各种情况进行比较修正 （4）列出修正计算公式，计算修正价格 （5）根据修正价格，采用加权或算术平均法，评定出比准价格	
2	成本估价法	新建居住房地产	旧存居住房地产
		收集相关造价资料，估算积算价格 （1）土地使用权出让金 （2）征地拆迁补偿安置费 （3）勘察设计等前期费 （4）小区大市政配套及公建设施费 （5）小区内市政基础设施及公建设施费 （6）建筑安装费 （7）管理费 （8）贷款利息 （9）税金 （10）销售费用 （11）开发利润	（1）运用市场比较法、成本法或基准地价修正法确定估价对象的基准价格 （2）根据估价对象房屋建筑结构等级选定房屋重置价格标准 （3）根据房屋重置价格标准，对估价房屋在房型、装修、设备、地段、环境、朝向、楼层等的质量因素差异修正，核定价格增减率，确定估价房屋在估价时点的重置价格 （4）根据估价房屋的建成年代，使用年限和新旧程度，确定估价房屋的重置净值 （5）将基地价格加上估价房屋重置净值，得出估价对象的积算价格
3	综合评定	对上述广泛算得的比准价格和积算价格进行综合平衡，最终确定委估对象房地产的评估价格	

（二）旧有居住房地产估价

1. 房地产整体评估

用市场比较法直接对旧有居住房地产进行整体评估，在同一地价区段选择3例以上与估价对象用途相同、类型相似、交易时间接近于估价时点的正常交易作为比较实例，求取比准价格。具体的方法及要点类似于新建居住房地产用市场比较法进行的整体评估。

这里要说明的是，对旧有居住房地产，对比较实例与评估对象之间的成新度因素之修正较为困难，这是由于旧有居住房地产的使用时间越长，就越难于准确估计建筑物、设备及相应构筑物（如变电站、泵房）、地下管道等的成新度，再综合评定成新折扣。所以，需要认真进行实地查勘，分别估计成新度。

此外，关于成新度折扣因素的定量处理分两种情形。当相比较的旧有居住房地产的成新度相同，则不必加以调整，如果两者的成新度不等，则有两种调整方式：

第一种是将比较实例的比准价格换算成全新居住房地产的单价，再计算评估对象的成新折扣。

第二种是以比较实例的成新度为基准，按估价对象成新度与比较实例的成新度之比来调整估价对象的成新折扣。

2. 地产和房屋分开估价。将土地和房产价值分别估价，合并计算。即用市场比较法、成本法、基准比价修正法估价居住房地产的地产价格，用重置成本法估价其房屋价格，最后对不同的价格进行综合平衡，见表8-1。首先根据估价对象房屋的建筑结构、等级选定房屋重置价格标准（各地方公布的标准），以此为基准，对估价房屋进行价格修正。修正围绕着装修、设备、内部分隔、朝向、层次、环境地段等质量因素差异进行来核定增减率。对旧有居住房地产，借助于上述方法得到了整体评估价格以及地产和房地产分开评估价格，再通过分析、综合，就得出最后的估价值。

第二节　居住房地产估价运用案例

【案例10-1】

××市××路302弄24号301室房地产估价报告（摘要）

一、委托方：×××

二、估价方：××市××房地产估价有限责任公司

三、估价对象概况

1. 估价对象

估价对象××市××路302弄24号301室，位于××区××小区。估价对象的建筑面积为 61.65m²。

2. 建筑物状况

估价对象位于一栋六层住宅楼的三层。水、电、卫设施俱全，符合居住条件。

3. 周边环境及交通条件

估价对象位于××区××小区，区域内有大型超市、集贸市场、银行、邮局、中小学、娱乐场所等生活服务设施和教育配套设施。毗邻中原路、殷行路，交通较便利，主要公交线路有××路、××路、××路等。

四、估价目的

为房地产买卖，确定转让价格依据。

五、估价时点：2002年7月5日

六、估价方法

根据估价对象的估价目的及其特点，目前住宅在房地产市场上的交易较活跃，按照房地产估价理论与方法，对估价对象宜采用市场比较法进行评估。

根据最新的房地产市场行情资料，结合估价对象周围房地产市场情况，分别选择与估价对象相邻若干个挂牌住宅价格作为比较案例，进行区域、日期、交易情况、个别因素等多项因素的修正，求得估价对象在评估基准日的市场比准价值后再乘以适当的拍卖变现系数求得该房地产的拍卖底价。

七、估价过程

市场比较法：(以估价对象的因素指数为100来作修正)

1. 比较实例的因素条件说明见表10-2和表10-3。

比较实例的因素条件说明表　　　　　　　　　表10-2

项目	估价对象	案例A	案例B	案例C
房地产坐落	××路302弄24号301室	××新村××号301室	××新村××号401室	××新村××号302室
价格（元/m²）	/	3179	3418	3614
交易日期	2002.7	2002.7	2002.7	2002.7

因素条件说明表　　　　　　　　　表10-3

		估价对象	实例A	实例B	实例C
	项目名称	××路302弄24号301室	××新村××号301室	××新村××号401室	××新村××号302室
	单价（RMB）	/	3179	3418	3614
	交易日期	2002.7	2002.7	2002.7	2002.7
	日期修正	/	100/100	100/100	100/100
	交易情况	正常	正常	正常	正常
	价格类型	评估价格	成交价	成交价	成交价
	情况修正		100/102	100/102	100/102
区域因素	土地等级	六级	六级 100/100	六级 100/100	六级 100/100
	交通条件	较好	较好 100/100	较好 100/100	较好 100/100
	商服配套	较好	较好 100/100	较好 100/100	较好 100/100
	区域因素修正		100/100	100/100	100/100
个别因素	房屋类型	住宅	住宅 100/100	住宅 100/100	住宅 100/100
	建筑结构	砖混	砖混 100/100	砖混 100/100	砖混 100/100
	楼层	6/6层	1/6层 100/104	5/6层 100/106	1/6层 100/104
	建筑面积	61.65m²	56m² 100/100	58.52m² 100/100	52.02m² 100/100
	装修	一般	一般 100/100	一般 100/100	一般 100/100
	设备	全	全 100/100	全 100/100	全 100/100
	朝向	南	南 100/100	南 100/100	南 100/100
	个别因素修正	100	100/104	100/106	100/104
	权属性质	产权	产权 100/100	产权 100/100	产权 100/100

2. 因素修正及修正价格计算

在各因素条件指数表的基础上，进行比较实例估价日期修正、交易情况修正、区域因素、个别因素及其他因素的修正，计算得出各修正价格，见表10-4。

因素比较修正系数计算表　　　　　　　　　　　　表 10-4

项　目	实例 A	实例 B	实例 C
交易价格	3179	3418	3614
交易日期修正	100/100	100/100	100/100
交易情况修正	100/102	100/102	100/102
区域因素修正	100/100	100/100	100/100
个别因素修正	100/104	100/106	100/104
其他因素修正	100/100	100/100	100/100
修正后的价格	2997	3161	3407
修正后的价格（取算术平均数）	3188 元/m²		

单价为：3188 元/m²。

修正说明：

（1）交易情况修正

实例 A、B、C 均为市场挂牌价，故作修正 100/102、100/102、100/102。

（2）交易日期修正

实例 A、B、C 距估价时点较近，故不作修正。

（3）区域因素修正

估价对象与实例 A、B、C 位于同一区域，故不作修正。

（4）个别因素修正

实例 A、B、C 在楼层等方面与估价对象有差别，故个别因素分别作 100/104、100/106、100/104 的修正。

（5）其他因素修正

实例 A、B、C 为产权房，故不作修正。

3. 用市场比较法对估价对象价格的计算

估价对象的评估价格 = 3188 元/m² × 61.65m²

　　　　　　　　　= 196540 元

根据计算估价对象房地产总价格为 196540 元。

八、估价作业日期：2002 年 6 月 28 日至 2002 年 7 月 10 日

九、估价结果

估价对象××市××路 302 弄 24 号 301 室于估价时点的房地产转让价格为：人民币 196540 元。

第十一章 商业房地产估价

第一节 商业房地产估价概述

一、商业类房地产的特点

商业类房地产是用于出租或经营的房地产,包括各类商场店铺,各类旅游饭店,各类娱乐场所以及营业性办公楼等等。商业类房地产是生产资料而不是消费资料。购买或租商业房地产的目的是投资,其购买价格或租金是资本。所以,在正常情况下,商业房地产的价格或租金是由其经营收益的持续能力来决定的。

商业房地产的价格与它们的特点密切相关,要求估价人员必须充分了解并把握。

1. 投资收益性

投资收益性是该类房地产的本质特点。所有购买或租用商业房地产的企业或个人都是投资者,都是基于该房地产可以从事经营产生收益,以还本付息并获取利润。

2. 交易频繁性

在所有房地产中,商业房地产的转让、转租最频繁。其原因是商业房地产是一种换主容易的生产资料,它可以在短短几年之内数度更换承租人。

3. 经营综合性

随着社会经济的发展,出现了许多综合性商业房地产,在一幢大楼内,同时经营零售商品、餐饮、娱乐业、服务项目等等。在许多高级宾馆中,除了客房,同时有商务中心、餐厅、酒吧、桑拿浴室、保龄球房、桌球房、歌舞厅等等。此类综合性商业房地产越来越多,其收益和成本越来越呈多样性和复杂性。

4. 装修高档性

随着科技的进步,建材业的发展,商业房地产的装修日益趋向高级、豪华、多姿多彩。这些装修是商业性房地产的有机组成部分,其本身的价值较高,但又不宜单独估算其商业性价格。

5. 区位重要性

在同等的社会经济状况和相同的市场条件下,商业房地产所处的地段位置对其经营收益的高低起着决定性的影响。地段位置的优劣和商业房地产的价格成正比。

二、商业房地产的估价方法

商业房地产估价的首选方法无疑是收益法,在市场交易资料较为充分的情况下,同时应采用市场比较法,然后综合评定其价格。如果商业房地产的估价目的是抵押、破产、兼并,往往也用成本法评估其结算价格作为辅助参考。

（一）商业房地产的估价方法

只要市场资料充分，都应该用市场法和收益法评估商业房地产的价格，在个别情况下，由于市场资料不够充分，则应根据估价对象的具体情况采用相应的合理的方法进行估价。

采用市场法和收益法评估商业房地产的价格，基本技术思路如下：

1. 以市场法求取比准价格（参见表11-1）。

市场法操作步骤　　　　　　　　　　　　　　　　　　　　　　表11-1

市场法	1. 选择相同地价区段或同一供需圈内相同结构与类型，接近估价时点的已成交的可比实例 2. 调查可比实例的交易价格、交易日期、交易情况、区域因素和个别因素 3. 根据修正标准与幅度，对可比实例与估价对象之间的上述各种情况进行比较修正 4. 列出修正计算公式，计算修正价格 5. 根据修正价格，采用加权或算术平均等方法，确定比准价格

2. 以收益法求取收益价格（参见表11-2）

收益法操作步骤　　　　　　　　　　　　　　　　　　　　　　表11-2

收益法	1. 确定客观收益（毛收益） 以市场比较法确定相同地价区段内同类物业的客观收益水平 2. 确定经营成本与费用 调查同类物业的经营成本、税费开支、一般空置率，调查建筑物的建成年代、耐用年限、重置价格、新旧程度、装修、设备等情况及数据资料，以确定委估物业的全部经营成本与费用 3. 确定纯收益 以客观有效总收益减去经营成本与费用，求得委估物业的年纯收益 4. 确定资本化率 调查委估对象所在地的银行一年期贷款利率、同类物业的租售比率、同行业平均收益率等资料，以确定资本化率 5. 确定计算公式 根据委估物业的有效经营条件，选择相应的收益法计算公式 6. 计算收益价格 根据确定的物业年纯收益、资本化率与选定的计算公式，计算委估物业的收益价格

综合评定。对上述求得的比准价格和收益价格进行综合平衡分析，最终确定估价对象房地产的评估价格。

第二节　商业房地产估价运用案例

【案例11-1】

××大厦第六层办公用房估价结果（摘要）

一、委托方：××市××区人民法院

二、估价方：××估价师事务所

三、估价目的：为委托方对估价对象进行拍卖方式处分提供价格参考依据。

四、估价对象的概述

1. 估价对象位置与环境

估价对象为××大厦第六层。××大厦位于××市××区××大街××号。估价对象邻近发展已初具规模的集金融、信息、商务、办公、购物、娱乐为一体的××市新兴商务中心地区。该地区现已建成××大酒店、××会议中心、××大厦、×××大厦、××公寓、××艺术馆、×××体育中心、××公园、××高科技城等一大批大型综合公建项目，带动了周边房地产业及相关产业的发展。

估价对象紧临主要交通干线，南距××桥约300m，北距××路约1km，距市中心约8km，多条公交线路如12、128、238、××专线等公交车辆通行，交通条件较好。

2. 估价对象权属状况

估价对象由××市××房屋开发有限公司投资开发建设，于1994年6月11日与××市房地产管理局签订了土地使用出让合同，并取得了包括估价对象在内的土地使用证。土地用途为办公，使用期限至2044年8月3日止。××市××房屋开发有限公司在对估价对象进行开发建设中，因发生合同纠纷，现委托方依法将将估价对象进行财产保全。

3. 估价对象现状

包括估价对象在内的××大厦于1995年7月9日开工，现大厦已基本竣工，部分楼层已出售或出租并已投入使用。估价对象除吊顶工程尚有部分未完外，其他工程部位均已达到初装修水平，并取得质量核定单。××大厦地下三层，地上十六层，估价对象位于地上六层。大厦整体结构采用现浇钢筋混凝土框架核心筒体体系，地下室部分为整体现浇钢筋混凝土箱型基础，按地震烈度8度设防。大厦地下一层为员工餐厅等服务配套设施；地下二层为停车场；地下三层为设备层。大厦内外装修情况及配套设施设备情况见表11-3。

4. 建筑技术经济指标及市政配套条件

（1）建筑技术经济指标

依据委托方提供的估价对象的建设工程规划许可证、估价对象的《国有土地使用证》及估价对象平面图，估价人员确定了估价对象的销售面积并以此推算了分摊土地使用权面积。

大厦内外装修情况及配套设施设备情况表　　　　　表11-3

工程项目及部位	装修材料及设施设备明细情况
建筑物外沿	进口铝合金外挂板、玻璃幕墙与火烧面、抛光面花岗石板材结合
首层大堂	进门采用旋转门及强化玻璃门，地面、墙面、柱面外包大理石及花岗岩石材，顶棚采用漫射灯池造型
电梯间	地面及墙面铺贴抛光花岗石及大理石板材，吊顶采用矿棉板配艺术吊灯
公共走道	地面铺抛光花岗石材，墙面为壁纸，吊顶为防火矿棉板
办公区域	墙地面初装修，铝合金外窗，吊顶采用轻钢龙骨矿棉吸声板
卫生间	墙、地面采用抛光花岗石材，吊顶采用铝合金板材嵌照明灯饰，配全套台湾产HCG卫生洁具及五金配件，洗手台为花岗石台面
电话系统	采用贝尔阿尔卡特中央全自动程控交换机，配线容量1800对，独立IDD线路1000条，分机800对，使用五类布线，每个开间设有11个电话电脑插座
卫星系统	设有公用卫星接收天线，可接收境外15套节目以上，每个开间设有一个电视电脑插座
电梯	办公层设有六部美国DOVER电梯，一、二层设有韩国金星自动扶梯两部
空调系统	采用美国约克空调系统

续表

工程项目及部位	装修材料及设施设备明细情况
供电	双路供电
楼宇监控系统	采用美国江森中央电脑故障警报系统，自动监控主要设备
保安监视系统	多台监视摄像机分布于停车场、各出入口及电梯内
消防系统	采用日本能美消防设备

估价对象分摊土地使用权面积：514.62m²

总销售面积：3015.67m²

估价对象按建筑结构分为 13 个单元开间，具体面积如表 11-4。

（2）市政建设条件

估价对象市政条件完善，所需上水、雨水、污水、供电、供热、通信等市政条件均已具备在时间和用量上可以满足项目使用需求。

五、估价时点

根据委托方要求，本报告确定估价时点为 2000 年 6 月 8 日。

估价对象按单元面积计算表　　表 11-4

单元号	销售面积（m²）
01、07	209.54×2 = 419.08
02、08	171.97×2 = 343.94
03、09	184.59×2 = 369.18
04、10	402.67×2 = 805.34
05、06	141.34×2 = 282.68
11、13	270.67×2 = 541.34
12	254.11
合计	3015.67

六、价值定义

估价对象 3015.67m² 房屋所有权及所分摊的 514.62m² 土地使用权在估价时点的现时客观市场价格及依据估价目的的拍卖保留价格。

七、估价作业日期

估价对象的估价作业日期为 2000 年 6 月 5 日至 2000 年 6 月 18 日。

八、估价报告应用的有效期

本估价报告所示估价结果为估价对象 2000 年 6 月 8 日的市场价格，随着时间及市场情况的变化，该价格需作相应调整。如果使用本估价结果的时间与估价报告估价时点相差一年或以上，估价人员对此结果造成的损失不负任何责任。

九、估价方法选用与测算

（一）市场法

根据本所掌握的市场资料，采用房地产交易中的替代原则，选取与估价对象类似的实例，并分别进行实地勘察，做出交易情况、交易日期、区域因素与个别因素的修正。

根据估价对象的使用用途、建筑规模、档次及坐落位置，选取交易案例

A：×××发展大厦办公用房；

B：×××国际公寓写字楼部分；

C：××大厦办公用房。

由于写字楼物业存在层次的差异所带来的价格差异，故选取的交易案例价格均为该物业的平均价格，在测算出估价对象的比准价格后，再根据估价对象所处层次，考虑其层次因素调节系数，最终得出结果。比较过程由表 11-5、表 11-6 和表 11-7 可见。

因素条件说明表 表 11-5

比较因素内容		估价对象	案例 A	案例 B	案例 C
交易时间		2000.6	2000.6	2000.6	2000.6
交易情况		正常	正常	正常	正常
区域因素	基础设施情况	七通一平	七通一平	七通一平	七通一平
	离市中心距离	8 km	8 km	8.5 km	6 km
	离主干道距离	50 m	50 m	100 m	150 m
	环境条件	较好	较好	好	好
个别因素	交通状况	较好	较好	较好	好
	用途	办公	办公	办公	办公
	内外装修情况	好	较好	好	较好
	入住时间	现房	现房	2000.12	2001.7

比较因素条件指数表 表 11-6

比较因素内容		估价对象	案例 A	案例 B	案例 C
交易价格		/	12800	14500	13500
交易时间		100	100	100	100
交易情况		100	100	100	100
区域因素	基础设施情况	100	100	100	100
	离市中心距离	100	100	100	105
	离主干道距离	100	100	99	98
	环境条件	100	100	102	102
个别因素	交通状况	100	100	100	105
	用途	100	100	100	100
	内外装修情况	100	95	100	95
	入住时间	100	100	97	95

交易情况修正：由于房地产具有不可移动的特性，房地产市场一般是个不完全市场，因此其价格往往容易受当时的一些特殊行为的影响，必须将个别的特殊交易剔除。以上所选择的几个比较案例，均为自由竞争市场上的平均价格，故不用修正。

因素比较修正系数表 表 11-7

比较因素内容		估价对象	案例 A	案例 B	案例 C
交易时间		/	100 / 100	100 / 100	100 / 100
交易情况		/	100 / 100	100 / 100	100 / 100
区域因素	基础设施情况	/	100 / 100	100 / 100	100 / 100
	离市中心距离	/	100 / 100	100 / 100	100 / 105
	离主干道距离	/	100 / 100	100 / 99	100 / 98
	环境条件	/	100 / 100	100 / 102	100 / 102

续表

比较因素内容	估价对象及可比实例	估价对象	案例A	案例B	案例C
个别因素	交通状况	/	100 / 100	100 / 100	100 / 105
	用途	/	100 / 100	100 / 100	100 / 100
	内外装修情况	/	100 / 95	100 / 100	100 / 95
	入住时间	/	100 / 100	100 / 97	100 / 95
修正系数		/	1.0526	1.0209	1.0054
修正后楼面地价（元/m²）		/	13473	14803	13573

交易日期修正：估价对象与可比实例的交易日期有时间差异时，随着时间的推移，房地产价格有较明显的变化趋势时，必须进行交易日期修正。由于选取的均为近期交易成功的案例，且目前××市的房地产市场价格较为平稳，故不作修正。

区域因素修正：前面所选取的三个比较案例中，有些不属于同一地区，故根据环境、噪声、景观、城市规划等找出区域因素优劣造成的减价或增价修正；

个别因素修正：这里估价人员主要考虑了物业的交通状况、用途、内外装修情况、入住时间等因素进行修正。

求取上述三个比较案例的比准价格的平均值：

$(13473+14803+13573) \div 3 = 13950$ 元/m²

向上向下每一层分别按+1%及-1%确定其层次因素调节系数，则第六层的层次因素调节系数为0.97。

则估价对象运用市场法求取的现时市场价值为：

$13950 \times 0.97 \times 3015.67 = 4080.65$ 万元

（二）成本法

采用成本法进行估价，是以开发或建造估价对象或类似物业所需耗费各项必要费用之和为基础，加上正常利税后，确定估价对象价格的一种估价方法。

需考虑的费用因素有：

1. **取得土地费用**

（1）地价款

地价款是由土地出让金和基础设施配套建设费构成，根据估价对象的地理位置及土地使用用途，确定为1500元/m²，则为：

$1500 \times 3015.67 = 452.35$ 万元

（2）土地开发及其他费用

估价对象用地面积514.62m²，据项目用地位置及实际情况，土地开发费用取为7000元/m²（计算过程略），则估价对象土地开发及其他费用为：

$7000 \times 514.62 \times 2 = 720.47$ 万元

因此，估价对象取得土地费用为：

$452.35 + 720.47 = 1172.82$ 万元

2. **建造建筑物费用**

(1) 确定建筑物的直接成本

根据建筑物的结构类型和实际情况,参照1996年《××市建设工程概算定额》和《材料预算价格》、《机械台班费用定额》以及1996年《××市建设工程间接费及其他费用定额》进行测算,并参考了近期同类型建筑物的结算价格,综合考虑后确定建筑物的直接成本。估价对象建筑物使用用途为办公楼,其结构类型为钢混。

则估价对象建筑物单位直接成本为:4000元/m^2。

(2) 计算建筑物的间接成本

3. 各种间接成本费

根据××市对建设项目的有关税费政策和建筑物的具体情况,逐项计算间接成本费率。

(1) 单位管理费 5.00%
(2) 专业费 8.00%
(3) 不可预见费 5.00%

合计:18.00%

4. 建设期贷款利息

根据建筑物的建筑面积,按1991年《××市建筑安装工程工期定额》计算,确定本项目的开发建设期为2年,其中土地开发期1年,建设期1年,假设资金分期均匀投入,贷款年利为5.85%。

5. 开发商利润

按照××市当前的市场状况,根据《××市出让地价估价技术标准》的规定,开发商利润率取为30%。

综上所述,在计算出估价对象的取得土地费用、建造建筑物费用、利息、开发商利润后,根据项目状况,测算如下:

1. 取得土地费用 1172.82万元
2. 建筑物建安费用
   (1) 直接成本:4000×3015.67 = 1206.27万元
   (2) 间接成本:1206.27×18% = 217.13万元
   (3) 建安总成本:1206.27+217.13 = 1423.4万元
3. 利息 = 土地费用利息+建设期利息
   = 1172.82×(1/2+1)×5.85%+1423.4×(1/2)×5.85%
   = 144.54万元
4. 开发商利润 = (1172.82+1423.4)×30%
   = 778.87万元

则估价对象在估价时点采用成本法测算的现时客观市场价值为:

$$1172.82+1423.4+144.54+778.87$$
$$=3519.63 \text{万元}$$

十、估价结果的确定

(一) 以上二种方法计算出的估价结果如下:

市场法:4080.65万元

成本法：3519.63 万元

两个结果分别从市场销售状况、实际成本反映出估价对象的市场价值，由于类似的估价对象位置、用途、档次的物业市场较活跃，故采用市场法得出的估价结果真实性较大，将两个结果取不同权重：

市场法：0.6

成本法：0.4

则估价对象在估价时点的客观现时市场价格为：

$$4080.65 \times 0.6 + 3519.63 \times 0.4$$
$$= 3856.24 \text{ 万元}$$

估价对象单位价格折合为：12783 元/m²

（二）本估价报告的估价目的是对估价对象进行拍卖方式处分提供价格参考依据，故应对以上求出的现时客观市场价格进行综合分析处理。

房地产拍卖作为拍卖的一种形式近年来在××市进行了多次，估价人员从中选取部分案例见表 11-8 中。

拍卖成交价格的案例 表 11-8

项目名称、建筑面积及用途	客观市场价格		拍卖成交价格		拍卖成交价格与客观市场价格的比率
	单位价格（元/m²）	总价格（万元）	单位价格（元/m²）	总价格（万元）	
××大厦第五层，建筑面积 1358m²，商业用房	15000	1871.09	8738	1090	58.25%
××产业大厦，建筑面积 21000m²，科研综合用房	4000	9600	1842	4420	46.04%
××广场，建筑面积 12000m²，办公综合楼	6000	7200	3417	4100	56.94%
××花园，建筑面积 420m²，公寓	13000	210.9	8013	130	61.64%

从以上案例分析可以看出，××市的房地产拍卖市场成交价格较低，拍卖成交价格一般是客观市场价格的 50%～60%，影响其成交价格的主要因素有：地理位置、适用用途、规模大小、付款方式等多项。

根据估价对象的地理位置、使用用途、周边自然人文环境状况、建筑面积等情况，估价人员综合考虑确定其拍卖保留价与其客观市场价格的比率为 55%。

则估价对象在估价时点的拍卖保留价为：

$$3856.24 \times 55\% = 2120.932 \text{ 万元}$$

十一、估价结果

经估价人员的测算，估价对象在估价时点（2000 年 6 月 8 日）的拍卖保留价为 2120.932 万元；单位建筑面积价格为：7033 元/m²。

第十二章 工业房地产估价

第一节 工业房地产估价概述

一、工业房地产及其特点

工业房地产主要指工业企业和其他工业生产单位所属的房地产，它的主要功能是能够进行工业生产。工业房地产包括生产用房的车间、仓库、泵房、锅炉房、配电房和作为辅助用房的办公楼、门卫、食堂、车库等建筑物，以及围墙、大门等其他构筑物。工业房地产中的主要部分是生产厂房，一类是通用的标准厂房，另一类是非标准厂房。

工业房地产特点主要有：

1. 行业特征显著

工业房地产涉及到所有工业生产门类，如冶金、纺织、仪电、建材、机械、化工等等。各种工业行业，其生产产品不同，生产要求、工艺流程和技术标准等各不相同，对厂房用地的要求和厂房建筑上的要求各不相同，行业特征较为显著。在估价实务中，要求估价人员了解一些基本的工业生产知识和产品供需市场情况。一般来说，要素行业、高科技行业、高产出行业，其房地产的价值较高。

2. 非标准厂房多，建筑造价差异大

工业生产用的标准厂房出现的时间较晚，且数量不多，大多出现在一些新兴的工业开发园中，主要用途一般为轻工业生产，如加工工业、装配工业等。标准厂房一般有标准的结构跨度、柱距、屋高、楼地面积荷载，基础设施配套较为齐全。该类厂房在新兴工业园区中有较多的出售、出租实例，其建筑造价也比较规范统一，因此其价格的评估一般不难。

但工业房地产中的主要部分是非标准厂房，其设计建造根据其产品生产的要求而定，即使生产同一产品的工业企业，由于科技的发展，工艺的进步，其对生产用厂房和场地的要求也不尽相同。非标准厂房的建筑式样多样，如有的厂房是全钢结构，但屋面是石棉瓦、没有围护结构（墙体）；有的厂房是钢混结构，三至四层，但全部密封，有围护结构（墙体），配置恒温设备，进入车间要更衣换鞋等。因此，非标准厂房的单位平方米造价差异相当大，一般没有同类建筑物的造价资料，估价时多数要以标准定额为基础评定其重置价格。

3. 多数带有辅助性用房和构筑物

大中型以上的工业企业除了生产厂房、办公和生活用房以外，一般多建有辅助性的生产用房和构筑物。如泵房、废水处理池、油库、输油输气管道、码头、水塔等等。另外，厂区内的许多重型工业设备安装的底座和建筑物的基础在设计建造时连为一体，有些设计荷载较大的地坪为钢筋混凝土地坪，等等。上述这些在价格评估时有可能遗漏，要根据估价目的作适当的处理。

4. 建筑物耐用年限低于非工业用房

工业厂房的耐用年限一般低于非工业用房，而受腐蚀性较大的厂房，突出的如化工行业，其房屋使用年限则更短。对这一情况，在估价时应根据有关方面的规定予以考虑。

5. 影响价格的重要因素

影响工业房地产价格的重要因素一般有四个方面，即交通条件、地理位置、基础设施、行业因素，前文已有所述，在此不再具体陈述。

二、工业房地产估价的目的

由于工业房地产本身的特殊性，需要估价的目的有多种多样，不同的估价目的使同一房地产的估价结果往往并不一致。所以，有必要了解工业房地产估价的各种目的及其基本情况，以有助于尽可能准确地评估其价格。

1. 自由转让

自由转让的价格是公开市场价格。

自由转让基本有两种情况，一种是不改变原有用途，作为工业厂房转让，其工业用途不变；一种是改变用途，转让以后的土地成为非工业用地。上述两种情况其转让价格并不一样，这是由于其价格形成的基础不同。因此，上述两种转让价格的评估，会有不同的估价技术思路，运用不同的估价方法，产生两种不同的估价结果。

工业房地产改变用途的转让方式，必须有一个前提条件，即政府的规划和土地管理部门同意该土地的重新开发，并已通过书面文件批准，限定了重新开发建设的各类规划指标，如用途、容积率、覆盖率等等。

2. 拆迁补偿

社会经济的发展，不断改变着城市的面貌，旧城区的改造和城市功能的重新调整布局，使得原来在城区内的许多工厂企业移向城市郊区。在这一过程中，产生了不少工业房地产动拆迁补偿价格评估业务。该项业务比较复杂，因为被动拆迁的性质不同，政策性强。一种是因市政建设的需要，如拓路、建桥、建高架道路、兴建地铁、开辟绿化等等；另一种是旧城区改造结合房地产开发；还有一种是纯商业动迁。对市政动拆迁和旧城改造动拆迁，各地在拆迁补偿价格方面基本上都有相关的条文规定。其他动拆迁补偿价格的确定原则上也有相关的条文规定，但实际上是参照市场价格来确定。所以，对动拆迁补偿价格评估，要求评估人员针对动拆迁的不同性质，依据政策法规，同时掌握房地产搬迁补偿价格的市场行情。

3. 改制或经营中涉及的房地产价格评估

企业改制或经营中涉及的房地产评估包括改组新建股份制企业、房地产作价入股组建合资公司，以房地产作为合作的条件组建合作企业，以及企业的租赁、承包、产权出售（给职工）等等形式。

4. 破产、兼并等的企业资产评估中房地产评估

宣布破产的企业和被兼并企业都需要对资产进行评估，其中包括房地产评估。这类房地产价格评估的特点除了应该考虑其资产价值的变现能力外，还要考虑企业员工的安置

问题。

5. 抵押、租赁

房地产抵押是常见的经济行为，作为资金放贷机构的债权人要求对拟定抵押权的房地产价值进行评估。工业房地产抵押价值的评估不同于居住房地产和商业房地产抵押价值的评估。这是由于工业房地产行业性强的特点，特别是非标准化厂房其市场转让的接受性较差，评估时应充分考虑委托对象的实际情况。

工业房地产有时可能整体或部分地租赁给其他单位使用，租期有长有短，租赁后的原有用途可能会改变，承租人可能要对原建筑物进行重新装修。通常租赁双方都需要委托专业评估机构对其租赁价格进行评估。

三、工业房地产估价的一般方法

工业房地产估价一般是以成本估价法为主。当有较多市场交易案例时，应以市场法为主，在可能的条件下，应以两种以上的方法进行评估，再综合评定其价格。成本法估价经常采用工程定额标准估算工业厂房的建筑安装费用。

工业房地产的估价主要用于改变用途的转让价格评估、动拆迁价格评估以及破产清算、兼并、租赁等价格评估，这些都不同于正常市场价格的评估。下面围绕估价的技术思路及应注意事项论述。

1. 工业房地产改变用途的转让价格评估

工业房地产改变用途转让主要指原土地用途改变为综合用地或住宅用地，并基本确定了有关的规划允许指标，如土地使用面积、容积率、建筑密度、绿化率等等。此类房地产的转让价格主要是土地价格，而不是土地上的建筑物价格，受让方是买房，地上物要全部拆除。在估价地块的熟地价格时，要估算其拆除费用。对该类房地产评估的价格称为现状价格，或毛地价格；对该土地价格的评估，一般运用假设开发法和市场法等为主。

2. 拆迁补偿价格评估

这里所说的拆迁补偿价格是指工业企业拆迁过程中对房地产的补偿价格，不包含工业企业的机器、设备等资产的拆迁补偿价格。它包括被拆迁单位地上建筑的补偿价格，也包含被拆迁单位的人员安置费用。值得一提的是，单位的安置费用一般远远大于地上建筑物的拆迁补偿费用。

一般情况下，房屋拆迁补偿按照被拆除房屋建筑面积的重置价格结合成新因素计算，房屋拆迁补偿的对象是房屋所有权人。房屋拆迁安置是对被拆除房屋的使用人、机关、团体、企事业单位进行安置，即重新安排其使用或居住的房屋。通常，被拆除房屋的所有权和使用权主体是同一个对象。

根据上述的基本原则，工业企业的拆迁补偿和拆迁安置的全部费用包括下述几项内容：

(1) 被拆除房屋的重置价现值（包括工厂企业中的构筑物，违章建筑除外）。
(2) 被拆迁无法使用的设备按重置价结合成新计算。
(3) 因移地迁建而发生的土地征用或调拨原面积土地所需费用（包适土地开发费用）。
(4) 按有关规定的货物运输价格和设备安装价格计算的设备搬迁费用。

(5) 因拆迁而停产的待工人员按实际停产时间计算的工资补贴。
(6) 因移地迁建而增加的交通费用。
(7) 法律、法规规定补偿的其他费用。

上述（1）、（3）、（6）项属于拆迁方面的补偿内容。

一般来说，凡是因城市建设需要的拆迁补偿和拆迁安置，应严格按照国家和地方拆迁管理的规定执行。其他规模的拆迁补偿和拆迁安置则有较大的灵活性。

在实际工作中，非市政建设需要的动拆迁补偿和安置的总费用存在一种所谓的"买断价"，即由动拆迁单位与被拆迁单位双方经谈判商定出一个一次性支付的补偿安置总费用，或者以被拆迁单位的房屋总建筑面积乘以一个商定的单位建筑面积补偿价格计算的总费用。这样的"买断价"具有一定的市场性，因为这种商定的价格也要经过测算，谈判双方一般都会在谈判过程中拿出各自测算的补偿安置费用的清单来讨价还价。有时候，这一"买断价"是由谈判一方或双方委托专业的评估机构进行评估的结果。

对于这种具有一定市场性的"买断"价格评估，一般可用三个步骤进行评估：

首先，测算拆迁安置的总费用。

假定被拆迁单位在相同地段或同一供需范围内购买与被拆除厂房及辅助用房相同建筑面积、相同类型和相同成新度的房屋价格，再加上停工、搬迁、设备安置、损耗和调试等费用，测算出总费用。

然后，选取类似工业企业拆迁"买断"价格实例，以市场法比较、修正来求取其比准价格总额。

最后，将上述费用和价格进行综合平衡，合理评定其"买断价"。

3. 企业体制改革资产价格评估

工业企业体制改革主要形式是改制为股份制公司，但这里主要讨论以房地产作价入股组建合资企业和以房地产作为合作条件组建合作企业以及其他形式的企业体制改革。

在企业改制的整体资产评估中，房地产的价值评估是它的主要内容。该房地产的价值为市场价格，评估方法一般以成本法为主。其中的土地价格为工业用地熟地价。建筑物以及其附属物价格评估是求取其重置价现值；然后将房价与地价相加，根据需要适当作行业或其他因素方面的调整修正，求出最终的评估价格。当具备条件时，可用市场法求取其比准价格，再与以成本法所求得的积算价格进行综合评定。

工业房地产在改制为股份合作制形式时，有些企业员工要按一定比例出资购买股权，呈现一种劳动合作和资本合作的形式。这时，要充分考虑评估结果的市场接受性。

4. 破产清算价格评估

企业的破产一般是因为持续性的经营亏损、资不抵债而且作为主要资产的房地产往往已经设定了抵押权。企业一经破产，便要进行资产清算，资产的清算价格往往低于资产的市场价格。破产财产价值实现的方式基本上有两种，一种是拍卖，一种是协议转让。作为企业主要资产的房地产，在评估其破产清算价格时，首先要考虑其拍卖的变现方式，也就是要充分考虑该房地产的变现能力。所谓拍卖的房地产的变现能力，就是如何适当地评定拍卖底价，该拍卖底价的价格定位要求能够使拍卖一次成交，如果采取协议转让的方式，一般是以低于该房地产的正常市场价格出让。因为如果没有明显的利润空间和最少限度的风险，就不会有人愿意支出原没有打算做的投资。因此，房地产的破产清算价格是不完全的市场价格,是以市场价格为依托的迅速变现价格和适当让利价格。因此,房地产的破产清算价格评估的基本思路和方法,除了估算一般市场价格外,还应该把握其一般市场价值的变现能力和让利幅度。

如破产企业的土地经规划和土地管理部门同意,宣布改变土地工业用途,则土地价格的评估思路与方法应按土地改变用途后的情况进行。

5. 抵押价格评估

工业房地产设定抵押权的价格评估,首先要考虑的并不是该工业房地产的一般市场价格,而是该工业房地产有无抵押价值,即能不能抵押。评估人员在该类房地产估价中,思考问题的立足点不是站在企业方面。而是站在银行或其他放贷机构方面。评估人员首先要调查欲将房地产设定抵押权的企业负债状况,偿债能力以及抵押价值。

根据1997年4月国务院下发的《关于若干城市试行国有企业兼并破产和职工再就业有关问题的补充通知》中的规定,破产企业职工的安置费用从企业依法取得的土地使用权转让所得中支付,若破产企业土地使用权为抵押物,其转让所得也应首先用于安置职工。这是一条适合于我国国情的政策,不能像西方发达国家那样,破产企业的财产处置所得首先是用于偿还债务。

在工业房地产能够设定抵押的条件下,其抵押价值的评估一般以成本法为主,在其价格的把握上,要考虑其抵押处分时转让的便利性,以及在抵押期间建筑物使用磨损程度的价值的影响等。

6. 租金估价

工业房地产出租,其租金的评估一般有两种方法,即市场法和积算法。

新兴工业开发园区中的标准厂房的租赁实例较多,以市场法评估其租金比较容易。非标准厂房的整体出租或部分出租也有不少的实际案例,但要区别承租后的用途。因为用途不同,租金的价格也不同。在实务操作过程中,比较案例的选取应尽量遵循市场比较法应用的原则,在进行市场法修正时要充分考虑各种影响因素,妥善把握调整修正的幅度。

在缺乏租赁实例资料的情况下,可用积算法评定其出租租金。

第二节 工业房地产估价运用案例

【案例12-1】

×××四层楼厂房之房地产估价报告(摘要)

一、估价对象房地产概况

1. 估价对象坐落于××市×××路××号。

2. 土地:使用面积2308m^2。

3. 建筑物:为一幢四层楼厂房,框架结构,钢窗铁门,一般性粉刷,水泥楼地面,建筑面积2800m^2。该厂房已使用20年,保养成新度在六成左右。

4. 估价目的:以房地产作价投资组建合资公司,合资年限15年,因此,评估该房地产15年的使用权价格。

5. 估价时点：1997年6月7日。

二、估价技术思路与方法

根据估价目的和估价对象房地产的本身情况，拟采用三种方法进行评估，然后综合评定其价格。

1. 估价对象属于较好的标准型厂房，市场上同类物业的出租资料较多，故可采用市场比较法评定其客观收益，以收益还原法评定其收益价格。
2. 以成本法求取其积算价格，即评估其土地价格和建筑物重置价现值然后将其相加。
3. 该类物业在市场上也有一定的交易转让实例，故可采用市场比较法求取其比准价格。
4. 将上述所求得的三种价格，进行综合比较平衡，合理评定并确定其价格。

三、估价过程

（一）求取客观收益

1. 评定客观收益

根据市场比较法运用的基本原理，在同一地区或同一供需圈中选择了若干同类物业的出租案例作为比较实例，具体见表12-1。

类似出租案例情况表　　　　　　　　　　　表12-1

实 例	房地产坐落	交易日期	租金（元/m^2·天）	备 注
A	××路×号	1997年6月30日	2.20（报价）	大开间，电梯2台
B	××路××号	1997年5月23日	1.80（成交价）	大开间
C	×××路××号	1997年5月31日	2.00（成交价）	大开间

上述实例在建筑结构、装修、基础配套设施等方面相类似。通过调查比较案例进行的修正如下：

（1）交易情况修正

实例A为报价，根据市场上同类物业出租交易实际情况分析，实际成交价一般低于报价的5%～10%，故适当修正为100/108。实例B、C皆为实际租金价格，不作修正。

（2）期日修正

比较实例的成交时间皆与估价时点相近或一致，不作修正。

（3）区域因素修正

1) 区位修正

实例A位于该市场内环线外侧，估价对象房地产在内环线以内，近火车站，总体位置实例A略差，酌减值2%，其余两例亦在内环线以内，从总体位置上看，与估价对象房地产相仿，不作修正。

2) 市政基础条件修正

实例A的土地成熟度和市政基础配套从工业用途来看，与估价对象房地产相仿，其余两例稍差，酌减值1%。

3) 交通条件修正

工业用房的交通条件相当重要，实例A紧靠内环线，离通往外省市的国道都很近，与估价对象房地产相比，适当增值3%，实例B比估价对象房地产略差，酌减2%，实例

C最差,减3%。

(4) 个别因素修正

1) 行业修正

比较实例皆为一般性工业用房,估价对象房地产为通讯行业,且拟与美国公司合资,产品市场广阔,前景很好,物业的价值很高,估价对象房地产宜适当增值5%。

2) 本体因素修正

估价对象房地产厂房有两层改装铝合金门窗,建筑物保养良好,厂区环境较为整洁,比较对象在这方面的情况与估价对象房地产相比对分析,实例A、C分别增值5%,实例B减值8%。修正价格计算见表12-2。

比较实例因素修正表　　　　　　　表12-2

实　　例	A	B	C
租金(元/m²·天)	2.20	1.80	2.00
情况修正	100/108	100/100	100/100
期日修正	100/100	100/100	100/100
区位修正	100/98	100/100	100/100
基础设施	100/100	100/99	100/99
交通条例	100/103	100/100	100/98
行业修正	105/100	105/100	105/100
本体因素	105/100	108/100	105/100
修正价格	2.22	2.10	2.30

取其平均值为 (2.22+2.10+2.30)÷3 = 2.207

评定估价对象房地产租金价格为 2.20 元/m²·天

空置率按通常的10%考虑,则每平方米物业年有效总收益为:

$$2.20 \times 365 \times 0.9 = 722.70 \text{ 元}$$

2. 经租成本与费用

(1) 综合税

按估价对象物业所在地方的有关规定,经租房地产的税金为综合税金,税率按实际情况取15%,则年税金为:

$$722.7 \times 15\% = 108.41 \text{ 元}/m^2$$

(2) 管理费

按社会一般性水平取5%,则年管理费为:

$$722.7 \times 5\% = 36.14 \text{ 元}/m^2$$

(3) 折旧费

经测算,其估价对象房地产建筑物重置价格为1980元/m²,耐用年限为50年,确定年折旧费约为40元/m²。

(4) 维修费

按一般惯例,以折旧费的1/3或1/2计算。

本案以 1/2 计为 20 元/m²。

(5) 保险费

按建筑物价值的 3‰ 计算，估价对象房地产建筑物厂房已使用 20 年，成新度取为 (1－20/50) ＝ 60％；年保险费为：

$$1980 \times 60\% \times 0.003 = 3.56 \text{ 元/m}^2$$

(6) 水、电等供应费

按市场经租房产的行情，此类费用皆由承租人按用量自己支付。

经租成本与费用总计为：

$$108.41 + 36.14 + 40 + 20 + 3.56 = 208.11 \text{ 元/m}^2 \cdot \text{年}$$

3. 物业纯收益

$$722.7 - 208.11 = 514.59$$

取整为 515 元/m²·年。

4. 资本化率的确定

资本化率根据当前银行一年期存款利率 7.47％，一年期贷款利率 10.08％，房地产一般租售比 13.33％，以及一般性房地产投资收益率 15％ 等数值，测算其平均为 11.47％ 作为资本化率。

5. 收益价格

该物业 15 年的收益价格为：

$$515 \times 2800/0.1147 \times \left[1 - \frac{1}{(1+0.1147)^{15}}\right]$$
$$= 12571927 \times 0.8038$$
$$= 10105707 \text{ 元}$$

(二) 求取积算价格

1. 土地使用权价格

由于工业用土地使用权作价入股的市场交易案例较为充分，故用市场比较法求取其地价。

根据市场比较法应用原则，选取了四个比较案例见表 12-3 和表 12-4。

地价实例比较表　　　　　　　　　　　表 12-3

案　例	AT	BT	CT	DT
地址	××路×号	××路××号	×××路×号	××路××号
用途	工业	工业	工业	工业
使用年限	30 年	30 年	20 年	35 年
地块面积（m²）	18476	7200	7960	80019
成熟度	较好	较差	一般	较好
交易日期	1995 年 12 月	1993 年 3 月	1994 年 12 月	1995 年 12 月
价格（美元/m²）	129	120	94.5	105
折合 50 年的价格	140	130	118	110

注：资本化率取值 8％，因土地的资本化率较低，接近于银行一年期的存款利率。

地价比较实例因素修正表　　　　　　　　　　　　　　　　　　　　　表 12-4

项　目		AT	BT	CT	DT
价格（美元/m²）		140	130	118	110
情况修正		100/100	100/100	100/100	100/100
期日修正		99/100	97/100	98/100	99/100
区域因素	①位置	100/80	100/75	100/70	100/70
	②设施	100/100	100/100	100/95	100/95
	③交通	100/98	100/103	100/95	100/98
个因修正①		100/98	100/99	100/99	100/97
个因修正②		100/100	95/100	100/100	100/100
修正价格		180	157	185	172
平均值（美元/m²）		173.5			

折算到 15 年的价格为 121 美元/m²

$$V_{15} = V_{50} \times \frac{K_{15}}{K_{50}}$$

$$= 173.5 \times \frac{1 - \dfrac{1}{(1+0.08)^{15}}}{1 - \dfrac{1}{(1+0.08)^{50}}} = 173.5 \times \frac{0.684558295}{0.978678771}$$

$$= 121.39 \text{ 美元}/m^2$$

折合人民币为 1004 元/m²（汇率为 1:8.3）

2. 建筑物重置价格

本建筑物的重置价格是以当地一般建筑工程造价指标和造价信息资料为基础，结合估价对象房地产本身的实际情况评定，具体测算见表 12-5：

估价对象房地产建筑物重置价格构成表　　单位：元/m²　　　表 12-5

土建费用	金额	设备与装修	金额	前期与配套费	金额	利息	利润
桩	80	水、卫	25	专业费（1.5%）	95	—	
基础	80	电器	70	质监费（1.2%）	19	—	
结构	750	电梯	110	筹管费（5%）	85	90	
室外工程	45	弱电	15	水电使用费	226		
—	—	外装修	80	通信	36	—	
—	—	内装修	60	—	—		
小计	955	—	360		461	90	115
合计	—		—		—		1981

注：1. 利率为 10.08%，计算期 n=1 年。
　　2. 利润率为 13%，重置价格取为 1980 元/m²。

3. 重置现值

该物业已使用 20 年，估价对象房地产建筑物厂房虽然已使用 20 年，在七成以上，但实际维护较好，成新度取为 70%；则其现值为：

$$1980 \times 70\% = 1386 \, 元/m^2$$

4. 积算价格的确定

(1) 地价与建筑物现值合计为

$$1004 + 1386 = 2390 \, 元/m^2$$

(2) 销售税金为 5.5%，销售费用按 1.5% 计。

考虑销售税费后，单位积算价格为：

$$2390 \times (1 + 5.5\% + 1.5\%) = 2557 \, 元/m^2$$

(3) 估价对象房地产积算价格为

$$2557 \times 2800 = 7159600 \, 元（建筑物价格不宜作 15 年使用权价值考虑）$$

(三) 求取比准价格

根据市场比较法运用的原则，选取了以下五个实例，见表 12-6。

比准价格测算实例表　　　　　　　　　　表 12-6

实例	A	B	C	D	E
坐落地址	略	略	略	略	略
类型	工业厂房	工业厂房	工业厂房	工业厂房	工业厂房
成交价格（元/m²）	3400	3100	2950	2600	3500

注：所选实例应尽量按照市场比较运用过程实例选取的要求

经比较修正后的价格见表 12-7（修正说明略）。

比准实例因素修正表　　　　　　　　　　表 12-7

	实例	A	B	C	D	E
	价格（元/m²）	3400	3100	2950	2600	3500
	情况修正	100/100	100/100	100/100	100/95	100/100
	期日修正	101/100	102/100	104/100	102/100	100/100
区域因素修正：	①位置	100/102	100/101	100/95	100/98	100/105
	②设施	100/100	100/100	100/99	100/99	100/101
	③交通	100/98	100/95	100/95	100/95	100/100
	个因修正	100/100	100/100	102/100	108/100	98/100
	修正价格	3435	3295	3502	3271	3234

取其平均值为：

$$(3435 + 3295 + 3502 + 3271 + 3234) \div 5 = 3347 \, 元/m^2$$

其总值为：

$$3347 \times 2800 = 9371600 \, 元$$

(四) 价格确定

采用三种方法对估价对象房地产进行估算，三种价格结果分别为：

1. 收益价格 10105707 元
2. 积算价格 7159600 元
3. 比准价格 9371600 元

三种价格的结果比较客观,考虑应以比准价格为主,收益价格和积算价格为辅,设比准价格权重为 50%,其余各 25%,则估价对象房地产价格为:

$$9371600 \times 0.5 + 10105707 \times 0.25 + 7159600 \times 0.25$$
$$= 252427 + 4685800 + 789900$$
$$= 9002127 \, 元$$

估价对象房地产价格取值为 900 万元。

四、估价结果

××市×××路××号四层楼厂房之房地产的 15 年的使用权价格为 900 万元。

第十三章 建筑物和在建项目的估价

第一节 建筑物估价

一、建筑物估价概述

在房地产估价实务中,经常需要对建筑物的价格单独评估,有时特殊类型的房地产以及在建工程的评估也要对建筑物部分的价格进行单独评估,在进行建筑物价格评估时,要明确把握建筑物的不同类型及特点。充分了解各类建筑物的造价构成及其在房地产开发过程中与建筑物价格相关的各类费用。

应该指出,建筑物造价不同于建筑物的市场价格,可能低于也可能高于市场价格,这往往取决于建筑物的使用功能、质量功能、美学功能以及有关的环境质量。因此,建筑物估价要求评估效用等方面的修正。

(一) 建筑物分类及其特点

1. 居住类建筑物及其特点

居住类建筑物主要有公寓、别墅、新建住宅(工人新村)、商品住宅以及一般自建民居等等。

公寓、别墅以及商品住宅属于中、高档住宅房屋,结构较好(砖木一等以上);材质用料较好;一般都有煤气、卫生设备;内部的功能如客厅、卧室、厨房、卫生间、阳台等基本齐全。该类房屋的建筑造价一般都较高。其中高层公寓的造价最高,配有电梯及消防设备,近年来建造的公寓大楼大都还配有保安警卫系统、卫星接收系统、住宅小区的物业管理系统等。

上述居住类的房屋,除别墅外,一般都处于城市市区中较好的地段,整体房地产的价格较高。

新建住宅(工人新村)是新中国成立以后建造的新型住宅房屋,又称职工住宅。该类房屋从20世纪50年代到90年代,不同时期的结构、布局、功能设备都不尽相同。其基本特点是:时间越早,面积越小,质量越差;时间越晚,配套越齐。该类房屋的结构基本为三种:早期的多为混合二等结构,近期的基本为混合一等;高层的为钢筋混凝土结构。建造年代越早,价格越低。近期新住宅的建造,已趋向于公寓式的布局及功能,呈现出明厅、明卫、明厨的三明和大厅、大卫、大厨的三大;小区配套齐全,绿化面积大,物业管理规范。

一般自建民居的建筑结构基本为:20世纪50、60年代多为砖木结构,20世纪70年代开始多为混合结构,但式样种类较多,质量和居住使用条件高低差距较大。该类房屋在城市市区中现在大多数已属于危旧房屋,基本都属改造之列,而在城市郊区或农村,目前还是作为当地居民的主要居住用房。作为建筑物本身的价格相当低。

2. 商业类建筑物及其特点

商业类建筑物主要有商场、宾馆、饭店、营业性办公楼、店铺、娱乐场所等等。由于商业类建筑物的类型不同，规模大小不等，在结构、装修、设备设施配置上的判别相当悬殊，其建筑造价和整体房地产价格的差别亦相当悬殊。

在一般情况下，城市中心城区的商业繁荣地段的大型商场的房地产价格高于其他房地产价格。宾馆类建筑物根据其档次级别（星级）不同，其作为硬件的建筑物结构、装修标准、设备设施配置亦不同。级别越高，越豪华，收费也就越高。高级宾馆一般都为高层建筑，结构多为钢筋混凝土结构，少量为钢结构。高级宾馆中，保安、消防、通讯、卫星接收等各类设备齐全，往往同时设有餐厅、美容厅、咖啡厅、健身房、桑拿浴、保龄球、桌球房、游泳池等设施。高级宾馆的建筑造价相当高，主要原因是内外装修和设备设施的资金投入比重较大。

饭店（包括小餐馆）是商业类房地产中数量较多的一类，规模和档次的差别也大。大店、名店的装修设备一般都较好，小餐馆的装修、设备一般都较次。饭店和小餐馆一般都临街，讲究市口，即商业繁荣程度和人口流量大小。除了大店、名店外，该类建筑物一般对其结构的质量需求不高，多为砖木或混合结构。一般的小饭店，其建筑物价格并不高，但其整体房地产价格却不低。

营业性办公楼是指专门用以出租的写字楼，此类建筑物多为高层，内部多为大开间分隔，钢筋混凝土结构，装修较好，设备齐全。近年来出现了智能型办公大楼，建筑物造价较高。

娱乐场所包括歌舞厅、俱乐部、高尔夫球场、游乐场等等。娱乐场所的建筑物不同于一般房屋，不少建筑物的结构处理、外形式样、内部布局等，有其自身的特点，有些则本身为构筑物。

3. 工业类建筑物及其特点

工业类建筑物与居住类、商业类建筑物差别较大，主要表现在建筑物的结构、高度、功能布局、设备设施配置等方面。

工业类建筑物大致可分为三种类型。

一类是工厂企业的辅助用房，如厂部办公、门卫、厕所、车库、食堂。该类房屋一般以混合结构为主，装修和设备较简单。一些企业的办公楼有较好的装修，如铝合金门窗、大理石地坪和硬木楼地板、大理石块扶梯和金属扶梯扶手、内墙护壁及高级涂料、外墙面砖贴面或局部玻璃幕墙，有的还配有中央空调、进口电梯。这种情况多出现在大型企业和三资企业中。

另一类是标准厂房，其建筑物一般是钢筋混凝土框架结构，钢窗铁门，层高较高，层数不多，通常为三至五层，配有载货电梯。

还有一类是非标准生产车间及其辅助生产用房或构筑物。如大型单层车间，根据其工业生产项目的需要而设计建造，钢筋混凝土结构或钢结构、单层或双层吊车梁、地坪单位平方米承载量一般都在 10t 以上，跨度达数十米，高度达十多米甚至几十米。该类单层车间造价相当高，同类可比资料较少。其他的辅助生产用房或构筑物，如锅炉房、配电房、泵房、输气管道、污水处理池、码头、作业平台、深水井等等。这类建筑物由于其本身的个别性、特殊性较强，极少有可比性资料，故其价格的评估一般以其发生的实际成本经适当的客观性调整得到。

(二) 建筑物估价的注意事项

1. 建安工程费与建筑物造价

对建筑物价格的评估大多数是运用成本估价法，即以建筑物的建造费用为基础估算其重置价格。在估价实务中，许多评估人员根据建筑物的图纸或实地丈量资料以建筑工程标准预算定额来测算其建筑物价格。该测算价格是建筑安装工程费用，它是建筑物造价和建筑物重置价格的基础，但不是全部。不可将建筑安装工程费当成建筑物的建造价格。

2. 实际造价与客观造价

实际造价是指某个具体的建筑物的建造价格，客观造价是指某一类建筑物的平均建造价格。在估价实务中，实际造价一般以委托评估单位提供的建筑图纸和工程预、决算等方面的资料作为估算的依据，此估算结果的实际造价可能高于社会平均造价，也可能低于社会平均造价，需要对照社会平均造价作必要的适当调整。在个别资料不全的情况下，可以根据建筑物实体本身的具体情况运用社会平均造价的有关指标来估算。实际造价和客观造价两者既有区别，又有联系，在估价实务中应两者兼顾，综合考虑，适当调整，合理评定。

3. 建筑物造价与市场价格

当某个建筑物的造价经合理评定以后，还不能将其结果作为市场价格。因为建筑物造价评定的基础和核心是建造成本，而成本并不等于价格。从建筑物的造价到建筑物的市场价格之间，还有一块很大的调整修正空间。在需要调整的空间内，考虑的主要方面为剩余使用寿命、质量功能、使用功能、美学功能、经济效益等。

二、建筑物的估价方法

(一) 建筑物估价的基本方法

通常，对建筑物价格的评估，均以成本法，即以其建造成本为基础评定其完全重置价格，再进行折旧、功能、效用等方面的调整，然后评定其市场价格。

1. 建筑物重置完全价格的构成

建筑物由于在结构、类型、用途、层次等方面的不同，其建筑安装工程费用构成也有所不同，例如高层建筑有电梯而一般的多层则不设；高档宾馆和写字楼等装有中央空调而一般的建筑物则不安装等等。为了对建筑物重置价格构成有一个全面的了解，现将其分项内容分列如下：

(1) 建安工程费

1) 桩（多为高层建筑）

2) 基础

3) 地库（一般在高层建筑中）

4) 结构

5) 外装修

6) 内装修

7）电器
8）弱电系统
9）上下水
10）卫生
11）煤气
12）消防警卫系统
13）通讯系统：包括电话、共用天线等
14）暖通空调：包括北方的暖气供应设备
15）电梯：包括自动扶梯、工业厂房中的货梯
16）室外总体工程：包括道路、围墙、绿化、建筑小品
17）变配电站：成片开发、大型项目、工业项目
18）煤气增压站：成片开发住宅小区
19）泵房：成片开发、大型项目、工业项目
20）公用配套：成片开发住宅小区
（2）水、电、煤气等使用权费
如北京的四源费、用电权费，上海的增容扩容费等。
（3）勘测设计、监理等专业费
（4）管理费
（5）利息
（6）利润
（7）税金
（8）销售费用

2. 建筑物重置完全价格的评估
（1）建安工程费
上文所列建安工程费的 20 项内容为建安工程费所涉及到的基本内容，对具体的个别建筑物来说，其建安工程费并不一定全部包括，但再简单的建筑物至少应包括基础、结构、内装修和外装修、电器、上下水等。
建安工程费的评估一般有以下几种方法。
1）竣工决算审计价格
建筑物工程竣工后，施工单位向建设单位提供竣工决算报告，建设单位委托具有一定资质的专业审计单位对报告审计，审计完毕后出具审计报告。此审计结果一般可以作为该建筑物建安工程费的评定价格。
2）单位平方米比较价格
某一类建筑物，如混合结构的多层住宅，同类标准厂房，钢筋混凝土结构的高层住宅，由于有较多的比较实例资料能够统计出单位平方米建安工程费指标，可以直接引用此指标作为估价对象建筑物单位平方米建安工程费估算的基础，再根据估价对象建筑物的具体情况进行某些必要的调整。
例如，某多层住宅数幢，建筑总面积 $1400m^2$，混合结构，六层，铝合金窗，外墙为面砖贴面，内装修一般，求取其建安工程费。

经调查,同类建筑物建安造价指标为 650 元/m², 但窗为钢窗, 外墙为黄沙水泥粉刷。贴面砖, 故对两项内容需要进行调整。经同类建筑费用资料分析和套用标准定额测算, 铝合金窗每平方米增加 50 元, 外墙面砖每平方米增加 25 元。则该多层住宅的建安造价可估算为:

$$(650+50+25) \times 1400 = 1015000 \text{ 元}$$

3) 分项单位平方米比较价格

分项单位平方米比较价格是运用建筑工程标准定额测算出某一类建筑物各分项费用, 再累计得到建筑安装工程的基本造价指标, 然后根据建筑物的实际状况进行适当的调整修正以后算出某建筑物建安造价的评估方法。

例如, 某地区于 2002 年 1 月测算的部分建筑类型的建安工程部分造价指标见表 13-1。根据上述指标评估某高层高档商品房住宅的建安工程造价如下:

此高层商品住宅为 28 层, 框筒结构、铝合金窗、木夹板门、外墙面砖、内部装修仅为公共部位、电梯进出口部分等。室内墙地面为黄砂水泥砂浆粉平, 未装修。每户配有一门电话直线、安装有共用天线。要求评估该高层住宅于 2003 年 1 月的建安造价。

某地建安工程费统计表 单位: 元/m²　　　　表 13-1

建筑类型	多层住宅	高层住宅	一般办公楼	酒店宾馆	标准厂房	商　场
建筑标准	一般工房	高档商品房	大空间自由分隔	三星级	一般	普通
结构形式	砖混	框筒	框筒	钢筋混凝土	框架	框架
层　数	4～7	20～30	18～30	>20	4～6	2～4
桩	—	100	130	200	80	—
地　库	—	260	300	500	—	—
基　础	70	—	—	—	80	100
结　构	420	650	640	860	750	540
外装修	50	200	160	800	50	200
内装修	60	380	120	1000	60	25
水、卫、气	22	150	20	280	25	30
电　器	20	120	100	500	70	150
空　调	—	—	480	700	430	450
电　梯	—	200	180	240	160	150
弱　电	5	110	40	150	15	60
小　计	657	2170	2170	5230	1700	1930

根据有关资料, 高层住宅公用部位的内装修费用约每平方米 120 元, 通讯电话平均每平方米 50 元, 公用天线为每平方米 5 元。根据当地建安工程费价格指数统计, 2002 年 1 月为 315 元, 2003 年 1 月为 302 元。则估价对象建筑物于估价时点的单位平方米建安造价为:

$$(2170-380+120+50+5) \times 302/315 = 1884 \text{ 元/m}^2$$

4) 定额估算价格

在上述三种方法不能使用的情况下，或对于旧有建筑物和较为特殊的建筑物、构筑物，一般只能通过建筑设计图纸或实地测量后按通行的建筑工程定额标准来估算其建安造价。按定额估算价格的方法估算较耗时费力。

例如，某大型生产车间全钢结构，高度27m，中跨30m，两面边跨各8m，双层吊车梁、钢窗、两扇自动控制铁门、墙体为合金材料，该建筑安装工程费几乎无实例可比。如无竣工决算审计报告，只能按定额标准结合材料的市场价格来估算。

（2）水电、煤气等使用权费

该项费用的收取，各地方在不同时期都有相应的标准。因此，该项费用的估算应该按照估价对象建筑物所在地的有关规定、建设单位按建筑物所需并经核准的水、电、煤气等使用量情况来进行。

（3）勘测设计等专业费

该项费用有些地方也称为前期费。该费用估算一般有两种方法：一种是按实计算；一种是按建安工程费的3‰～8‰计算。专业费率在估价实务中较多采用的是6‰～7‰，但评估人员应根据估价对象项目的规模大小和难易程度来酌情取定。

（4）管理费

管理费计算一般取3％～5％的管理费率，计算费用的基数是建安造价与专业费之和。

（5）利息

利息计算的基数是上述（1）至（4）项费用之和。

计息期有两种，一种是按工程建设周期以资金平均投入计算，如某项目建设周期为3年，设上述四项费用之和为 A，年利息率为 r，则其利息计算公式为：

利息 $=A\times[(1+r)^{3/2}-1]$。

另一种是按资金的实际投入时间计算。如上例中，三年中资金投入分别为：30％、50％、20％。则其利息为：

利息 $=A\times 30\%\times[(1+r)^{2.5}-1]+A\times 50\%\times[(1+r)^{1.5}-1]+A\times 20\%\times[(1+r)^{0.5}-1]$。

利率一般按通行的一年期银行贷款利率取值。

（6）利润

利润的计算基数和计算期限与利息计算基数和计息期限相同。

利润率的确定视房地产投资收益情况、市场条件等方面因素综合评定。

（7）销售税金

税金计算的基数是前述（1）至（6）项之和，税率按国家规定的营业税及其附加取定。

（8）销售费用

销售费用计算的基数与销售税金的计算基数相同，销售费用率视项目的具体情况而定，一般在1％～2.5％左右。

上述（1）～（8）项之和即为建筑物的重置价格。

（二）建筑物重置价格的调整修正

建筑物重置价格一般不等于市场价格或者重置现值，一般都要进行调整修正，其调整修正的内容基本为三个方面：即物理性的磨损贬值、功能性贬值和经济性贬值。

第二节 在建项目房地产估价

一、房地产在建项目评估概述

在建项目房地产是指正在进行建筑施工过程中的开发建设项目，即不能交付使用的毛坯或半成品。在建项目的建设单位或开发商要求评估的目的主要有四种：

1. 预售

房地产开发商为筹集建设资金，降低投资风险，在领取商品房预售许可证的前提下，就会出售其期房，即预售。虽然开发商可以自定预售价格，但有时会因客户的要求，或开发商自己无法把握等原因而需要专业评估机构进行评估。

2. 托盘

开发商由于财力、债务、经济纠纷等原因，无法继续对在建中的工程项目进行施工，需要将整个项目转让，这种在建项目的整体转让，称为托盘，对此托盘价格，一般都需要进行评估。

3. 招商

由于财力不济或估计投资风险较大，开发商会在开发项目过程中寻找合作投资伙伴或合作参建者，在这种情况下，开发商需要有一份项目评估报告以作招商宣传之用。

4. 抵押

用在建项目抵押以取得贷款，是房地产开发商筹集建设资金的有效方法，这时。需要对在建项目的现有价值进行评估。

在建项目房地产的工程进度有各种不同的情况，有的完成了基础、有的完成了裙房结构部分、有的则结构封顶等等。不管在建项目的工程量达到什么程度，根据国家的有关规定，所完成的工程量要达到该项目投资总额的 25％以上，方可进入市场。

在房地产在建项目的价格评估中，最常见也是最重要的评估是抵押价值评估。托盘价格的评估与抵押价格评估在技术思路及价位把握上基本类似。因此，下文着重介绍抵押价值评估的重要问题，这里先将预售价格和招商价格评估作一简要陈述。

在建项目的预售价格评估和招商价格评估基本类似，其一般的方法是市场比较法，即以同类物业的市场预售价格进行比较，评定预售的比准价格。另外一种方法是以同类物业的交易价格作为比较对象评估出比准价格，再将此价格进行贴现。采用贴现方法时要求掌握好剩余工程完工所需要的时间和贴现率，在必要的情况下，适当考虑风险系数。

二、在建项目抵押价值评估

房地产开发商为取得贷款而作为债务履行担保的抵押物，往往是在建项目本身。以在建项目（工程）作抵押向银行贷款，在目前的房地产经济活动中已相当普遍，由此而产生的对在建项目（工程）的抵押价值评估也就成了房地产价格评估工作中的一项重要业务之一。

对房地产在建项目（工程）抵押价值的评估不同于对一般房地产价格的评估，在建项目的价值构成及其表现不同于已建成房地产或旧有房地产，有其本身的特殊性。对房地产在建项目（工程）的抵押价值评估，必须把握两大问题：一是抵押价值的范围界定；二是选用适当的方法。

（一）在建项目房地产（工程）抵押价值的范围界定

房地产的价值是房地产权利价值的货币表现形态，对房地产的估价实际上是对其权利价值的评估。

所以，根据房地产估价的原则及其规范，必须把握估价对象房地产的权利状态。由于房地产在建项目与已建成或旧有的房地产不同，其权利状态中的某些情况由于种种原因，具有一定隐蔽性。若有疏漏，就将会影响到评估结果的准确性。因此要求评估人员务必弄清并把握以下几方面的情况：

1. 土地权属

在建项目房地产的土地权属有两种性质，三种情况，即以出让方式取得的国有土地使用权、以无偿划拨方式取得的国有土地使用权、集体所有制土地使用权。

（1）通过一级市场以出让方式所取得的国有土地使用权，已按出让规定交纳了土地使用权出让金。若已完成了项目投资总额的25％以上，按法律规定可以转让或抵押。因此，可以直接评估其抵押价值。

（2）以行政划拨方式所取得的国有土地使用权，按《中华人民共和国城市房地产管理法》等有关现行法律的规定，必须补办国有土地使用权出让手续，交纳了国有土地使用权出让金以后，方可以转让或抵押，否则不能进入市场，所以，不能直接评估该类土地使用权的抵押价值。

根据《中华人民共和国城市房地产管理法》等现行法律的有关规定，房屋转让或抵押，该房屋所占部分的土地使用权随之转让或抵押。这一法律规定科学地阐明了，在实际的房地产经济运行过程中房与地的统一性和不可分性。客观的经济运行要求房地产交易的双方必须在主观上按照法定程序办理相应的法律手续。因此，可以通过间接的方法评估该类土地使用权中的部分价值并作出必要的说明。

从理论上和实践上来看，目前我国城市土地熟地价格由三方面构成，即土地使用权出让金、拆迁补偿平整费和市政基础设施配套费，相应的附加部分是开发商利润和相关税费。对于属行政划拨的土地来说，是一种不完全市场熟地价，它还没有支付过土地使用权出让金，但它的征用拆迁费和配套费是客观存在的。因此，可以评估除土地使用权出让金以外的土地价格部分，但必须在估价报告中说明：只有当该土地补办了使用权出让手续，交纳了相应的土地价款以后，该部分的价值才具有完全的市场性。

（3）以集体所有制的土地合资，合作或变相租赁给投资商，开发商经营房地产项目，其中存在未经法定程序办理有关手续的不规范行为。其开发建造的房屋只能自用，不能转让和抵押，不具有市场价值。因为集体所有制的土地按规定先要通过征用，改变所有制性质成为国有土地后，还要办理国有土地使用权出让手续，补交地价款后，才具有市场性，所以，该类土地不宜评估其抵押价值。

2. 项目权属

对在建项目房地产的抵押价值评估，必须把握项目全部权利的从属关系，要查明估价对象房地产项目是否属联建项目或是否有参建单位，委托单位对估价对象的在建项目整体或部分是否确实拥有所有权。

若委托单位是估价对象的主建单位,另有一个或两个参建单位,则参建部分的价值不属于委托单位所有,其价值不属于估价对象房地产的抵押价值范围。若估价对象项目属联建项目则委托单位对估价对象拥有的权利部分是多少,估价人员必须对上述情况进行充分的调查并把握。其中特别是要搞清楚项目公司的组成各方,如出地一方和出资一方或两方等各自的权利状况、各方之间的经济合同在法律上是否有效等等。总而言之,评估人员要弄清楚的是委托单位对估价对象房地产项目所实际拥有的权利部分,估价人员只能对该权利部分的价值进行评估。

3. 工程进度

在估价实务工作中,各个估价对象房地产在建项目完成的在建工程量各不相同,有的是刚刚完成了设计地坪以下的基础工程(包括地下室结构部分);有的刚刚完成了裙房的结构部分;有的已完成全部结构封顶等等。大部分的项目,其装修及设备安装工程还没有进行。

对于上述的不同情况,估价人员必须准确地把握项目在建工程的实际完成进度,即把握其已完成的实物工程量。因为从抵押价值评估的角度来看,只有客观存在的价值才可以抵押。因此,在对在建项目房地产进行抵押价值评估时,不能简单地根据工程的形象进度来评估其价值。

其中特别需要注意的是,作为开发商的委托单位,其提供的工程预算书和已支付资金款项的票据包含了许多大型设备和进口高级装修材料的购置费用。这笔费用往往数额很大。如果这些高级材料和大型设备还没有安装,就不能归入在建项目房地产的评估总值中。也就是说,未安装并固定在房地产主体上的材料和设备,不属于在建项目房地产抵押价值的评估范围。

4. 销售情况

有些估价对象房地产在建项目,已领有商品房预售许可证,并已预售了部分楼盘。估价人员必须清楚地了解并把握两个问题,一是预售许可证所允许预售的楼层及其建筑面积,即可售部分;二是开发商已实际出售了多少建筑面积。估价人员在评估过程中必须将已售部分的在建实物工程量价值和相应的土地使用权价值从整个在建项目房地产的评估值中扣除。因为已售部分楼盘的权利已不属于委托单位所有,委托人无权将其抵押。

5. 预售价格不等于抵押价值

领有商品房预售许可证的房地产开发商可以委托估价机构对其在建房地产项目的预售价格进行评估,也可以委托估价机构对同一项目的抵押价值进行评估。但这是两种不同性质和不同价值量的房地产评估,预售价格不等于抵押价值,不能混为一谈。预售价格可以作为办理按揭手续时房地产预期价值的参考,其条件是银行同意办理按揭并与开发商之间另有担保约定,但不能作为为债务担保时的抵押价值的参考。

【案例 13-1】

×××商办综合楼在建项目之房地产估价报告(摘要)

一、估价对象概况

×××商办综合楼,总建筑面积为118000m²。其中:裙房商场部分为26400m²,办公楼部分为78400m²，地下二层为13200m²，泊车位设计为120个。

该项目土地使用权于1994年12月31日批租，熟地总价为2950万美元，全部费用已在6个月内支付完毕，项目工程于1995年7月开始，至1996年3月底，已完成基础工程，地下室工程和裙房结构工程，预计全部工程于1997年6月底竣工。

二、估价时点

1996年4月1日

三、估价目的

估算×××商办综合楼于1996年4月1日的抵押价值和预售价值。

四、估价过程

（一）估算抵押价值（见表13-2）

以成本法估算抵押价值　　　　　　　　　　　　　　　表 13-2

项　目	单价（美元/m²）	面积（m²）	合计（万美元）
A 熟地价值	—	—	2950
B 置地手续费等（费率1%）	A×1%	—	29.5
C 基础工程（含地下室）	45	118000	531
D 裙房结构工程	115	264000	303.6
E 专业费（费率3%）	(C+D)×3%		25
F 管理费（费率5%）	(C+D+E)×5%		43
G 利息（利率12.06%）	(A+B)×[(1+12.06%)^{12/12}−1]		359.3
	(C+D+E+F)×[(1+12.06%)^{9/12/2}−1]		39.4
H 利润（利润率18%）	(A+B)×18%		536.1
	902.6×[(1+18%)^{0.375}−1]		57.8
总计（万美元）			4874.7

（二）估算预售价值（见表13-3）

以市场比较法为基础求得的预售价值　　　　　　　　　表 13-3

项　目	单　价	面积	合计（万美元）
办公楼	2000美元/m²	78400 m²	15680
商　场	2300美元/m²	26400 m²	6072
泊车位	30000美元/个	120个	360
总计（万美元）			22112

考虑税金5.5%和宣传代理1.5%，开发商实际所得为：

$$22112\times(1-5.5\%-1.5\%)$$
$$=20564.16（万美元）$$

该项目于1997年6月底竣工，假定至1996年底销售30%，至1997年底销售50%，其余1998年售完。如不考虑销售价格的上涨，贴现率取值16%，则其现值为：

$$\frac{20564.16\times30\%}{(1+0.16)^{8/2/12}}+\frac{20564.16\times50\%}{(1+0.16)^{(8+12/2)/12}}+\frac{20564.16\times20\%}{(1+0.16)^{(8+12+12/2)/12}}$$

$$=6169.25/1.05+10282.08/1.19+4112.83/1.38$$
$$=5875.47+8640.4+2980.31$$
$$=17496.18 \text{ 万美元}$$

五、估价结果

×××商办综合楼于1996年4月1日的抵押价值为4874.7万美元,预售价值为17496.18万美元。

以上所求得的抵押价值为4874.7万美元,预售价值为17496.18万美元,两者相距悬殊,若以预售价值作为抵押价值的参考,假设开发商能贷到70%的款,则可有12000万美元左右之巨。若发生意外情况使项目不能继续,或开发商卷款而去,则债权人的损失几乎无可估量。

三、在建项目房地产抵押价值评估适用的方法

(一)成本估价法

抵押是一种以实有财产或实物财产为债务履行作担保的行为,抵押的标的必须是实际拥有的财产,其价值必须是客观存在的价值。以在建项目(工程)房地产作为抵押物对其价值进行评估,只能评估其至估价时点日期止所完成的实际工作量所具有的实际价值。因此,应当选择一个符合其实际情况和估价特点的估价方法。

在房地产估价的三大基本方法中,最适用于在建项目房地产抵押价值估价的,莫过于成本估价法。

运用成本估价法对在建项目房地产的抵押价值进行估价,其适用的基本计算公式可以表示为:
$$P = L + B + I + r + R + T$$

式中 P——在建项目房地产价格;

L——土地价格;

B——已完成部分的建筑费用;

I——相应的专业费用;

r——相应的利息;

R——相应的利润;

T——相关的销售税费。

(二)假设开发法(剩余法)

运用假设开发法也可以对在建项目房地产进行估价,但估价测算的过程较为复杂,同时要运用市场法或收益法,且所取数据具有一定程度的预测性,其估价结果有时会具有较大的弹性。

在对在建项目房地产的估价中,假设开发法一般用来对以成本估价法所求得的各种价格进行验证。

运用假设开发法对在建房地产项目进行评估的计算公式可表示如下:
$$P = P' - B' - I' - r' - R' - T'$$

式中 P——在建项目房地产价格;

P'——项目总开发价值;

B'——项目续建费用;

I'——项目续建专业费;

r'——项目续建利息;

R'——项目续建利润;

T'——项目续建部分销售税费。

其中,项目总开发价值一般以市场法或收益法求取。

四、在建项目房地产估价运用案例

【案例13-2】

××大厦在建项目之房地产估价报告(摘要)

一、估价对象概况

估价对象××大厦,位于××市××区×××路××号,钢混凝土框架结构,总建筑面积9639.39m²。现已接近结构封顶,预计离交房期1997年3月将近还有一年左右。

估价对象××大厦位于××市××区,属于中心商务区域,设计标准为高档内销商办楼,交通、环境状况较好。

二、估价目的

根据估价对象××大厦项目建设单位的要求,拟评估××大厦在建项目部分之房地产于1996年3月7日之预售价格,为××大厦项目建设单位市场营销提供依据。

三、估价技术思路与方法

根据估价目的,评估××大厦在建项目部分的现时预售价格,采用市场比较法和成本法两种方法估价。

(一)市场比较法

目前与估价对象同类的房地产有较多的市场交易案例,根据房地产估价的替代原理,首先运用市场比较法求取比准价格。

运用市场比较法的基本思路是:在较多的市场交易案例中选取若干适当的比较案例,对此若干同类已知价格的物业与估价对象进行交易日期、区位、环境、交通、个体等各方面的比较分析,并对其价格进行交易情况、交易日期、区域因素、个别因素等方面的修正,得出修正价格,最后再评定估价对象××大厦的市场预售价格。

(二)成本法

为保证估价结果的客观公正,在估价中还辅以成本法求取估价对象××大厦的积算价格,与比准价格进行比较验证。

成本法运用的具体计算公式为:

积算价格 = 土地价格+建筑费用+专业费用+利息+销售税金和费用+利润

对估价对象××大厦建筑费用的测算,根据目前××市同类物业的建筑造价指标结合委托单位提供的建筑工程预算及拟建的建筑物实况来综合评定。

积算价格中的其他构成部分,根据××市房地产开发中的社会一般性原则估算。

(三)综合确定预售价格

对上述的比准价格和积算价格进行综合比较平衡，最后评定出委估对象科学而合理的每平方米平均预售价格。由于本评估对象为在建工程，考虑到可能存在着变动因素，且评估的是其预售价格，故以平均单价乘以估价对象部分的建筑面积即可求得其预售总价。

四、估价技术测算过程

（一）市场比较法求取比准价格

1. 根据市场比较法运用的原则，从同类物业中选取了三例具有代表性的交易实例，见表13-4。

市场比较实例表　　　　　　　　　　　　　　　　　　　　表 13-4

实　例	A	B	C
名　称	××广场	××广场	××大厦
坐　落	略	略	略
类　型	办公	办公	办公
价格（美元/m²）	1656	1624	2054
交房期	期房	期房	期房
交易期日（年/月）	1996/3	1996/2	1996/6

2. 比较修正

（1）交易情况修正

比较实例皆为正常的成交价格，不作修正。

（2）交易期日修正

实例A现已建成，其期房价格成交时已接近交房期，估价对象××大厦的交房期还有将近一年左右，估计相差半年。按近年的市场状况分析，估计到交房时1997年3月的期房价格，增值率约为16%左右，半年按8%计，修正为100/108。

实例B的交房期与估价对象××大厦的交房期基本相似，不作修正。

实例C为现房，按早交房一年计算，修正为100/116。

另外，从1995年至目前的市场价格基本走势有小幅度下降，皆适当减值1%，故实际修正为：实例A为100/109；实例B为100/101；实例C为100/117。

（3）区域因素和个别因素修正

区域因素和个别因素的修正采用系数修正方法进行比较修正，情况见表13-5。

市场比较实例因素修正表　　　　　　　　　　　　　　　　表 13-5

	比较内容	设定分值	估价对象		实例A		实例B		实例C	
区域因素	区域位置	10	中心区域、优	10	稍差、良	9	近中心、中	7	中心、稍差	9
	地段等级	15	二级	12	二级	12	四级	8	二级	12
	规模效用	10	新商务区、优	9	一般、中	8	略差、差	7	一般、中	8
	交　通	10	较好、良	9	较好、良	9	很好、优	10	较差、差	8
	环境景观	5	较好、良	4	一般、中	2	较好、良	4	一般、中	4
	综合吸引力	5	强	5	一般	3	较强	4	较强	4

续表

	比较内容	设定分值	估价对象		实例A		实例B		实例C	
个别因素	临街条件	3	单面、近角、路狭	1	双面临街	2	双面临街、路宽	3	双面临街、路狭	1
	结 构	5	钢混凝土	5	钢混凝土	5	钢混凝土	5	钢混凝土	5
	装 修	16	高档	14	中高档	13	中高档	12	中高档	12
	设 备	16	高档	15	齐全高档	14	齐全中档	12	中档	12
	整体效果	5	优良	5	一般	4	一般	4	较差	3
	合 计	100	—	89		81		76		77
	修正系数	—	—	—	1.0988		1.1711		1.1558	

(4) 计算修正价格

经上述比较，其修正价格见表13-6。

其平均价格为：(1669+1883+2034)÷3 = 1862（美元/m²）

3. 比准价格确定

上述实例皆为外销楼盘，但在市场上内销的高档楼盘价格与外销楼盘相差比较大，外销楼盘的地块通过批租方式取得，若内销楼盘转为外销，则销售价格应扣除合理的补地价款。

市场比较法价格修正表　　　　　　表13-6

实 例	A	B	C
成交单价（美元/m²）	1656	1624	2054
情况修正	100/100	100/100	100/100
期日修正	100/109	100/101	100/117
系数修正	1.0988	1.1711	1.1558
修正价格	1669	1883	2034

根据市场资料反映，估价对象地块熟地楼面地价批租价位为600美元/m²左右，土地租金一般占30%，大市政配套为20%，故价格为1562美元/m²，实际评定价格取值为1500美元/m²，按近日人民币与美元的汇率1：8.3计，折合每平方米人民币为12450元。

（二）以成本法求取其积算价格

以成本法求取积算价格的计算公式为：

积算价格 ＝ 土地价格（熟地楼面价）＋建安工程费＋专业费＋利息＋利润＋税费

1. 土地价格

根据××市有关地价资料，经综合分析，比较平衡，评定估价对象的平均楼面地价为3200元/m²。

2. 建安造价

本项目的建筑安装工程费用以××市同类物业的一般性造价指标为基础，结合委托单位提供的有关资料，以及建筑物本身的实际情况，综合评定建筑造价的各项指标如下（单位：元/m²）：

(1) 桩：180

(2) 地库：380

(3) 结构：950

(4) 外装修：800

(5) 内装修：600

(6) 电气：200

(7) 电梯：250

(8) 空调：640

(9) 弱电：45

(10) 水、卫、煤：90

(11) 通讯系统：80（设计为1000门）

(12) 安保消防：60

(13) 室外总体：30

(14) 增扩容费：91

小计：4396 元/m²

筹建开办管理费：220 元/m²

质监费等（费率1.2%）：53 元/m²

合计：4669 元/m²

3. 专业费

按6%计，4396×6% = 264 元/m²

4. 利息

在正常情况下，该项目工程建造期一般为2年，建安费按平均投入，土地投资利息按2年计，贷款利率按现行的标准为10.98%（年利率），则全部利息为：

$3200×[(1+10.98\%)^2-1]+(4669+264)×[(1+10.98\%)^{2/2}-1]$

$= 741+542$

$= 1283$ 元/m²

5. 利润

该项目为高档内销商办楼，正常投资利润应在15%左右，按此计算，则其全部利润为：

$3200×[(1+15\%)^2-1]+(4669+264)×[(1+15\%)^{2/2}-1]$

$= 1032+740$

$= 1772$ 元/m²

6. 销售税金和销售费用

销售税金为5.5%，销售费用因项目较大，取2.5%，合计为8%，则其销售税费合计为：

$(3200+4396+264+1283+1772)×8\%$

$= 10915×8\%$

$= 873$ 元/m²

7. 积算价格确定

经上述估算，估价对象房地产的积算价格为：

$$10861 + 873 = 11734 \text{ 元}/\text{m}^2$$

此价格为物业建成以后的市场销售价格,须贴现成现值,贴现率为14%,则现时预售价格为:

$$11734 \div 1.14 = 10293 \text{ 元}/\text{m}^2$$

(三)现时预售价格的评定

经上述评估,估价对象房地产于1996年3月7日之比准价格为12450元/m²,积算价格为10293元/m²。在一般情况下,以成本法评估的积算价格较低,市场比较法的比准价格较为正常,故比准价格权重为80%,积算价格权重为20%。

则估价对象房地产于1996年3月7日之价格为:

1. 单位价格

$$12450 \times 80\% + 10292 \times 20\% = 9960 + 2058 = 12018 \text{ 元}/\text{m}^2$$

最终确定单位价格为12000元/m²。

2. 总价

$$12000 \times 9639.39 = 115672680 \text{ 元}$$

取总值为11570万元。

五、估价结果

经评估,估价对象房地产于1996年3月7日之预售总价为人民币11570万元,单位价格为12000元/m²。

第十四章 房地产估价报告的撰写

第一节 房地产估价报告

一、房地产估价报告的含义

房地产估价人员在确定了最终的估价结果之后,应当撰写房地产估价报告。估价报告可视为估价机构提供给委托人的"产品",它是在完成估价后给委托人的正式答复,是关于估价对象的客观、合理价格或价值的研究报告,也是全面、公正、客观、准确地记述估价过程、反映估价成果的文件。

估价报告质量的高低,除了取决于估价结果的准确性、估价方法选用的正确性、参数选取的合理性,还取决于估价报告的文字表述水平、文本格式及印刷、装帧质量。前者可以说是估价报告的内在质量,后者可以说是估价报告的外在质量,两者不可偏废。

二、房地产估价报告的形式

房地产估价报告多为书面报告。按照其格式,又可分为叙述式报告和表格式报告。

对于成片或成批多宗房地产的同时估价,且单宗房地产的价值较低时,估价报告可以采用表格的形式,如旧城区居民房屋拆迁估价或成批房地产处置估价。居民预购商品住宅的抵押估价报告,也可以采用表格的形式。

叙述式报告能使房地产估价人员有机会充分论证和解释其分析、意见和结论,使估价结果更具有说服力。叙述式报告是估价人员履行对委托人责任的最佳方式。所以,叙述式报告是最普遍、最完整的估价报告形式。

无论是书面报告和口头报告,叙述式报告和表格式报告,都只是表现形式的不同,对它们的基本要求是相同的。下面主要以叙述式报告来说明估价报告的有关要求和内容。

三、对房地产估价报告的总要求

房地产估价报告应全面、公正、客观、准确地记述估价过程和结论。具体来说应做到下列几点:

1. 全面性

房地产估价报告应完整地反映估价所涉及的事实、推理过程和结论,正文内容和附件资料应齐全、配套,使估价报告使用者能够合理理解估价结果。

2. 公正性和客观性

房地产估价报告应站在中立的立场上对影响估价对象价值的因素进行客观的介绍、分析和评论,做出的结论应有充分的依据。

3. 准确性

房地产估价报告的用语应力求清楚、准确，避免使用模棱两可或易生误解的文字，对未经查实的事项不得轻率写入，对难以确定的事项应予以说明，并描述其对估价结果可能产生的影响。

4. 概括性

估价报告应使用简洁的文字，对估价中所涉及的内容进行高度概括，对获得的大量资料应在科学鉴别与分析的基础上进行筛选，选择典型、有代表性、能反映事情本质特征的资料来说明情况和表达观点。

此外，估价报告的纸张、封面设计、排版、装帧应有较好的质量，尽量做到图文并茂。

第二节 房地产估价报告的组成和内容

一份完整的估价报告通常由 8 个部分组成：

（1）封面；
（2）目录；
（3）致委托人函；
（4）估价师声明；
（5）估价的假设和限制条件；
（6）估价结果报告；
（7）估价技术报告；
（8）附件。

一、封面

封面的内容一般包括下列几项：

1. 标题

这是指估价报告的名称，如"×××房地产估价报告"。

2. 估价项目名称

说明该估价项目的全称，通常是采用估价对象的名称。如"×××大厦房地产之土地"。

3. 委托人

说明该估价项目的委托人的名称或者姓名。其中，委托人为单位的，为单位全称；委托人为个人的，为其姓名。

4. 估价机构

说明受理该估价项目的估价机构的全称。

5. 估价作业期

说明该估价项目估价的起止年、月、日，即决定受理估价委托的年、月、日至出具估价报告的年、月、日。例如"2005 年 4 月 3 日—2005 年 4 月 17 日"。

6. 估价报告编号

说明该估价报告在估价机构内的编号,以便于归档和今后的统计、查找等。

二、目录

目录中通常按前后顺序列出估价报告的各个组成部分的名称、副标题及其对应的页码,以使委托人或估价报告使用者对估价报告的框架和内容有一个总体了解,并容易找到其感兴趣的内容。

三、致委托人函

致委托人函是正式地将估价报告呈送给委托人的信件,在不遗漏必要事项的基础上应尽量简洁。

其内容一般包括下列几项:

1. 致函对象

这是指委托人的名称或者姓名。

2. 致函正文

致函正文中说明估价目的、估价对象、估价时点、估价结果、估价报告应用有效期。另外,通常还要说明随此函附交一份或多份估价报告的具体数量。

估价报告应用有效期是指使用估价报告不得超过的时间界限,从估价报告出具日期起计算。估价报告应用有效期最长不宜超过一年,可以是半年或三个月。其表达形式为:自本估价报告出具之日起多长时间内有效;或者:估价报告应用有效期自本估价报告出具之日起至未来某个年、月、日止。估价报告应用有效期不同于估价责任期。如果估价报告在其有效期内得到使用,则估价责任期应是无限期的;如果估价报告超过了其有效期还未得到使用,则估价责任期就是估价报告有效期。

3. 致函落款

为估价机构的全称,加盖估价机构公章,并由法定代表人或负责该估价项目的估价师签名、盖章。

4. 致函日期

这是指致函时的年、月、日,也即正式出具估价报告的日期。

四、估价师声明

在估价报告中应包含一份由所有参加该估价项目的估价师签字、盖章的声明。该声明告知委托人和估价报告使用者,估价师是以客观公正的方式进行估价的,同时它对签字的估价师也是一种警示。

估价师声明通常包括下列内容:

我们郑重声明,在我们的知识和能力的最佳范围内:

1. 估价报告中对事实的陈述,是真实、完整和准确的。

2. 估价报告中的分析、意见和结论,是我们公正的专业分析、意见和结论,但要受估价报告中已说明的假设和限制条件的限制和影响。

3. 我们与估价报告中的估价对象没有任何(或有已载明的)利益关系;对与该估价对象相关的各方当事人没有任何(或有已载明的)偏见,也没有任何(或有已载明的)个人利害关系。

4. 我们是依照中华人民共和国国家标准《房地产估价规范》的规定进行分析，形成意见和结论，撰写本估价报告。

5. 我们已对（或没有对）估价报告中的估价对象进行了实地查勘。

6. 如果不止一人签署该估价报告，应清楚地列出对估价对象进行了实地查勘的估价人员的姓名和没有对估价对象进行实地查勘的估价人员的姓名。

7. 我们在该估价项目中没有得到他人的重要专业帮助。如果有例外，应说明提供了重要专业帮助者的姓名、专业背景及其所提供的重要专业帮助的内容。

8. 其他需要声明的事项。

五、估价的假设和限制条件

估价的假设和限制条件是说明估价的假设前提，未经调查确认或无法调查确认的资料数据，在估价中未考虑的因素和一些特殊处理及其可能的影响，估价报告使用的限制条件等。例如，说明没有进行面积测量，或者说明有关估价对象的资料来源被认为是可靠的。

在估价报告中陈述估价的假设和限制条件，一方面是规避风险、保护估价机构和估价人员，另一方面是告知、保护委托人和估价报告使用者。

六、估价结果报告

估价结果报告应简明扼要地说明下列内容：

1. 委托人

包括名称、地址、联系人、联系电话或者姓名、地址、联系电话等。

2. 估价机构

包括名称或者名称、地址、联系人、联系电话等。

3. 估价人员

列出所有参加该估价项目的估价人员的姓名及其执业资格以及资格证书编号等，以及在该估价项目中的角色，并由本人签名、盖章。

4. 估价目的

5. 估价时点

6. 估价对象

7. 评估价值定义

说明估价所采用的价值标准或价值内涵，如公开市场价值。

8. 估价依据

说明估价所依据的法律、法规、政策和标准、规范，委托人提供的有关资料，估价机构和估价人员掌握和搜集的有关资料。

9. 估价原则

10. 估价方法

11. 估价结果

12. 估价作业期

13. 估价报告应用有效期

14. 其他说明

七、估价技术报告

估价技术报告一般包括下列内容：
1. 详细介绍估价对象的区位、实物和权益状况；
2. 详细分析影响估价对象价值的各种因素；
3. 详细说明估价的思路和采用的方法及其理由；
4. 详细说明估价的测算过程、参数选取等；
5. 详细说明估价结果及其确定的理由。

八、附件

附件主要是把在估价报告中可能会打断叙述部分的一些重要资料放入其中。附件通常包括估价对象的位置图、四至和周围环境、景观的图片、土地形状图、建筑平面图、建筑物外观和内部状况的图片、估价对象的权属证明、估价中引用的其他专用文件资料、估价机构和估价人员的资格证明、专业经历和业绩等等。

应该再说明的是，估价报告文本的外形尺寸应当统一。《房地产估价规范》中规定应该统一采用国际标准 A4 型（长×宽为 297mm×210mm）纸张。

【案例 14-1】

××省××市创业大厦 8 套公寓房地产纠纷估价报告

一、封面
××省××市创业大厦 8 套公寓房地产估价报告
估价项目名称：××省××市创业大厦 8 套公寓房地产纠纷估价
委 托 人：××省××市中级人民法院（其他略）
估 价 机 构：×××房地产评估有限责任公司（其他略）
估价作业日期：2001 年 6 月 5 日至 2001 年 7 月 10 日
估价报告编号：（略）
二、目录：（略）
三、致委托人函
××省××市中级人民法院：

受贵院委托，我公司对位于××省××市创业大厦 B 座 11—18 层 C 单元的 8 套房屋在 1997 年 4 月 25 日、1998 年 6 月 18 日、2001 年 6 月 5 日的市场价格进行了评估。评估建筑面积 1084.4m^2，土地使用权性质为出让土地，土地出让年限为 50 年。截至上述三个估价时点，剩余土地使用年限分别为 45.7 年、44.55 年、41.58 年。

此次评估目的是为贵院对涉及上述估价对象的民事裁判提供价格参考依据。

我公司估价人员本着公平，公正，客观的原则，在对现场进行实地查勘，广泛收集有关市场信息和估价对象信息的基础上，全面分析了影响估价对象市场价格的因素，并运用科学的估价方法对估价对象的市场价格进行了评估。最终确定估价对象具备完整产权（能够在市场上公开、自由地出售）条件下的房地产市场价格见表14-1。

估价时点房地产价格 表14-1

估价时点	单　　价	总　　价
1997年4月25日	1495美元/m²	162.12万美元
1998年6月18日	1495美元/m²	162.12万美元
2001年6月5日	7034元/m²	762.75万元人民币

×××房地产评估有限责任公司
2001年7月10日

四、估价师声明

估价人员郑重声明：

（1）本估价报告中对事实的陈述，是真实、完整和准确的。

（2）本估价报告中的分析、意见和结论，是估价人员公正的专业分析、意见和结论，但要受估价报告中说明的假设和限制条件的限制和影响。

（3）估价人员与估价报告中的估价对象没有任何利益关系；对与该估价对象相关的各方当事人没有任何偏见，也没有任何个人利害关系。

（4）估价人员依照中华人民共和国国家标准《房地产估价规范》的规定进行分析，形成意见和结论，撰写本估价报告。

（5）估价人员已对估价报告中的估价对象进行了实地查勘。

（6）估价人员在该估价项目中没有得到他人的重要专业帮助。

五、估价的假设和限制条件

（一）本报告所依据的与估价对象有关的法律文件来源

1. 由委托方提供的资料：鉴定委托书（原件）。

2. 由××物业管理公司提供的资料

（1）国有土地使用证（复印件）；

（2）关于××房地产开发有限公司申请预售创业大厦的批复（复印件）；

（3）××市商品房销售许可证（复印件）；

（4）××区××路创业大厦单元面积汇总表（复印件）；

（5）创业大厦"B-10-A"单元商品房屋预售合同、"A-17-D"单元商品房买卖合同、"A-18-C"单元商品房买卖合同（复印件）。

本报告中所采用的由××物业管理公司提供的文件，我公司未向政府有关部门核实，其真实性由该××物业管理公司负责。

（二）根据××物业管理公司的介绍及评估人员向××市房地产管理部门有关人员的咨询和了解，1997年、1998年××市商住楼的租金水平和售价水平基本无重大变化，高档外销公寓大多于1996年底至1997年初竣工并投入使用，延至1998年底的租售情况都比较平稳，因此此次评估的结果中，1998年6月18日与1997年4月25日的房地产价格相同，不作调整。

（三）根据××物业管理公司的介绍及其提供的××市××路××号创业大厦单元面

积汇总表，估价对象 8 套房屋的建筑面积，户型，结构，装修等情况一致。评估人员在现场勘察过程中，对 11C、12C、14C、16C、18C 五套房屋进行了入户调查。此次评估假设这 8 套房屋在建筑面积、户型、结构、装修方面情况一致。

（四）创业大厦的土地用途为商业、写字楼、高级住宅，此次评估的估价对象为其公寓部分的 8 套住宅，因此本报告的市场比较法中也同样选取了比较实例中的公寓部分进行因素比较和系数修正。

（五）在房地产的销售和租赁过程中，不同楼层、户型的房屋的价格有所不同。根据估价对象分布于不同楼层的特点，此次在评估过程中所选取的比较实例的价格为平均价，修正后的估价结果也为平均价，不再作楼层，朝向的价格调整。

（六）本报告中对估价对象市场价格的把握，仅相对于估价时点估价对象的现状而言，市场价格在具体实现过程中会受市场环境变化，处置费用，交易税费等因素的影响，本报告的使用者在使用本报告的结果时应予充分考虑。

（七）本次评估的目的是为委托方对涉及上述估价对象的民事裁判提供价值参考依据，评估结果的价值定义是估价对象在不同估价时点的房地产市场价格。在评估过程中，评估人员并未考虑对估价对象进行强制处分和短时间变现的特殊性。

（八）本报告必须完整使用方为有效，对仅使用本报告中部分内容所导致的可能损失，本评估公司不承担责任。

（九）本报告中数据全部采用电算化连续计算得出，由于在报告中计算的数据均按四舍五入保留两位小数或取整，因此，可能出现个别等式左右不完全相等的情况，但不影响计算结果及最终评估结论的准确性。

（十）根据估价对象的实际情况，估价人员在测算 1997、1998 年的房地产价格时采用了美元作为计算单位，测算 2001 年的价格时采用了人民币作为计算单位。

六、房地产估价结果报告

（一）委托方：××省××市中级人民法院

（二）受托方：×××房地产评估有限责任公司

（三）估价对象概况

1. 估价对象界定

创业大厦位于××市××区××路××号，××路与×××路交叉口的东南角，建设用地面积为 4995m^2，总建筑面积约为 54000m^2，为地下 2 层和地上 31 层建筑，地上分 A、B 两座，1～4 层为商业裙楼，6～28 层为公寓，29～31 层为纯写字楼。

此次委托方委托评估的估价对象是指创业大厦 B 座的 11～18 层 C 单元 8 套房屋，8 套房屋的户型相同，每套建筑面积均为 135.55m^2，评估总建筑面积为 1084.4m^2。

2. 权利状况

根据评估人员掌握的资料，创业大厦由××房地产开发有限公司投资开发，1993 年 5 月申请立项并开工建设。截至估价作业日期，××房地产开发有限公司已取得创业大厦的《国有土地使用证》（证号：×国用（93）字第×××号），土地使用权性质为出让用地，土地用途为商业、写字楼、高级住宅，土地使用年限自 1993 年 1 月 5 日至 2043 年 1 月 4 日。

根据委托方的《鉴定委托书》，××房地产开发有限公司与××贸易有限公司、××区开发建设公司产生法律纠纷，涉及标的为创业大厦 B 座 11～18 层 C 单元 8 套房屋。我公司此次评估的是该 8 套房屋在 1997 年 4 月 25 日、1998 年 6 月 18 日、2001 年 6 月 5 日的完全产权的市场价格。

3. 建筑物状况

创业大厦占地面积为 4995m²，销售建筑面积 54046.66m²，大厦外形为底部裙楼托举两栋桥角相对的方形大厦，外墙采用高级釉面锦砖与天然花岗石和玻璃幕墙贴面，地上高度约 100m，建筑结构及风格在××市××区××地区具有一定的标志性。大厦地下 1～2 层为设备层，地上 1～4 层为商业用房，5 层为设备层，6～28 层为公寓，29～31 层为纯写字楼。大厦的 A、B 座各装有三部芬兰"通力"电梯，商业用房及写字楼用房采用中央空调，公寓用房采用分体式空调。此次评估的为创业大厦 B 座 11～18 层 C 单元的 8 套房屋，每套建筑面积为 135.55m²，总建筑面积为 1084.4m²。该 8 套房屋的客厅与卧室内墙刷乳胶漆，实木地板，铝合金窗，卫生间与厨房为精装修并配有厨具、洁具，每套房屋装有 1～2 部分体式空调。

（四）估价目的

为委托方对涉及上述估价对象的民事裁判提供价格参考依据。

（五）估价时点

1. 1997 年 4 月 25 日
2. 1998 年 6 月 18 日
3. 2001 年 6 月 5 日

（六）价值定义

本报告的估价结果是指估价对象创业大厦 B 座 11～18 层 C 单元的 8 套房屋（建筑面积 1084.4m²，土地用途为公寓），其土地出让年限为 50 年，在估价时点 1997 年 4 月 25 日时，剩余土地使用年限 45.7 年；在估价时点 1998 年 6 月 18 日时，剩余土地使用年限 44.55 年；估价时点 2001 年 6 月 5 日时，剩余土地使用年限 41.58 年，估价对象具备完整产权（能够在市场上公开、自由地出售）条件下的房地产市场价格。

（七）估价依据

1. 《中华人民共和国土地管理法》；
2. 《中华人民共和国城市房地产管理法》；
3. 《房地产估价规范》；
4. 《中国房地产统计年鉴》；
5. 委托方与××物业管理公司提供的涉及估价对象的有关法律文件，图表和资料（详见附件）（略）；
6. 我公司掌握的有关市场资料及估价人员实地勘察所获取的材料。

（八）估价原则

1. 合法原则

房地产估价必须以房地产合法使用为前提。

2. 最高最佳使用原则

能给估价对象带来最高收益的使用，这种使用是法律上允许、技术上可能、财务上可行。

3. 替代原则

根据经济学基本原理，有相同使用价格或相同效用、有替代可能的房地产会相互影响和竞争，使其价格相互牵制而趋于一致。

4. 估价时点原则

由于房地产市场是不断变化的，在不同估价时点，同一宗房地产往往具有不同的价格，本报告对估价对象的房地产市场情况及其自身情况的界定，均以其在估价时点已知或假设的状况为准。

（九）估价技术思路和方法

本评估报告对估价对象在三个估价时点的价格进行测算：

1. 估价时点为1997年4月25日

估价对象于1993年开始销售，1996年底竣工并入住使用，1997年属于该大厦的平稳销售阶段。根据估价人员掌握的资料，1997年高档外销公寓的租赁及销售市场都比较稳定，有一定的市场交易量，与估价对象类似的房地产项目有××广场，××大厦，×××大厦等，因此本次评估采用市场比较法测算估价对象在1997年4月25日的房地产价格。

2. 估价时点为1998年6月18日

根据评估人员对××市房地产管理部门有关人员的咨询和了解，1997年4月25日至1998年6月18日，高档外销公寓的销售市场变化不大，1998年类似房地产的销售价格与1997年基本持平，因此本次评估不对1998年6月18日估价对象的房地产价格进行调整。

3. 估价时点为2001年6月5日

根据××物业管理公司的介绍以及估价人员对××市房地产市场所掌握的资料，高档外销公寓市场在该估价时点的销售情况低迷，成交案例较少，基础数据不足。相反，租赁市场相对平稳，虽租金下降，但仍维持一定的市场交易量，因此，本次评估采用收益法测算估价对象在2001年6月5日的房地产价格。

（十）估价结果

我公司估价人员本着公平，公正，客观的原则，在对现场进行实地查勘，广泛收集有关市场信息和估价对象信息的基础上，全面分析了影响估价对象市场价格的因素，并运用科学的估价方法对估价对象的市场价格进行了评估。最终确定估价对象具备完整产权（能够在市场上公开，自由地出售）条件下的房地产市场价格见表14-2。

估价时点房地产价格 表14-2

估价时点	单　　价	总　　价
1997年4月25日	1495美元/m²	162.12万美元
1998年6月18日	1495美元/m²	162.12万美元
2001年6月5日	7034元/m²	762.75万元人民币

（十一）估价人员：（略）

（十二）估价作业日期

2001年6月5日至2001年7月10日。

（十三）估价报告应用的有效期

本报告估价作业日期为2001年6月5日至2001年7月10日，所评估的为估价对象创业大厦B座11~18层C单元的8套房屋在不同估价时点的过去价值和现在价值，随着时间及市场情况的变化，在应用本估价报告的估价结果时，估价对象房地产的价格需作相应调整。如使用本报告估价结果的时间与本报告的估价作业日期相差12个月或以上，我公司对应用此结果造成的损失不负任何责任。

七、房地产估价技术报告

（一）个别因素分析

1. 土地用途

创业大厦的国有土地使用证所载的土地用途为商业、写字楼、高级住宅，估价对象的实际用途为公寓，依据房地产估价中的最高最佳使用原则和估价时点原则，此次评估设定用途为公寓。

2. 土地使用权性质

创业大厦的土地使用权性质为出让土地，出让编号为92－×××，土地出让年限为50年（自1993年1月5日至2043年1月4日止），截至1997年4月25日，剩余土地使用年限为45.7年，截至1998年6月18日，剩余土地使用年限为44.55年，截至2001年6月5日，剩余土地使用年限为41.58年。

3. 建筑面积

估价对象创业大厦B座11~18层C单元的8套房屋，每套房屋的建筑面积为135.5m²，总计建筑面积为1084.4m²。

4. 根据××物业管理公司的介绍及其提供的《××区××路××号创业大厦单元面积汇总表》，估价对象8套房屋的建筑面积、户型、结构、装修等情况一致。评估人员在现场勘察过程中，对估价对象8套房屋进行了入户调查。此次评估假设这8套房屋在建筑面积、户型、结构、装修方面情况一致，均为木质地板，乳胶漆涂刷内墙，铝合金窗，卫生间与厨房为精装修并配有厨具，洁具，每套房屋配有1~2部分体空调。

（二）区域因素分析

1. 地理位置

创业大厦位于××市××区××路××号，位于××市历史上比较繁华的商业区，该大厦是××区第一家外资开发的商住楼宇，集办公，商住，商业，娱乐，餐饮等多功能的综合性大厦。

2. 交通便捷度

创业大厦位于××市××路与××路的交叉口，距××国际空港约7km，距××火车站约8min车程，交通便捷。

3. 周边环境及商业繁华度

创业大厦位于××市历史上比较繁华的商业区，周边分布有×××大饭店，××大厦，××银行大厦，××广场等高层建筑；除大厦裙楼的××百货外，附近还有×××购物中心等综合性商场，距××商厦，××步行街等，仅1.5km左右。各类物业相辅相成，互为推动，形成规模效应。

4. 基础设施条件

区域内基础设施条件达到"七通一平"，包括通路，供水，排水，通电，通信供暖，供气及土地平整。

（三）市场背景分析

××市位于华北平原的东北部，濒临××湾，××、××铁路在此交汇，成为连接海内外、南北交通的枢纽，是北方对外贸易的主要口岸和商品流通的重要集散地，是中国北方的经济中心之一。

××市是一座有数百年历史的文化名城，××市的建筑享有"建筑博览会"的美称。近年来，随着经济的发展和房改的深化，住房供给量和需求量的大幅上升，××市加快了房地产市场的建设步伐。

（四）估价技术思路及方法（同估价结果报告）

（五）估价测算过程

1. 测算1997年4月25日的房地产价格

（1）对于不采用收益法进行评估的解释

收益法是指运用适当的资本化率，将预期的估价对象房地产未来各期的正常净收益折算到估价时点上的现值，求其之和得出估价对象房地产公开市场价格的一种方法。

根据房地产评估的准则，针对房地产过去价值的评估，评估人员虽可以采用该估价时点以后的数据，以证实买卖双方在当时已充分考虑到此价格将来的合理浮动趋势，但若该数据不能真实反映估价时点的客观合理价格时，估价人员应进行逻辑上的取舍。

根据评估人员所掌握的资料，创业大厦1993年起动工兴建即开始预售，直至1998年都属于销售和租赁的稳定时期，根据估价人员调查的数据显示，创业大厦于1997年的平均租金水平约为0.8美元/m^2·天，与之类似的项目如×××广场，×××大厦等租金约为1.1～1.3美元/m^2·天。自1999年至今，随着××市高档住宅小区的兴起，人们的居住观念逐渐朝着小区化，规模化的方向发展，类似创业大厦这样与写字楼混住，缺乏绿化环境的高档外销公寓市场处于滞销状态。根据我方的调查，1999～2001年该类物业的销售成交案例较少，租赁价格较低，不仅不再以美元支付出租金，平均的租金价格也降至人民币2～3元/m^2·天。

显然，1999年以前的买卖双方对于这种租金剧烈下降的趋势无法做出准确的预测，租金递减比率大大超过了平均资本化率，因此采用1997年4月25日紧后的，变动幅度如此大的实际租金收益数据不能客观反映该估价时点的房地产市场状况，因此本次评估无法采用收益还原法对估价对象于1997年4月25日的房地产价格进行评估。

（2）采用市场比较法进行评估

根据评估人员所掌握的资料，与创业大厦相类似的物业于1997年4月处于销售市场比较平稳状态。选取周边类似房地产的交易案例，将估价对象与在较近时期内已经发生了交易的类似房地产加以比较对照，从已经发生的交易价格，修正得出估价对象房地产价格。

1）比较实例选择

选择三个与估价对象的用途相近，交易类型相同，区域及个别因素条件相近，交易情况正常的交易案例，以它们的价格作比较，结合影响房地产价格的因素，进行因素修正，求取估价对象房地产价格。

[实例一] ××广场

位于××市××区××路××号，××路的南侧，商业繁华度较高，公用设施完备，环境条件较好，物业管理情况较好，公寓部分采用中央空调，安装有三部电梯，智能化系统完备，每套公寓内进行了初装修，地面铺地毯。1997年4月的销售单价为1600美元/m²。

[实例二]×××大厦

位于××市××区××路××号，南京路的南侧，商业繁华度较高，公用设施完备，环境条件较好，物业管理情况较好，公寓部分采用中央空调，其余备有分体空调，安装有两部电梯，智能化系统基本完备，每套公寓内进行了初装修，地面铺地毯，1997年4月的销售单价为1350美元/m²。

[实例三]××大厦

位于××市××区××广场××号，商业繁华度高，公用设施完备，环境条件较好，物业管理情况好，公寓部分采用中央空调，安装有六部电梯，智能化系统完备，每套公寓内进行了初装修，地面铺地毯。1997年4月的销售单价为1700美元/m²。

估价对象与比较实例的比较因素条件详述见表14-3。

比较因素条件说明表　　　　表14-3

比较因素	估价对象与实例内容	估计对象	实例一	实例二	实例三
	名称	创业大厦	××广场	×××大厦	××大厦
	物业坐落	略	略	略	略
	土地使用年限	50年	50年	50年	50年
	交易日期	1997年4月	1997年4月	1997年4月	1997年4月
	土地用途	公寓	公寓	公寓	公寓
	交易情况	正常	正常	正常	正常
	市场售价（美元/m²）	待估	1600	1350	1700
区域因素	交通通达度	较高	一般	一般	较高
	商业繁华度	高	较高	较高	高
	公用设施完备度	完备	完备	完备	完备
	环境条件优劣度	较好	较好	较好	较好
个别因素	物业管理	较好	好	较好	好
	空调系统	分体空调	部分中央空调	少部分中央空调	全部中央空调
	电梯系统	3部	3部	2部	6部
	智能化系统	基本完备	完备	基本完备	完备

2）编制比较因素条件指数表

根据估价对象与比较实例各种因素具体情况，编制比较因素条件指数表。

比较因素指数确定如下：

a. 交易情况修正

估价对象与三个交易实例在土地使用年限，土地用途，交易状况方面情况相同，因此不作修正。

b. 日期修正

由于估价对象与三个比较实例于 1997 年期间都属于交易市场较稳定时期，销售价格较透明且一年中变化不大，因此此次设定估价对象与三个比较实例的交易日期为 1997 年 4 月，并不对估价对象的交易日期进行修正。

c. 区域因素

（a）交通通达度：估价对象与三个比较实例交通通达度情况接近，但估价对象与××大厦两面临街，出入较方便；××广场与××大厦位于南京路的南侧，出入皆依靠南京路。交通通达度分为一般、较高、高三个等级，以估价对象为 100，每相差一个等级相应修正 2%；则实例一、二为 98，实例三不作修正。

（b）商业繁华度：估价对象与三个比较实例都位于商业繁华区内，××广场与××大厦虽临××路，但周边分布有一些政府机关或企事业单位，隔××路北侧才为步行街及××大街，商业繁华度稍差于估价对象。商业繁华度分为一般、较高、高三个等级，以估价对象为 100，每相差一个等级相应修正 1%；则实例一、二为 99，实例三不作修正。

（c）公用设施完备度：估价对象与三个比较实例都位于××市历史上比较繁华地区，公用设施完备，以估价对象为 100，三个实例不作修正。

（d）环境优劣度：估价对象与三个比较实例都位于××市历史上比较繁华地区，较适合商住两用公寓，写字楼使用或投资，以估价对象为 100，三个实例不作修正。

d. 个别因素

（a）物业管理：物业管理情况是客户在选择购买物业中非常重要的因素。估价对象与三个比较实例都采用国内较知名的物业管理公司进行物业管理，但根据评估人员对四个房地产的现场勘察，××广场和××大厦的物业管理水平属于较高的档次；×××大厦的物业管理水平稍差于二者，物业管理状况分一般、较好、好三个等级，以估价对象为 100，每相差一个等级相应修正 3%，实例一、实例三为 103，实例二不作修正；

（b）空调系统：估价对象和三个比较实例同为同档外销综合楼，本次比较的公寓部分定位为高档外销公寓。不同的空调系统决定了物业的不同市场定位；对于高层建筑，室内温度的调节及新风的更换更是非常重要的。因此，高层建筑使用中央空调系统明显优于使用分体空调来调节室内温度。以估价对象为 100，实例一、实例二不作修正，实例三为 102。

（c）智能化系统：估价对象与三个比较实例的智能化系统都比较完备，水平布线，垂直布线到位；设置了国际卫星电视系统，保安监控系统；消防监控系统，网络通讯系统等，根据评估人员的现场勘察，××广场和××大厦的智能化系统略好于估价对象及×××大厦，智能化系统分基本完备、完备两个等级，每相差一个等级相应修正 1%。以估价对象为 100，实例一、实例三为 101，实例二不作修正。

3）编制比较因素条件指数表

根据以上比较因素指数的说明，编制比较因素条件指数表，见表 14-4。

比较条件指数表　　　　　　　　　表 14-4

比较因素		估价对象与实例内容	估计对象	实例一	实例二	实例三
		土地使用年限	100	100	100	100
		交易日期	100	100	100	100
		土地用途	100	100	100	100
		交易情况	100	100	100	100
区域因素		交通通达度	100	98	98	100
		商业繁华度	100	99	99	100
		公用设施完备度	100	100	100	100
		环境条件优劣度	100	100	100	100
个别因素		物业管理	100	103	100	103
		空调系统	100	103	100	103
		电梯系统	100	100	100	102
		智能化系统	100	101	100	101

4）编制因素比较修正系数表

根据比较因素条件指数表，编制因素比较修正系数表（见表 14-5）。

取上述三个实例修正后的房地产单价的平均值作为此次市场比较法测算的价格：

房地产单价 =（1539＋1391＋1555）÷3 = 1495 美元/m²

房地产总价 = 1495×1084.4 = 162.12 万美元

2. 测算 1998 年 6 月 18 日的房地产价格

根据××物业管理公司的介绍及评估人员对××市房地产管理部门有关人员的咨询和了解，1997 年 4 月 25 日至 1998 年 6 月 18 日，××市高档外销公寓的销售市场变化不大，1998 年类似房地产的销售价格与 1997 年基本持平，因此本次评估不对 1998 年 6 月 18 日估价对象的房地产价格进行修正，仍采用 1997 年 4 月 25 日的房地产价格：

房地产单价 =（1593＋1391＋1555）÷3 = 1495 美元/m²

房地产总价 = 1495×1084.4 = 162.12 万美元

因素比较修正系数表　　　　　　　　　表 14-5

比较因素	实例内容	实例一	实例二	实例三
	土地使用年限	100/100	100/100	100/100
	交易日期	100/100	100/100	100/100
	土地用途	100/100	100/100	100/100
	交易情况	100/100	100/100	100/100

续表

比较因素	实例内容	实例一	实例二	实例三
区域因素	交通通达度	100/98	100/98	100/100
	商业繁华度	100/99	100/99	100/100
	公用设施完备度	100/100	100/100	100/100
	环境条件优劣度	100/100	100/100	100/100
个别因素	物业管理	100/103	100/100	100/103
	空调系统	100/103	100/100	100/103
	电梯系统	100/100	100/100	100/102
	智能化系统	100/101	100/100	100/101
修正后的房地产价格		1539	1391	1555
比准价格（美元/m²）		14951		

根据××物业管理公司向评估人员出示1997～1998年估价对象的部分销售合同（摘录见表14-6），经过××市房管部门的确认，认为该合同能够客观反映当时的市场状况。

销售合同摘录表   表14-6

购房日期	单元	面积（m²）	成交单价（美元/m²）	成交金额（美元）
1996年8月20日	B-10-A	157.96	1608.7	254111
1997年12月4日	A-17-D	86.34	1527.31	131868
1998年5月29日	B-23-D	86.34	1320.36	114000
1998年11月25日	A-18-C	135.55	1581.14	214323

虽然不同楼层，不同朝向，不同户型的房屋售价不同，但从上述交易案例可以看出，估价对象1997年4月25日和1998年6月18日的评估结果能够基本反映估价对象的正常销售水平。

3. 测算2001年6月5日的房地产价格

自1999年中期至今，随着××市高档住宅小区的兴起，人们的居住观念逐渐朝着小区化，规模化的方面发展，类似创业大厦这样与写字楼混住，缺乏绿化环境的高档外销公寓市场处于滞销状态。根据有关部门所掌握的情况，1999～2001年该类物业的开发商报价已明显低于1997年、1998年，较晚成交案例较少。相反，由于该类物业无法启动销售市场，租赁市场相比略显活跃，虽然租金价格较低。但类似估价对象的房地产实际成交租金比较透明，所以采用收益法测算其市场价格能客观真实反映该项目的经营运作情况和现时房地产市场行情。

收益法是指运用适当的资本化率，将预期的估价对象房地产未来各期的正常净收益折算到估价时点上的现值，求其之和得出估价对象房地产公开市场价格的一种方法。

（1）年有效租金收入

1）年租金毛收入

与估价对象在同一区域内类似项目租金在2～3元人民币/m²·天（建筑面积）之间，

目前该区域内的公寓供应量较大,市场的选择面广,可替代性的物业较多,通过对硬件、软件等影响市场租金的因素比较,估价对象的市场租金定位在 2.5 元/m² · 天(建筑面积)时将具有较强的市场竞争力,估价对象总建筑面积为 1084.4m²,则估价对象的年租金毛收入为:

2.5×365×1084.4 = 989515 元

2)年有效租金收入

按正常出租空置率 20% 计算,并考虑拖欠租金以及其他原因造成的收入损失为租金毛收入的 5%,则年有效租金收入为:

989515×(1−20%)×(1−5%) = 752031 元

(2) 年客观运营费用

1) 房产税

按年有效租金收入的 12% 计算:

752031×12% = 90244 元

2) 营业税

按年有效租金收入的 5.5% 计算:

752031×5.5% = 41362 元

3) 物业维修费用

根据目前物业维修费的统计资料,维修费约占年有效租金收入的 3.0%,则物业维修费为:

752031×3.0% = 22561 元

4) 物业管理费

包括正常使用下的能源费清洁费以及员工工资,福利等费用,按年有效租金收入的 8% 计:

752031×8% = 60162 元

5) 租赁代理费

由于该类物业一般由物业管理公司负责对外出租,因此应向物业管理公司支付一个月的租金毛收入作为租赁代理费。虽然不同房屋的租期长短不同,半年期租约和两年期租约的租赁代理费有所不同,本报告假设年租赁代理费按一个月(30 天)租金毛收入计算:

2.5×30×1084.4 = 81330 元

6) 保险费

保险费是指为使房产避免意外损失而向保险公司支付的费用,根据目前财产保险费率的标准,取估价对象所在区域内类似项目的平均市场售价的 0.3%。该区域公寓平均市场售价取 7000 元/m²,估价对象的建筑面积为 1084.4m²,则年保险费为:

7000×1084.4×0.3% = 22772 元

7) 年客观运营成本

年客观运营成本

= 房产税+营业税+物业维修费+物业管理费+租赁代理费+保险费

= 90244+41362+22561+60162+81330+22772

= 318431 元

(3) 年净收益

年净收益 ＝ 年有效租金收入－年客观运营成本
　　　　＝ 752031－318431
　　　　＝ 433600 元

(4) 确定资本化率及净收益递增比率

1) 资本化率的实质为投资的收益率，即估价时选用的资本化率应等同于与获取估价对象产生的净收益具有同等风险投资的收益率。本次评估采用市场提取法测算资本化率。

a. 选取可比实例

选取市场上与估价对象类似的房地产××广场一套建筑面积为 120m² 的公寓，×××大厦一套建筑面积为 112m² 的公寓以及创业大厦中另一套建筑面积为 86.34m² 的二手房出租及转让的价格，设定三个物业的客观运营成本及剩余土地使用年限基本一致，能够反映同类物业的平均水平，得出三个物业的净收益，见表 14-7。

实例收益比较表 表 14-7

序号	项目	运算过程	××广场	×××大厦	创业大厦
1	建筑面积（m²）	/	120	112	86.34
2	租金收入（元/m²）	/	3	3	1.15
3	年租金毛收入	(1)×(2)×365	131400	122640	36241
4	年有效租金收入	(3)×(1-20%)×(1-5%)	99864	93206	27543
4.1	房产税	(4)×12%	11984	11185	3305
4.2	营业税	(4)×5.5%	5493	5126	1515
4.3	维修费	(4)×3%	2996	2796	826
4.4	物业管理费	(4)×8%	7989	7456	2203
4.5	租赁代理费	(2)×(1)×30	10800	10080	2979
4.6	保险费	(9)×0.3%	2880	3000	1500
5	年客观运营成本	SUM［(4.1)：(4.6)］	42142	39643	12328
6	净收益	(4)－(5)	57722	53563	15215
7	剩余年限（年）	41.58	/	/	/
8	房产单价（元/m²）	/	8000	8928	5790
9	房产总价	/	960000	999936	499909

b. 求取资本化率

根据以上分析，得出三个比较实例的资本化率见表 14-8。

三个实例资本化率表 表 14-8

物业名称	净收益（元）	售价（元）	资本化率
××广场	57722	960000	5.31%
×××大厦	53563	999936	4.5%
创业大厦	15215	499909	1.16

根据评估人员所掌握的资料，创业大厦中已成功交易的实例为已购买该大厦的业主自行刊登广告报价是否存在一个公开、平等、自愿的交易市场不可知，是否存在急于交易而压低价格的因素不可知，且该资本化率明显低于其他类似房地产的资本化率，因此在求取估价对象资本化率时，不采用该实例。

采用××广场，×××大厦的资本化率的平均值得出估价对象房地产在2001年6月5日的资本化率：

$$(5.31\% + 4.5\%) \div 2 = 4.91\%$$

2）估价对象及类似房地产自1999年至今，一直保持着销售市场滞销，租金价格较低的状态，在测算2001年6月5日的房地产价格时，估价人员假设估价对象的年净收益在剩余的41.58年的经营年限将保持平稳状态。

完整产权条件下的房地产市场价格

$$P = (a \div r) \times [1 - 1/(1+r)^n]$$

式中　P——完整产权的房地产市场价格；

　　　a——年净收益（433600元/年）；

　　　r——资本化率（4.91%）；

　　　n——土地使用年限（按剩余土地使用年限41.58年计）。

$$P = (433600) \div (4.91\%) \times [1 - 1/(1+4.91\%)^{41.58}] = 762.75 \text{万元}$$

根据上述公式以上述分析取得的数据，测算出估价对象具备完整产权条件下的房地产市场价格为762.75万元人民币，折合单价为7034元/m²。

八、附件

附件一：《国有土地使用证》（×国用93字第×××号）（复印件）；

附件二：关于××房地产开发有限公司申请预售××大厦的批复（复印件）；

附件三：商品房销售许可证（[1993]×房权售字第×××号）（复印件）；

附件四：××区××路创业大厦单元面积汇总表（复印件）；

附件五：《鉴定委托书》（复印件）；

附件六：《中国房地产统计年鉴》（相关内容复印件）；

附件七：创业大厦位置示意图；

附件八：创业大厦现状照片；

附件九：估价机构营业执照及资质证书（复印件）；

附件十：估价人员执业资格证书（复印件）等。

● 评析：

本报告是评估创业大厦8套公寓在前后三个不同估价时点时的市场价格，为民事裁判提供价格参考依据。

估价师根据不同时点的买卖和租赁市场的特点，选取了市场比较法或收益法进行估价，对估价方法的取舍作了认真分析。采用市场比较法估价时，步骤完整，比较的内容和增减幅度的标准，交待清楚。采用收益法估价时，收入和费用计算完整，量化有根据，采用市场提取法求取资本化率有特点。对未经查实的事项不得轻率写入，对难以确定的事项应予以说明，并描述其对估价结果可能产生的影响。

第三节　房地产估价报告撰写中的常见问题

由于我国房地产估价行业的起步较晚，而房地产市场发展的规模和速度在各地又各不相同，有些地区，如东部和沿海的房地产市场发展相对较快，房地产估价行业在快速发展的房地产市场我国各地的报告中的常见到一些问题。

一、房地产估价报告的形式方面存在的问题

1. 有些房地产估价机构的存档材料中没有"房地产估价技术报告"或者"房地产估价技术报告"过于简单，缺少具体的分析测算过程。

2. 有些估价报告只运用一种方法进行评估，不符合《房地产估价规范》中要求的"对同一估价对象宜选用两种或以上的估价方法进行估价"规定。

3. 有些估价机构仍沿用《房地产估价规范》颁布之前的格式出具报告。
在《房地产估价规范》颁布实施以后，仍采用原来的格式是不妥的。

4. 有些估价机构对房地产交易课税的估价报告采用简易报告格式。
根据房地产交易课税估价数量大、价值量小的特点，在估价实际中可以采用简易报告格式，但有些估价机构的简易报告过于简单，无法说明问题，不符合房地产估价行业的发展要求。

5. 部分估价机构的房地产估价报告采用了其他报告的格式，如资产评估报告格式或土地估价报告格式。对房地产估价而言，这样显然是不合适的。

二、报告的各组成部分存在的问题

对照《房地产估价规范》中估价报告的规范格式要求，报告的各组成部分中存在着下列一些问题：

（一）封面

《房地产估价规范》中要求封面应包括估价项目名称、委托方、估价方、估价人员、估价作业日期、估价报告编号等。

实际工作中发现有的报告存在缺项情况，如缺少估价人员、估价报告编号等。

另外，有的报告估价项目名称不规范，在项目名称的描述中，至少应包含房地产的权利人和所处位置两个要素。

（二）目录

有的报告无目录或目录不细。

（三）致委托方函

按照规定，致函落款应为估价机构全称，并加盖机构公章；法定代表人应签名、盖章。相当一部分报告没有机构盖章，也没有法定代表人签名、盖章。

例：

致委托方函

　　___A___：

我公司于＿＿＿年＿＿＿月＿＿＿日接受贵方委托，对位于___B___的___C___进行评估，评估目的是___D___提供价值参考，到＿＿＿年＿＿＿月＿＿＿日评估工作结束。

根据___E___，确定估价对象___F___。

我公司估价人员在现场查勘的基础上，根据《房地产估价规范》、有关政策法规和我公司掌握的房地产市场资料和长期积累的房地产估价经验，结合委托方提供的资料和本次评估的估价目的，遵循公正、公开、公平的原则，按照估价程序，选取科学的估价方法，综合分析影响房地产价格的各项因素，经过认真分析计算，最终确定房地产价格在估价时点＿＿＿＿年＿＿＿＿月＿＿＿＿日、完整权利状态及满足各项限制条件下的公开市场价值为人民币：＿＿G＿＿（大写：人民币＿＿＿＿＿＿＿）。

针对本次评估的具体情况，特对评估价值做以下说明：＿＿H＿＿。

特此函告

评估机构（盖章）：
法定代表人（盖章或签名）：
＿＿＿＿年＿＿＿＿月＿＿＿＿日

说明：

  A. 委托方名称或姓名。

  B. 区、街道、门牌号或宗地号。

  C. 应说明：1）全部房地产；

      2）全部土地；

      3）部分房地产及分摊土地；

      4）其他情况，如是否包含装修、构筑物、设备等。

  D. 评估目的。

  E. 权属证明文件，应列明具体种类、名称。

  F. 估价对象主要情况，包括建筑面积、栋数、土地面积或分摊土地面积、用途等。

  G. 应包括总价和单价。

  H. 如有特殊要求应予以说明，如涉及补交土地出让金、扣减交易税费的金额等。

（四）估价师声明

《房地产估价规范》中要求，进行了实地查勘的估价人员应签名、盖章。有些报告无实地查勘的估价人员签名、盖章。

重要专业帮助应具体说明，不应笼统说明。

（五）估价结果报告

1. 委托方、估价方

《房地产估价规范》中规定对委托方、估价方描述应包括单位全称、法定代表人姓名和住所等。有些报告缺法定代表人姓名、住所等。

2. 估价依据

估价依据应写明估价所依据的估价规范；国家和地方的法律、法规；委托方提供的有关资料；估价机构和估价人员掌握和搜集的有关资料。

有的报告依据过于简单或写法不够严谨，如：估价依据为"××手册"、"××教材"、"××网"等，过于笼统。

另外，"××网"上的价格信息只代表了买方或卖方的单方意愿，而并非实际成交的价格，以此作为的依据，理由不够充分。

3. 估价原则

估价原则应该包括四项：合法原则、最高最佳原则、替代原则、估价时点原则。

有的报告此项空缺，有的则对估价原则理解有误，如某报告中估价原则写为"评估人员现场查勘原则"、"抵押评估中的保守原则"。

4. 估价方法

《房地产估价规范》中要求估价报告应说明估价的技术思路、采用的方法以及估价方法的定义。

有的估价报告思路、方法描述不清，而有的估价报告对估价方法无定义。

5. 估价结果

估价结果应分别说明总价和单价，并附大写金额。

有的估价报告只有总价，没有单价，而有的估价报告金额无大写。

6. 估价人员

《房地产估价规范》要求列出所有参加本次估价的人员的姓名、估价资格或职称，并由本人签名、盖章。

有些估价报告不仅没有签名、盖章，甚至没有打印出估价人员的姓名。

7. 估价期日（时点）

估价期日（时点）与估价日期是两个不同的时间概念。估价期日（时点）应该是一个时间点，不能是一个时间段，标准应为：某年某月某日。

8. 估价日期

估价日期是一个时间段，不能是一个时间点，应为某年某月某日——某年某月某日。

有些估价报告估价期日（时点）与估价日期两个时间概念不加区分，或是前后混淆、颠倒。

（六）估价技术报告

1. 相当一部分估价技术报告或没有个别因素、区域因素、市场背景及最高最佳使用这四方面的分析，或分析缺乏针对性，或内容与估价对象概况相同。

2. 估价方法选用不当、估价方法选用没有说明理由或理由不够充分，估价参数、标准选择缺乏依据或选择不当，或者估价计算过程有误等。

例如，有些估价技术报告没有估价技术思路和估价方法选用的说明，只有一个估价计算过程；而有些估价技术报告没有按照《房地产估价规范》要求，缺少个别因素、区域因素、市场背景或最高最佳使用等方面的分析；或者有上述四项分析，但其分析范围掌握不够，缺乏针对性，使估价委托方或估价报告使用者在阅读时如坠云雾之中，不知其所以然；或者将对估价对象概况的说明误作为上述四项分析；有些估价技术报告在估价参数、标准选择时不说明理由或依据不实，有些估价计算过程出错等等。

（七）估价报告附件

相当部分估价报告附件资料不完整，或缺少附件清单。

例如：有些估价报告缺少类似土地使用证明、房产权属证明或房地产预售证明等有关权属证明文件，或缺少估价对象平面位置示意图、现状照片等；还有的缺少估价机构营业执照及资质证明文件或估价人员执业资格证明文件等。

三、估价技术和方法方面存在的问题

（一）估价对象状况的描述方面的问题

《规范》中要求，估价报告中应充分描述说明估价对象状况，包括估价对象的物质实体状况和权益状况。

有些报告对估价对象状况的描述模糊不全，或过于简单，尤其缺乏产权方面的描述，影响了估价的科学性。应介绍项目背景、描述估价方法。

（二）影响因素的分析方面的问题

《房地产估价规范》中要求，对影响估价对象的个别因素、区域因素、市场背景状况及最高最佳使用情况都要作详细的说明、分析。

大多数估价报告在对这四项的分析中，都存在相关性、针对性差的问题，即所作的描述不能很好地印证估价结果的测算过程以及最终结果的确定。

有的估价报告这部分的描述仅是结果报告中估价对象状况的简单重复，还有的估价报告中的分析违背基本的经济学理论或常识。如：某报告的最高最佳使用分析为："通过对医院综合楼所在区域和当地房地产的市场背景分析，可以得出该物业最高最佳使用为：底层可作购买商铺使用，2～4层可作居住、办公综合用途，随着该经济增长点射力的增强，该处商铺房地产增值功能也随之得到增强，投资者购置房地产后，可以出租，不担风险的获得收益利润。"

此处，"可作购买商铺使用"、"经济增长点射力的增强"等均存在语病，"投资者购置房地产后，可以出租，不担风险的获得收益利润"也违背经济学的基本原理。

（三）市场比较法运用中的问题

1. 可比实例选取不当、不足

《房地产估价规范》中要求，运用市场比较法估价，应根据估价对象状况和估价目的，从搜集的交易实例中选取三个以上的可比实例。有的报告只选用二个可比实例；有的选用的并非实际成交的案例。

2. 可比实例描述不清

不少报告不具体描述可比实例的位置、坐落，只用 A、B、C 代替。

3. 可比实例交易日期不清

有些估价报告仅用"近期"描述交易日期，显然不符合《房地产估价规范》的要求。

4. 区域因素、个别因素修正系数的确定无理由、无依据或说明各因素权重不当。

有些估价报告虽然对区域因素、个别因素修正系数说明了理由和依据，但因素修正幅度过大。

《房地产估价规范》中规定，每项修正对可比实例成交价格的调整不得超过20%，综合调整不得超过30%。调整幅度过大，也说明了可比实例选取不当。

（四）收益法运用中的问题

1. 在求取估价对象收益，特别是纯收益时无依据，或依据不充分，或未扣掉不属房地产带来的收益。

2. 在求取估价对象收益时，没有采用客观收益，而是采用了估价对象的实际收益。

3. 收益法公式选取不当。

4. 资本化率求取无方法、无依据，取值不当。

5. 收益年限确定有误。

6. 未考虑空置率、房地产无形收益等。

7. 出租房地产，扣除项目不符合规定或未考虑租赁合同的约定。

根据租约,可扣除维修费、管理费、保险费、房地产税、租赁代理费等。而租赁合同有效期内应该采用合同约定的租金,之外要采用客观租金。

例如,一份房地产估价报告的价格测算过程如下:

"底层商铺价格运用收益法予以评估,根据其租金情况的调整,年租金为 72500 元,综合资本化率选为 4%。

则:根据公式 $V=a\div r$

$$=72500\div 4\%$$
$$=1812500 \text{元}$$

在上述测算过程中,年租金的确定无依据,年租金与房地产年纯收益概念混淆,综合资本化率的取值无依据,选用无限年公式计算也不正确。

(五)成本法运用中的问题

1. 部分估价报告在对地价、建筑物重置价格的确定上,没有采用客观成本,而是采用了估价对象的实际成本。

2. 部分估价报告在对地价、建筑物重置价格的确定上依据不充分,报告在描述上显得主观随意性很大。

如:解放公园路某私有房地产估价报告中写到"通过对市场调查,该区域内房地产开发的商品房价格和开发商品房的建筑设计,和对估价对象具体的坐落、楼层、室内布置设计等各方面因素进行比较和评估,确定于估价时点,购得与估价对象各个因素相似的全新房地产,价格可能为 1800 元/m²"。该估价人员本意是想通过市场比较求得房地产的重置价格,但其描述过于笼统粗略,重置价格的确定依据不足;另外,"价格可能为 1800 元/m²"的说法极不可取。

3. 调整系数过大且无充分理由

如:××工业用房价格评估报告中写到:

房地产价格=重置单价×成新率×(1+各项因素调节)(1+其他因素调节)×建筑面积

其中各项因素包括采光、朝向、通风、环境卫生等,报告中三栋厂房的各项因素调节系数分别为 80%、80%、60%。调整系数过大,得出的结果缺乏说服力。

(六)假设开发法运用中的问题

1. 推测未来楼价时未体现最高最佳使用原则或推测的方法不正确。

2. 土地取得费用、建筑物开发费用等应该是实际取得费用,而不是区域客观取得水平。

3. 利息、利润率、开发周期确定不正确或分段均匀投入等未考虑。

(七)基准地价修正法运用中的问题

1. 基准地价系数修正法步骤缺项。

2. 地价内容介绍缺少主要、重要内容。

3. 因素条件说明表中因素描述与市场比较法前后不一致,或者太过笼统,或者未量化。

4. 公布的基准地价与评估中的因素说明项目不一致。

5. 未列出因素条件说明表或因素系数修正表,或系数修正无来源,无依据等。

6. 修正系数前后不一致。

7. 计算公式不正确，或计算缺项，前后应用不一致等。

四、报告的名词术语和语言表述方面存在的问题

1. 名词术语不准确

如将"估价时点"写成"估价时间"，"假设和限制条件"改为"评估条件与说明"等。

2. 对名词术语的界定不准确、不清楚

如有一份报告这样描述价值定义："本报告书所确定的房地产价值，即该房地产客观合理价格，是指对应于房地产抵押款提供价值依据"。

这样的描述含糊不清，语言也欠通顺。一般情况下价值定义应表述为：

公开市场价值，即估价对象在估价时点、完整权利状态及满足各项假设和限制条件下的公开市场价值。

3. 文字表述不严谨或语句不通

如某报告在假设和限制条件中写到："我等评估师曾在现场作实地查看，但建筑面积以××市房产管理局确权为准"；"我等评估师尚未进行任何结构质量测量鉴定，亦没有测试该房地产的设施或检测建筑物的因受腐蚀气体或有害物质对建筑物的影响，故我等评估师不会证明该房地产并无任何损坏。"

此种表述不仅有欠严肃，而且语意不够清楚。

五、估价结果方面存在的问题

1. 部分估价报告的结果明显偏离市场行情

如某高档别墅的评估价格仅为 2000 元/m^2 左右，大大低于市场正常价格。又如××公园路 134 号两套相似的住宅，同一家估价机构在同一时间阶段对相同估价目的的估价结果差异很大等。

2. 确定估价结果未说明理由

有的估价报告采用两种方法得出的结果差异很大，但不作任何分析说明，或说明理由不够充分。

六、报告的装订、存档方面存在的问题

1. 部分估价机构报告装订质量差，甚至只用回形针或大头针将资料组合在一起，极易造成资料散失。

2. 存档材料缺失较多

按《房地产估价规范》要求，估价程序中所涉及的一切必要资料，都须进行整理、归档并妥善保管。有些房地产估价机构未按照此要求进行，存档材料缺少如缺少委托书、估价合同、现场查勘记录、复核审核过程记录等内容，有的缺估价技术报告。

3. 同一估价机构报告格式装订不一致，不利于建立统一的企业形象。

4. 存档材料中有用铅笔改动现象。

如某报告在运用比较法求取房地产价格时，存档材料中出现铅笔改动现象。

比 准 价 格 测 算 表　　　　　　　　　　　　表 14-9

可 比 实 例 价 格		比 准 价 格	
230	220	262	219
272	240	278	236
225	230	240	232
估价结果		258	231

如上表 14-9 所示，原可比实例的价格用铅笔改为第二列所示价格，原比准价格相应改为第四列所示价格，最终估价结果价格由原来的 258 万元变为 231 万元。

对存档材料而言，这样的改动不仅缺乏严肃性，也为估价报告的运用留下了隐患。

【案例 14-2】

"××花园别墅小区"部分房地产抵押估价报告

一、封面：（略）

二、目录：（略）

三、致委托估价方函

××有限公司：

本公司接受贵公司委托，对贵公司开发建设的"××花园别墅小区"部分房地产（总建筑面积为 4438.72m^2，分摊土地使用权面积为 10531.65m^2）的价格进行了评估，目的是为确定估价对象房地产在估价时点 2003 年 10 月 8 日的公开市场价值，并以此为贵公司以估价对象向银行进行抵押贷款，确定抵押额提供客观的价值依据。

根据贵方所提供的有关资料，本司估价人员依据《房地产估价规范》及国家相关法律、法规和政策规定，在对现场勘察鉴定和市场调查的基础上，遵循客观、公正、科学、合理的原则，按照必要的估价程序，选用恰当的估价方法并结合估价人员的经验，对估价对象的实际情况和影响估价对象房地产价值的相关因素进行了认真细致的分析和测算，在满足本次估价假设和限制条件的前提下，确定该估价对象房地产在 2003 年 10 月 8 日的公开市场价值为（人民币）1821 万元（大写为人民币壹仟捌佰贰拾壹万元整）。

附：（××）第××号房地产估价结果报告。

××评估有限公司
2003 年 9 月 9 日

四、估价师声明

我们郑重声明：

1. 我们在本估价报告中陈述的事实是真实的和准确的。

2. 本估价报告中的分析、意见和结论是我们自己公正的专业分析、意见和结论，但受本估价报告中已说明的假设和限制条件的限制。

3. 本报告中的估价机构和估价师与本估价报告中的估价委托方无任何利害关系或偏见。

4. 我们依照中华人民共和国国家标准《房地产估价规范》（GB/T 50291—1999）进行分析，形成意见和结论，撰写本估价报告。

5. 参与本次估价项目的估价师对本报告中的估价对象进行了详细的实地查勘。

6. 没有人对本估价报告提供重要专业帮助。

7. 本报告不作为土地、房产权属确认的依据。

8. 本报告仅为委托估价方向银行抵押贷款提供客观的市场价值依据，估价机构对非法使用本报告或报告之部分的第三者或用作他项用途者，均不负任何法律或经济责任。

9. 本报告由××评估有限公司负责解释。

估价师（签名）盖章：（略）

五、估价的假设和限制条件

1. 本报告估价结果是估价对象在 2003 年 10 月 8 日的公开市场价值，仅适用于本评估报告之特定目的，即估价对象在公开市场上于估价时点预期最可能形成的价格，它依据如下假设：

（1）具有一个公开、比较活跃、发达的房地产市场；

（2）估价对象能够自由地在市场上进行交易活动；

（3）为使交易完成以及达成合理成交价格，需有一个合理的谈判周期，在这个周期内，市场状况、物理状态等是相对静止不变的；

（4）不考虑特殊买家的附加出价；

（5）委托估价方提供的情况都是真实的，有关资料都是合法有效的。

2. 本次估价是以估价对象能够按照目前的使用用途持续使用为假设前提。

3. 本次估价是以估价对象的房屋所有权及所分摊的国有土地使用权合法、不存在任何他项权利（包括租赁权、抵押权）及共有权人为假设前提。

4. 根据委托方提供的资料，估价对象建筑物为 $4438.72m^2$，本次估价是以此数据作为假设前提，并按此分摊了其所占的土地使用权面积 $10531.65m^2$。

5. 估价对象为一整体小区中的部分房地产，公共配套设施、水、电、气、热、空调供应及道路交通均与整体物业为不可分割的一体，因此本次估价是以估价对象享有合理的公共配套设施、水、电、气、热、空调供应及道路交通的使用的权益为假设前提。

6. 本报告所称"评估价值"，是根据估价对象在估价时点所表现的特定环境下提出的公允价值意见，随着时间的推移，该估价对象价值可能发生变化，需作适当修正。

7. 本次估价目的为房地产抵押，估价时点为当前期日，而抵押期限一般在一年以上，一旦发生抵押清偿，需根据清偿发生时期的市场状况，短期强制处分该房地产、抵押期间的房地产损耗等情况综合考虑其处分价格。

8. 本评估报告的全文或部分内容公布以前，需征得本公司书面同意；本公司承诺未经估价委托方同意，不以任何方式向第三者提供报告全文或其中内容，国家法律有规定的除外。

六、"××花园别墅小区"部分房地产抵押贷款估价结果报告

（一）委估项目："××花园别墅小区"部分房地产抵押贷款估价

（二）估价委托方：××有限公司

法定代表人：（略）

（三）估价方：××评估有限公司

法定代表人：（略）

资质证书号：（略）

（四）估价对象概况

1. 估价对象情况简介

"××花园别墅小区"由××有限公司投资建设。××花园位于××东郊风景区内的××区××镇东首——三面环水的TQ湖半岛上，整个小区总占地222278.83m²，分两期开发，其中一期工程占地109533.33m²，二期工程占地112745.50m²，开发住宅房屋总面积93682.70m²，工程于2003年6月底全部建设完毕，至估价时点该小区已竣工交付使用。

（1）估价对象土地状况："××花园别墅小区"总占地面积为222278.83m²，土地使用权性质为国有出让土地。"××花园别墅小区"北距××高速公路××匝道1km左右，西与××山庄、××疗养院隔湖相望，南与××住宅小区隔TQ湖相望。该项目用地呈较规则三角形，底边与××高速公路平行。至估价时点，估价对象土地内已完成"五通一平"，场外配套设施配设完毕，并由委托方出资修建了一条1km长的专有道路直上××高速公路。

（2）估价对象建筑物状况：包括估价对象在内的"××花园别墅小区"一期工程于2001年8月8日开工〔参见附件：《建设工程项目施工许可证》××建工字（2001）××号〕，现一期工程已竣工，大部分别墅已出售，并准备投入使用；二期工程于2002年1月11日开工〔参见附件：《建设工程项目施工许可证》××建工字（2002）××号〕。至估价时点，别墅部分已装修完毕，设计目标已完成。

"××花园别墅小区"规划总建筑面积为93682.7m²，具体面积分布情况见表14-10。

"××花园别墅小区"建筑面积分配表　　　　　　　　　　表14-10

类型		套型	每套建筑积（m²）	套数	建筑面积小计（m²）
别　墅	独立别墅	A	341.5	64	24455.3（含地下室2599.3）
		B	339.06	30	10171.8
	双联别墅	Da	296.5	31	9191.5
		Db	303.4	31	9405.4
	错三联	Ea	296.5	11	3261.5
		Eb	349.7	11	3846.7
		Ec	317.6	11	3493.6
	平三联	Fa	296.5	3	889.5
		Fb	332.7	3	998.1
		Fc	302.9	3	908.7
公寓					18771.6（地下室及阁楼3693.4）
会所					5523
幼儿园					1266
物管用房					1500
合计					93682.7

（3）别墅部分内外装修及配套设施情况见表14-11。

（4）本次委托估价范围见表14-12（具体见附件）。

2. 估价对象权属状况

估价对象所在的"××花园别墅小区"由××有限公司筹资开发建设，该公司分别于2000年11月8日、2002年7月26日与××市××区国土资源局签订了国有土地使用权出让合同（参见附件），并取得了包括估价对象在内的国有土地使用证（参见附件）。土地用途为住宅，土地使用权出让年期为70年，分别自2000年11月8日、2002年7月26日算起。此外估价委托方还取得立项批复〈×计投资字［1999］××号、［2000］××号；×计经投字（1999）××号、（2001）××号〉、建设用地规划许可证［2000—××号、×建规字（2002）第××号］、建设工程规划许可证［×建字（2002）第××号、××号］、建设项目施工许可证［××建工字JN（2001）××号、（2002）××号］、商品房预售许可证［××房预销字（2001）××号］。经核估价对象权属合法、清晰。

3. 人文、自然、区域、配套情况

"××花园别墅小区"三面为千亩TQ湖水域所环抱，北距××高速公路××匝道1km左右，西与××山庄、××疗养院隔湖相望。"××花园"周边5km范围内有××医院、××学校、×××宾馆、××温泉游泳池，并有农贸市场等医疗教育及生活服务设施，此外还有×××寺、××古溶洞等历史文化名胜及旅游景点。"××花园"距×××约24km，从××高速公路和××公路驱车均可直抵建成后的"××花园"北大门，交通十分便利。

别墅部分装修和配套设施情况表　　　　　　　表14-11

地面	一层地面为钢筋混凝土防潮地面，水泥砂浆粉平
楼面	楼面为钢筋混凝土现浇楼面，水泥砂浆粉平
屋面	欧文斯科宁多彩瓦
顶棚	现浇钢筋混凝土顶棚，白水泥石灰膏批白
门窗	外门、窗为灰绿静电喷涂带隔热系列彩色铝合金平开门、窗，玻璃为中空玻璃带金属装饰条，屋面天窗材质为威卢克斯气窗
内墙	KPI空心砖砌筑，水泥砂浆粉刷后用白水泥石灰膏批白
外墙	墙基座用真石漆喷涂，墙面用进口高级弹性外墙漆
厨房	预留PP-R自来水主管，PP-R热水主管及PVC下水管，聚氨酯防潮地面，墙面聚氨酯防潮层刷至30cm处，顶棚为现浇钢筋混凝土板
卫生间	预留PP-R自来水主管PP-R热水主管及PVC下水管。聚氨酯防潮地面，墙面聚氨酯防潮层刷至30cm处
供电	别墅每户采用三相380V供电，容量为21kW；公寓采用三相220V供电，容量为8kW
电话	每户预留1部以上电话线接口
供气	管道液化气到户
供水	变频恒压冷、热供水
安保系统	1. 周围防逾越报警系统；2. 电视实时监视系统；3. 小区巡更系统；4. 住宅安全报警系统；5. 家庭紧急求助系统
卫星有线电视系统	保证每户有足够的信号电平可以安装4路电视路口
预留宽带业务网	每户提供1路宽带网信息接口

委托估价范围　　　　　　　　　表 14-12

	类型	套型	每套建筑面积（m²）	套数	建筑面积小计（m²）
别墅	独立别墅	A	343.04	5	1715.2
		小计		5	1715.2
	双联别墅	Da	297.72	3	893.16
		Db	300.68	3	902.04
		小计		6	1795.2
	三排别墅		928.32（合计）	3	928.32
总合计				14	4438.72
分摊土地面积					10531.65

"××花园"处于××中心镇规划范围内，其外部基础设施齐全，电力供应可由距"××花园"1km 处的×××110kV 变电站供给，生活用水由××镇自来水公司供给，供水主管已接至"××花园"。居民生活用液化气可由××液化气公司供给，有线电视、电话均已接至小区入口。

"××花园"地处××东郊风景区××镇，除××地方政府在周边约 5km 设有两个采石场外，无其他任何工业污染源，因而通过"××花园"的建设并对湖边环境的整治，有利于汤山小城镇的建设和景观上的改造和提升。"XX 花园"建成后，生活污水通过处理并引至小区内的污水集水池内，再通过小区内的绿化灌溉系统自流至小区公共花园草坪的地下，确保生活污水不向 TQ 湖排放。沿湖边用石砌挡土墙驳岸，确保雨季水土不向 TQ 湖流失。同时"××花园"周边用高大乔木绿化，使建成后的"××花园"真正有一个花园般的居住环境。

（五）估价目的

本次评估是为确定估价对象房地产在估价时点 2003 年 10 月 8 日的公开市场价值，并以此为委托方以委估标的向银行进行抵押贷款，确定抵押额提供客观的价值依据。

（六）估价时点

2003 年 10 月 8 日。

（七）价值定义

本次估价采用公开市场价值标准。

（八）估价原则

1. 遵循客观、公正、科学、合理的原则；
2. 遵循合法原则；
3. 遵循最高最佳使用原则；
4. 遵循替代原则；
5. 遵循估价时点原则。

（九）估价依据

1.《中华人民共和国土地管理法》；
2.《中华人民共和国城市房地产管理法》；
3.《中华人民共和国担保法》；
4.《城镇国有土地使用权出让和转让暂行条例》；

5. 国务院、建设部、××省、××市、××区政府颁布的有关法规和政策文件；

6. 中华人民共和国国家标准《房地产估价规范》GB/T50291－1999；

7. ××市城市总体规划，近期、远期规划；

8. ××市社会发展水平及有关统计资料；

9. 近年来××市开发商投资该类物业的开发成本；

10. ××有限公司提供的《国有土地使用证》、《立项批复》、建设用地规划许可证》、《建设工程规划许可证》、《建设工程项目施工许可证》、《商品房预售许可证》以及委托方提供的其他相关资料。

（十）估价方法

估价师深入细致地分析了估价对象的特点和实际情况，并研究了委托估价方提供的资料及估价师所掌握的资料，在实地勘察和调研的基础上，决定采用市场比较法和成本法进行估价。

（十一）估价结果

估价师根据估价目的、遵循估价原则，按照估价程序，采用科学的估价方法，在认真分析现有资料的基础上，经过周密、细致的测算，并结合估价师的经验，确定该估价对象房地产在2003年10月8日的公开市场价值为（人民币）1821万元，大写为人民币壹仟捌佰贰拾壹万元整。

（十二）估价人员：（略）

（十三）估价作业日期

2003年9月1日至2003年9月9日。

（十四）本估价报告的有效期限

2003年9月9日至2004年9月8日。

××评估有限公司
2003年9月9日

七、"××花园别墅小区"部分房地产抵押贷款评估技术报告

（一）市场背景分析

1. ××市

××市是一座古老、美丽的城市，地处中国长江下游平原，东望大海，西达荆楚，南接皖浙，北联江淮。境内山水环抱，地理条件优越，物产资源丰富。改革开放以来，××市已成为长江中下游地区经济、政治、文化的枢纽之一，成为中国经济发达省份××省的重镇，在全国宏观生产力布局中居于重要地位。经过近年来的建设，已经形成四个比较突出的优势：

一是区位优势。

××市地处沿海开放地带和长江流域的交汇部，紧邻中国最大的经济、金融中心上海，是中国国土规划中×××经济核心区的重要城市，在××省沿海、沿江、沿线开放战略中处于枢纽位置，具有加速经济国际化的有利条件。

二是交通通讯优势。

××市是中国华东地区重要的交通和通讯枢纽，铁路、公路、航空、水运、管道五种运输方式齐全，构成了立体化、大运量交通运输网络；程控电话、移动通信、数据通信、

微波、卫星、光纤等组成了现代化通信网络。

三是教育科技优势。

××市是中国高等教育和科研四大基地之一，有高校48所，研究机构500余家，科技综合实力居全国城市前列。

四是产业优势。

××市是中国东部地区重要的综合性工业基地，已经开成了以电子、汽车、化工和一批地方特色品为主导的综合性工业体系。电子工业、石化工业生产规模位居全国城市前位。进入20世纪90年代，××市以其工业、科技、区位的优势和快速发展的经济，被评为中国城市投资硬环境"四十优"城市之一，被国际经济界人士和众多海外财团视为具有广阔开发前景的地区。21世纪前10～20年，将是××市发展史上十分重要的时期。《××市国民经济和社会发展"九五"计划和2010年远景目标纲要》明确提出要把××市建设成为功能齐全、服务一流的城市；成为长江三角洲地区和长江下游的经济、金融、商贸区域性中心城市；成为经济发达、环境优美、融古都风貌与现代化文明为一体的现代化江滨城市。

2. ××区

××区经济综合实力雄居全国县级城市百强：2001年全区GDP突破113亿元，财政收入突破14亿元；一、二、三产业比例为11.9：58.6：29.5，形成了以外向为主导、工业为主体、三大产业协调发展的格局；综合实力跨入全国百强行列，教育、卫生、文化、体育均为全国先进单位。

开放型经济发展迅速。全国累计利用外资10.11亿美元，兴办三资企业1185家，其中属世界500强的有15家，千万美元以上的大项目85个，三资企业产出占GDP总量30%以上。

工业主体地位突出。全国拥有工业企业2000多家，其中年销售额亿元以上企业40家，基本形成了日用轻工、食品加工、新型建材、汽车电子等四大支柱产业。工业增加值占GDP的60%左右。

农业向产业化发展。××区是国家商品粮基地，粮食常年产量在4亿km^2左右。近年来，种植养殖业结构进一步优化，正在朝着都市农业方向发展。

第三产业稳步增长。××区初步形成了大商业、大流通，大市场的格局。以××板块著称的房地产业发展迅速，年开发量和销售量都在100万m^2以上，一批高品质、高档次、设施齐全、环境优美的高尚社区加快了南京主城人口向南部的转移。

××镇面积115.9km^2，总人口39268人。距××市区25km，镇内××公路、××高速公路横穿东西，并立交相连，××公路与××公路横贯南北。其距火车货运站26km，距新××港码头24km，距市区环城公路20km，距国际机场40km。5000门程控电话覆盖全镇，国内外通讯便捷，开通了无线寻呼、移动电话。拥有110kV变电所1座，350kV变电所5座。1988年被国务院批准列入沿海经济区并被××市列入规划中的都市图。

近几年来，××市房地产市场飞速发展，房地产市场一片繁荣，商品房销售面积、销售额分别以229%和30%的速度增长，2001年已分别达到305万m^2和106亿元，其中住宅销售面积达266.7m^2，个人已成为房地产市场购买主体，商品房市场供需两旺。这一可喜的市场现状，有利地推动了××市经济的发展。

进入2003年，××市房地产市场的发展更是呈现喜人的活跃势头，据××市房地产市场管理处统计，2003年一季度已完成房地产交易案件8147件，交易面积72.3万 m^2，交易金额19.12亿元，分别比上年同期增长了65％、48％、33％；一季度完成商品房合同登记案6520件，合同登记面积72.6万 m^2，合同交易金额24.7亿元，分别比上年同期增长26.1％、23％、19.4％。

（二）最高最佳使用分析

最高最佳使用原则，是指房地产估价要以房地产的最高最佳使用为前提。所谓最高最佳使用，是估价对象的一种最可能的使用，这种最可能的使用是法律上允许、技术上可能、经济上可行，经过充分合理的论证，使估价对象能带来最高价值的使用。

最高最佳使用分析真正体现了估价的客观性。估价对象房地产地否处于最优使用状态，主要从下列方面来衡量、判断：

1. 法律上允许（规划及相关政策法规许可）

即不受现时使用状况的限制，而依照法律规章、规划发展的方向，按照其可能的最优用途估价。

2. 技术上可行

即不能把技术上无法做到的使用当作最高最佳使用，而要按房屋建筑工程方面的技术要求进行估价。

3. 经济上可行

即估价价格应是各种可能的使用方式中，以经济上有限的投入而能获得最大收益的使用方式的估价结果。

4. 土地与建筑物的均衡性

即以房地产内部构成要素的组合是否达到均衡来判断其是否处于最优使用状态，也就是说，估价时，把建筑物与土地区位是否相匹配、是否具有投资集约度的因素考虑进去。

5. 房地产与周围环境的协调性

即房地产与外部环境是否均衡和协调的问题。也就是说，估价时不按原用途，而按房地产与其周围环境相协调能获得大量外部经济效益的最优使用的新用途进行估价。

6. 可持续发展

即在估价时不仅要研究过去和现在的价格状况，而且还要研究房地产市场的现状、发展趋势，以及政治形势和政策变化对房地产形成的影响以预测未来价格和收益变动趋势。

以上分析说明，根据估价对象地理位置、周边自然及人文经济环境，充分利用土地资源，兴建具有一定规模的别墅物业并配套建设一些其他类型的居住、休闲服务性附属物业，最大限度地创造了土地最高最佳的使用途径。

（三）估价方法选用

估价人员深入细致地分析了估价对象的特点和实际情况，并研究了估价委托方提供的资料及估价人员所掌握的资料，在实地勘察和调研的基础上，决定采用市场比较法和成本法进行估价。

1. 所谓市场比较法，是指将估价对象与在估价时点近期有过交易的类似房地产进行比较，对这引起类似房地产的已知价格作适当的修正，以此估算估价对象的客观合理价格或价值的方法。

具体步骤：

(1) 收集案例；
(2) 选取可比案例（三例）；
(3) 建立价格可比基础；
(4) 交易情况修正；
(5) 交易日期修正；
(6) 区域因素修正；
(7) 个别因素修正；
(8) 综合评定估价值。

2. 所谓成本法，是以开发或建造估价对象房地产的各项必要费用之和为基础，再加上正常的利润和税金，得出估价对象房地产价格的一种估价方法。根据我公司对成本法计算的各项成本资料收集，依据有关商品房价格的规定，估价人员以建造该估价对象房地产所需耗费的社会平均水平的各项费用之和为基础（其中包括土地取得费、前期工程费、建筑安装工程费、附属公共配套设施费、公共基础设施费、管理费用、销售费用、财务费用、代收费用等），再加上正常利润及税金进行估算，从而求得该估价对象房地产的价值。

（四）估价测算过程

1. 市场比较法

(1) 选取交易案例

根据估价对象所在区域、利用类型、建筑规模、档次、估价目的、估价时点，本所估价人员根据替代原则，选取近期同一供需圈内、邻近区域的三个类似交易案例进行比较。各比较案例情况见表14-13。

比较案例情况表　　　　表14-13

项目	案例	可比实例A	可比实例B	可比实例C
	所处地区	与估价对象相邻	与估价对象相邻	同供求区域
	土地取得方式	出让	出让	出让
交易价格（元/m²）	独立别墅	4500	3900	4600
	联排别墅三排别墅	3750	3600	3850
	交易情况	正常	正常	正常
	交易时间	2003年8月	2003年7月	2003年8月
区域因素	交通通达程度	一般	一般	稍好
	繁华程度	一般	一般	稍好
	基础设施完善度	五通一平	五通一平	五通一平
	环境质量	稍差	差	相当
个别因素	套型	相当	相当	相当
	装修情况	一般	较差	相当
	规划限制	有	有	有
	新旧程度	一般	差	相当

注：表中相关因素皆是比较案例与估价对象相比得出。

(2) 项目因素修正（包括交易情况、交易日期、区域因素、个别因素）

1) 交易情况修正：主要排除交易中的特殊情况所造成的交易价格偏差，它是对可比实例价格本身是否正常的修正。由于可比实例 A、B、C 均为正常交易，故不作修正。以正常交易价格为基准设为 100，修正见表 14-14。

2) 交易日期修正：是指将可比实例在其成交日期的价格修正到估价时点时的价格。根据对××市 2003 年 9 月份以来房地产价格变动情况的了解与分析，类似房地产价格变动较小，可比实例 A、B、C 均为近期交易案例，故不作修正。以可比实例交易当时的日期为基准设为 100，修正见表 14-15。

交易情况修正　　　　　　　　　表 14-14

项　目	A	B	C
修正系数	100/100	100/100	100/100

交易日期修正　　　　　　　　　表 14-15

项　目	A	B	C
修正系数	100/100	100/100	100/100

3) 区域因素修正：是将可比实例相对于估价对象在外部环境方面的差别所产生的价格差异排除掉。可比实例 A 与估价对象房地产相比区域因素稍差；可比实例 B 与估价对象房地产相比区域因素较差；可比实例 C 与估价对象房地产相比区域因素较好。设定估价对象区域因素分值为 100，修正见表 14-16。

区域因素修正　　　　　　　　　表 14-16

项　目	A	B	C
修正系数	100/98	100/95	100/100

4) 个别因素修正：是将可比实例相对于估价对象在本身的使用功能、质量好坏等方面所产生的交易价格差异排除掉。设定估价对象个别因素分值为 100，修正见表 14-17。

个别因素修正　　　　　　　　　表 14-17

项　目	A	B	C
修正系数	100/98	100/95	100/102

综合以上分析，得出估价对象的比准价格，详见表 14-18。

可比实例比准价格计算表　　　　　　　　　表 14-18

项　目		可比实例 A	可比实例 B	可比实例 C
交易价格（元/m²）	独立别墅	4500	3900	4600
	联排/三排别墅	3750	3600	3850
交易情况修正		100/100	100/100	100/100
交易日期修正		100/100	100/100	100/100
区域因素修正		100/98	100/95	100/100

续表

项　　目		可比实例 A	可比实例 B	可比实例 C
个别因素修正		100/98	100/95	100/102
修正后单价（元/m²）	独立别墅	4686	4321	4509
	联排/三排别墅	3905	3989	3775
比准价格（元/m²）	独立别墅	(4686+4321+4509)÷3 = 4505		
	联排/三排别墅	(3905+3989+3775)÷3 = 3889		

评估总价（见表 14-19）：

评 估 总 价　　　　　　　　　　　　表 14-19

评 估 总 价（万元）	独立别墅	1715.2×4505 = 772.7
	联排别墅	2723.52×3889 = 1059.17
	合计	1832

2. 成本法

采用成本法进行估价，是以开发或建造对象房地产或类似物业所需耗费的各项必要费用之和为基础，再加上正常的利润和税金，确定估价对象房地产价格的一种估价方法。根据《××市商品房作价办法》（×价房字［××］2006 号）的规定，需要考虑的因素有：成本构成［其中包括土地征用（出让）及拆迁补偿费、前期工程费、建筑安装工程费、附属公共配套设施费、公共基础设施费、管理费用、销售费用、财务费用、代收费用］；利润；税金；住宅差价。

(1) 成本构成

1) 土地征用（出让）及拆迁补偿费：包括国有土地使用权出让金、征（拨、使）用土地管理、临时用地管理费、土地登记费、建设用地批准书工本费、土地用途变更费、耕地开垦费、土地复垦费、农业重点开发建设资金、征地拆迁安置补偿费、其他费用。本次评估根据估价对象房地产特点，结合市场状况取为 720 元/m²。

则：土地征用及拆迁补偿费=10531.65×720 = 758（万元）。

2) 前期工程费：包括新建房屋白蚁防治费、利用城建档案资料服务费、城市道路占用费、城市道路挖掘补偿费、城市规划设计收费、工程勘察测绘费用、工程设计费用、三通一平费用、其他费用等。按×价工（××）422 号、×价房字（××）315 号、×价涉字（××）111 号、×价费字（××）270 号、×价费字（××）140 号、市场价局、市政公用局×公市字（××）174 号、×价房字（××）114 号等文规定结合估价对象房地产情况，确定为 62 元/m²。

则：前期工程费 = 62×4438.72 = 28（万元）。

3) 建筑安装工程费（含材料差价）：包括桩机工程费用、土建工程费用、水电安装工程费用、室外附属工程费用等。按××市同期、同类型、相同市场上建安工程费标准取别墅为 950 元/m²。

则：建筑安装工程费 = 4438.72×950 = 422（万元）

4) 附属公共配套设施费：指列入项目规划图、规划要点、列入建筑安装施工图预算项目，与主体房屋相配套的非营业性的公共配套设施费用。根据其项目情况，取 40 元/m²。

则：附属公共配套设施费 = 4438.72×40 = 18（万元）

5) 公共基础设施费：指开发项目内直接为商品房配套建设的道路、供水、供气、排污、排洪、照明、绿化、环卫等公共基础设施费用。根据估价对象房地产实际情况，结合同档次、类型、规模的住宅小区同期此项费用标准，取为 250 元/m²。

则：公共基础设施费 = 4438.72×250 = 110（万元）

6) 管理费用：估价委估方为三级开发企业，以 1) 至 5) 项费用之和为基数，按 2% 比例提取。

则：管理费用 =（758+28+422+18+110）×2%
= 1336×2%
= 27（万元）

7) 销售费用：以 1) 至 5) 项费用之和为基数，按 2% 比例提取。

则：销售费用 = 27（万元）

8) 财务费用：开发期按 2 年计算，利息支出的计算基数不超过 1) 至 5) 项费用之和的 30%。

则：财务费用 = 1336×30%×5.31%×2
= 43（万元）

9) 代收费用：就本项目而言主要包括市政公用基础设施费、建制镇公用基础设施费、发展新型墙体材料专项用费、结建人防经费、供电工程贴费、消防设施建设费、煤气建设费、散装水泥专项资金、教育地方费附加等。按×价房（××）180 号、×价房（××）276 号、×价涉（××）76 号、×价房（××）108 号、×价涉（××）155 号、×价房（××）144 号、国家计委计投资（××）116 号、×价费（××）42 号、×价费字（××）190 号、×价工字（××）116 号、×价费（××）42 号、×价费字（××）190 号、×价费字（××）513 号、×财综（××）676 号、×价管（××）339 号、×财综（××）166 号、省委×发（××）6 号等文的规定，结合估价对象房地产情况，取为 280 元/m²。

则：代收费用 = 4438.72×280 = 124（万元）

（2）利润

以 1) 至 5) 项费用之和为基数计算，根据规定，并结合市场供求情况，利润率综合取为 15%。

则：利润 = 1336×15% = 200（万元）

（3）税金

本次税率取 5.55%，计算公式为：

税金 =［1) 至 5) 项费用之和＋管理费＋销售费＋财务费＋代收费＋利润］÷（1－税率）× 税率

则：税金 =［1336+27+27+43+124+200］÷（1－5.55%）×5.55%
= 1757÷0.9445×0.0555
= 103（万元）

(4) 住宅差价

本次估价对象由于不存在楼层、朝向的差价率，质量差价率，故不作调整。

估价对象房地产重置价格＝1757＋103

＝1860（万元）

估价人员根据估价对象现状，综合确定估价对象房地产成新率为0.95。

故：估价对象房地产价格＝（1860－758）×0.95＋758

＝1805（万元）

(五) 估价结果确定

以上两种方法计算出的估价结果见表14-20：

估 价 结 果　　表 14-20

市场比较法	1832 万元
成 本 法	1805 万元

两个结果分别从市场销售状况、实际开发成本反映出估价对象的市场价值，由于类似的估价对象位置、用途、档次的物业市场较活跃，交易资料充足，故采用市场比较法得出的估价结果真实性较大，将两结果取权重：市场比较法为0.6，成本法为0.4。

则估价对象在估价时点时的客观市场价格为：

1832×0.6＋1805×0.4 ＝ 1821（万元）

大写：人民币壹仟捌佰贰拾壹万元整。

八、附件

1. 估价委托方营业执照（复印件）
2. 国有土地使用证（复印件）
3. 商品房抵押窗口表（复印件）
4. 立项批复（复印件）
5. 建设用地规划许可证（复印件）
6. 建设工程规划许可证（复印件）
7. 建筑工程施工许可证（复印件）
8. 商品房预售许可证（复印件）
9. 估价机构资格证书（复印件）和估价人员资格证书（复印件）等

案 例 分 析 一

本项目估价对象为"××花园别墅小区"部分房地产，估价人员深入细致地分析了委估项目的特点和实际情况，并研究了委托方提供的及所掌握的资料后，在实地勘察和调研的基础上，决定采用市场比较法和成本法进行估价。估价的技术路线清晰，项目的背景资料完备，估价方法运用得当。存在的问题有：

（1）市场比较法中，估价对象的一般因素、个别因素、区域因素未交代清楚，可比实例C的个别因素描述中，均为"相当"，但个别因素修正值取100/102，前后矛盾。

（2）在比较案例情况描述中，可比实例A、可比实例B与委估对象相邻，区域因素修正时，估价师又认为可比实例A与估价对象房地产相比区域因素稍差；可比实例B与估价对象房地产相比区域因素较差；可比实例C与估价对象房地产相比区域因素稍好，其区域因素修正却取为 100/100。估价对象、可比实例描述与取值不符是估价师在运用市场比较法中常见的错误，应加以避免。

（3）成本法中，估价师得出估价对象房地产重置价格＝1757＋103＝1860（万元），之后，估价人员又根据估价对象现状，综合确定估价对象成新率为 0.95，故：估价对象房地产价格＝（1860－758）×0.95＋758＝1805（万元）。而利用成本法时，房地产的积算价格应为：土地重新开发成本＋建筑物现值。建筑物现值实际上就是建筑物的重新购建价格扣除建筑物折旧，因此，估价对象房地产价格计算公式应表达为下式可能更加直观：

758＋（28＋422＋18＋110＋27＋27＋43＋124＋200＋103）×0.95＝1805 万元

（4）财务费用的计算错误。在成本法中，应计算的是投资利息而不是借贷资金成本，其计算基数应包括管理费。

【案例 14-3】

××号宗地国有土地使用权抵押估价技术报告

估价项目名称：××号宗地国有土地使用权抵押价格评估

受托估价单位：××评估有限公司

土地估价报告编号：（略）

估价报告提交日期：2003 年 3 月 6 日

第一部分 总 述

一、估价项目名称

××房地产开发有限公司所属××号宗地国有土地使用权抵押价格评估。

二、委托估价方

单位名称：××房地产开发有限公司

法定代表人：（略）

三、受托估价方

机构名称：××评估有限公司

资质级别：（略）

资质编号：（略）

四、估价目的

××房地产开发有限公司拟以所属的××区××路×××街××号宗地国有土地使用权进行抵押贷款，本次估价的目的即为委托方核定待估宗地土地资产量，为委托估价方进行抵押提供客观、公正的土地价格参考依据。

五、估价依据

1. 法律、法规和政策文件

（1）《中华人民共和国土地管理法》；

（2）《中华人民共和国城市房地产管理法》；

（3）《中华人民共和国土地管理法实施条例》；

（4）《中华人民共和国城镇国有土地使用权出让和转让暂行条例》；

(5) ××省人民政府和××省国土资源厅颁发的有关文件；

(6) ××市人民政府和××市国土资源局颁发的有关文件；

(7) ××省国土资源厅《转发国土资源部〈关于改革土地估价结果确认和土地资产处置审批办法的通知〉的通知》（×国土资发［××］63号）；

(8) ××省国土资源厅《关于建立土地估价报告备案制度的通知》（×国土资发［××］117号）。

2. 技术规程

(1) 国土资源部颁发的《城镇土地估价规程》；

(2) 国土资源部颁发的《土地估价报告规范格式（一般格式）》。

3. 其他

(1) ××市规划局批复的有关待估宗地建筑设计方案审批意见通知书；

(2) ××市城市总体规划（1995—2010年）；

(3) 土地估价师收集的有关待估宗地拆迁、开发等方面的资料；

(4) 土地估价师收集的有关待估宗地权属、区域因素条件、宗地自身条件等方面的资料；

(5) 土地估价师收集的有关与待估宗地处于同一供需圈内的房地产交易情况。

六、估价基准日

2003年2月28日。

七、估价日期

2003年2月27日至2003年3月6日。

八、地价定义

1. 地价内涵

本报告所评估的待估宗地地价是指待估宗地在估价期日2003年2月28日，在规划利用条件下，宗地红线外达到通路、通电、通上水、通下水、通讯"五通"及宗地红线内达到土地平整的开发条件，用途为住宅用地，剩余使用年限为61.92年的国有土地使用权权利与预期收益的抵押价格。

2. 土地利用条件

待估宗地实际用途为住宅用地，现状为宗地红线外达到通路、通电、通上水、通下水、通讯"五通"及宗地红线内达到土地平整的开发水平。规划用途为住宅用地，规划容积率约为5.97。

3. 土地实际开发程度

待估宗地的现状开发程度为宗地红线外达到通路、通电、通上水、通下水、通讯"五通"和宗地红线内达到土地平整的开发条件。

4. 土地估价时设定的开发条件

待估宗地土地估价设定的开发程度为在估价期日2003年2月28日时，宗地红线外达到通路、通电、通上水、通下水、通讯"五通"和宗地红线内部达到土地平整的开发条件。

九、需要特殊说明的事项

1. 有关资料来源

(1) ××市国土资源局提供的有关待估宗地的文件和证明；

(2) 土地估价师收集的有关待估宗地区域条件、宗地自身条件、土地开发等方面的资料；

(3) 土地估价师收集的有关房地产出售、转让、出租等市场资料；

(4)《××市市区土地级别调整与基准地价估价报告》；

(5) 委托估价方提供的有关待估宗地开发项目的批复、规划资料等。

2. 对估价结果和估价工作可能产生影响的其他事项

(1) 本次估价采用假设开发法评估结果以待估宗地《建筑设计方案审批意见通知书》为依据，如规划设计方案调整，估价结果需作相应调整；

(2) 本次估价所引用的参数如利润率、还原利率等的选取对估价结果产生影响。

3. 估价中未考虑的因素

本次估价没有考虑将来可能的特殊交易对该评估的影响，也未考虑国家宏观经济政策发生变化、城市总体规划发生重大调整以及遇有自然力和其他不可抗力对评估价格的影响。

4. 其他需要说明的事项

地价货币单位：人民币元。

十、土地估价师签字：（略）

十一、土地估价机构：××评估有限公司

估价机构负责人签字：（略）

2003年3月6日

第二部分 估价对象描述及地价影响因素分析

一、估价对象描述

1. 土地登记状况

待估宗地为××房地产开发有限公司于1995年1月通过出让方式取得待估宗地国有土地使用权。

(1) 宗地位置：××市××区××路×××街。

(2) 宗地用途：待估宗地土地登记用途为住宅用地，规划用途为住宅用地，本次估价设定用途为住宅用地。

(3) 宗地面积：土地登记可抵押面积为 6610.8 m^2，本次估价设定土地面积为 6610.8 m^2。

(4) 土地级别：××市市区五级。

(5) 土地权属性质：国有出让土地使用权。

(6) 土地使用证书号：×国用（2002）字第××号。

2. 土地权利状况

(1) 土地所有权：待估宗地的土地所有权属国家所有。

(2) 土地使用权：待估宗地为国有出让土地使用权，于2002年7月29日领取了待估宗地的国有土地使用证，国有土地使用证编号为：×国用（2002）字第××号。在评估基准日2003年2月28日，土地登记用途为住宅用地，土地登记面积为6610.8m^2，其中可用于抵押的面积为 6610.8m²，剩余土地使用年限为 61.92 年，即至 2065 年 1 月 27 日止。

(3) 土地他项权利：土地估价师在估价期日 2003 年 2 月 28 日未发现待估宗地设定其他他项权利。

3. 土地利用状况

在评估期日 2003 年 2 月 28 日，待估宗地目前已达到宗地外通电、通上水、通下水、通讯、通路"五通"及宗地内土地平整的开发程度。

根据委托方提供的资料，待估宗地规划红线用地面积为 6610.8m²。待估宗地内拟建的是"××花园"住宅小区二期项目，该项目由 2 幢高层住宅组成，规划总建筑面积约为 44972m²，其中住宅 38766m²、会所 706m²、地下车库 5500m²，规划容积率约为 5.97。

二、地价影响因素分析

1. 一般因素

(1) 地理位置：××市地处长江下游平原，东与××、××市相连，南接××省××，西与××省××、××接壤，北临××省××市。现辖××、××、××、××、××、××6 城区，××、××、××、××、××5 郊区和××、××2 郊县，面积 6597km²，人口 623.8 万。

(2) 自然环境：××市地处××山脉西部，多丘陵山地。西北部为长江冲积平原，气候冬冷夏热，四季分明。年降水量 770.7mm，年均温度 15.8℃，属北亚热带季风气候。

××港是全国内河第一大港，年吞吐量在 5000 万 t 以上，包括××客运码头、××轮渡码头、××港及规划建设中的××港，还有×××、×××等非交通部门港口，万吨泊位码头已达 25 座，国际运输可扩展到 80 多个国家和地区。

××、××铁路干线在此交汇，使其成为连接华中、华东、华北的重要铁路枢纽，随着××高速铁路、××铁路、××铁路等铁路干、支线的陆续开工建设，××市的铁路客货运输将更为便捷。

××市是四条国道、九条省道的交汇点，随着××公路、××公路、××公路、××高速公路、××高速公路、××高速公路和机场高速公路等高等级公路的建成通车，××市已经构建起以高速公路为骨架，国道、省道相连的对外交通公路体系。

××市××国际机场已建成启用，有 30 多条航线通往国内各主要城市及港澳地区。

(3) 城市性质：××市是××省省会、长江下游重要的中心城市。××市为我国六大古都之一，是国家级历史文化名城，作为××省省会，是全省的政治、文化、经济中心；作为长江流域四大中心城市之一和长江三角洲西部枢纽城市，××市是都市圈的核心城市。目前××市已发展成为经济发达、环境优美，融古都风貌与现代文明于一体的江滨城市。

(4) 城市建设与土地利用状况：××市市区已有四百多年的建城史。按照《××市城市总体规划》原则要求，优化市域城镇格局，促进城乡协调发展；优化都市圈布局，合理分布产业和人口；优化主城用地结构，大力发展第三产业；优化生态环境，保护古都特色；优化城市基础设施，提高整体服务水平。

主城布局以河流、铁路、城墙等为自然界，分为五个片区：以第三产业的主体的中片；以××生活居住区为主体的西片；以××工业区为主体的北片；以××风景区为主体的东片；以××纪念风景区对外交通设施为主体的南片。

(5) 城市经济状况：城市经济以第二产业和第三产业为主。商服业历史悠久，拥有众多的名店、名品。商服业企业集中分布于市区中心地带，繁华程度较高，发展第二产业的基本思路是"充分发挥科技优势，强化企业素质和效益，重点扶持支柱产业，调整改造传统产业，加快培育战略专业，逐步建立以高技术含量和集约、规模经营为特征的现代化产业体系"。牢固确立计算机及通信设备、家用电器、汽车摩托车、石油及精细化工、建筑及建材五大支柱产业在第二产业经济中的主导地位。随着产业结构的调整，规模经济不断壮大，集团企业日益增多。

(6) 土地市场状况：近年来，××市随着经济的不断发展，基础设施条件的不断改善和土地使用制度改革不断深入，市区内的土地交易日益活跃，土地市场逐步规范。近两年来，由于××市区房地产开发量的上升和边缘区域的开发建设，使得南京城区周边土地市场供大于求，地价上扬较慢；但在××市城区中心地段，由于土地供给量有限，而需求旺盛，故中心地段的土地价格趋上升态势，特别是部分区域地价上升幅度较大。

(7) 产业、税收政策：××市市区以稳定提高第二产业技术含量、加快发展第三产业为指导方针，在产业、税收政策方面，近几年出台的旧城改造拆迁补偿、房改房的上市，极大地促进了××市房地产市场向规范化、市场化、法制方向的步伐，对土地价格上扬具有极大的推动作用。

综上所述，××市主城区地价水平呈上升趋势。

2. 区域因素

(1) 位置：待估宗地位于××市××区××路×××街，地处××市××地区的西北部，位于×××大桥和××高架桥之间，是桥头重要景观区，区域位置较优。

(2) 商服繁华程度：待估宗地距离××区级三级商服中心——×××商服中心约1500m，其周围基本无商服设施，目前商服繁华程度较劣。

(3) 交通条件：待估宗地位于××市西北部，区域内有×××路、××路、×××大街、×××大街等主次干道。距×××长途汽车站约6.5km，距××火车站约8km，距××客运码头约2.5km，距××国际机场约38km。附近有12路、18路、32路、37路、307路等多条公交线路。从整体看，交通条件较优。

(4) 基础设施条件

1) 供水：

城市供水水源以长江为主，全市共有大小城镇水厂15座，其中城市水厂7座，日供水能力为172万t，最高日供水量137.64万t，供水可以得到保证。待估宗地周围城市供水管径为600mm，供水保证率可达100%。

2) 排水：待估宗地所在区域排水体系为雨污合排，所临近各主要道路排水管径在1000~1500mm左右，排水状况良好。

3) 供电：待估宗地所在区域主要由××市供电局城北供电分局供电，骨干输电线路110kV，电网建设较为完善，供电保证率可达到100%。

4) 电信：××市市区电话网采用长途光纤电缆和数字微波传输系统，整个区域内的电信状况优。

(5) 公用设施：待估宗地所在区域公用设施配套状况较齐全。

(6) 环境质量：待估宗地北临××河，西近××江，所处区域内无工业污染源分布，周围基本无交通噪声污染，但绿化一般，综合环境质量一般。

（7）文体设施状况：待估宗地所处区域内基本无文体设施，区域文体设施状况较劣。

（8）城市规划限制：根据××市规划局批复的《建设工程设计方案审批意见通知书》，待估宗地在建筑物退让道路红线、建筑物高度、间距、建筑设计风格等方面均有一定限制。

（9）周围土地利用状况：待估宗地周围用地类型以住宅用地为主，周围用地类型对待估宗地的开发利用较有利。

（10）区域人口状况：待估宗地所处区域内人口较密集，人流量也较大，对开发住宅项目有利。

（11）自然灾害影响：待估宗地所处区域基本无自然灾害，自然灾害对区域内影响较小。

3. 个别因素

（1）位置：待估宗地位于××市××区××路×××街，地处××市××地区的西北部，位于×××大桥和××高架桥之间，北距×××路广场约1600m。距市中心×××广场约5.9km，地处××市主城区五级地。

（2）宗地临街状况：待估宗地北临次干道×××街，东临主干道×××路，为"××花园"住宅小区二期住宅项目，临路状况一般。

（3）宗地面积：待估宗地登记面积为6610.8m^2，本次评估面积为6610.8m^2。

（4）形状：待估宗地形状基本规则，对整体开发利用基本无影响。

（5）地基和地势：待估宗地地势平坦，地基承载力一般。

（6）宗地最有效使用用途：待估宗地目前为待开发土地，规划用途为住宅用地，其最有效使用用途为住宅用地。

（7）基础设施条件：待估宗地目前宗地外达到通路、通电、通上水、通下水、通信及宗地内土地平整的"五通一平"的开发水平。

（8）土地使用年限：待估宗地为国有出让土地使用权，在评估基准日2003年2月28日时的剩余土地使用年期为61.92年，即至2065年1月27日止。

（9）土地利用状况：在评估期日2003年2月28日，待估宗地为目前宗地外达到通电、通上水、通下水、通信、通路及宗地内土地平整的"五通一平"的开发程度。

（10）宗地周围土地利用状况：待估宗地周围以住宅用地为主，土地利用强度较高。

（11）宗地规划条件：根据委托方提供的《××市规划局建设工程设计方案审批意见通知书》，待估宗地规划红线用地面积为6610.8m^2，待估宗地内拟建"××花园"住宅小区二期项目，该项目由2幢高层住宅组成，规划总建筑面积约44972m^2，其中住宅38766m^2、会所706m^2、地下车库5500m^2，规划容积率约为5.97。

第三部分 土 地 估 价

一、估价原则

本次土地估价将遵照公正、客观、科学、合法的原则进行评估，具体表现在以下几个方面：

1. 替代原则

土地价格水平由具有相同性质的替代土地的价格所决定；土地价格水平是由最了解市场行情的买卖者按市场的交易案例相互比较后决定的；土地价格可以通过比较地块的条件及使用价值来确定。

2. 最有效使用原则

由于土地具有多种用途，不同的利用方式能为权利人带来不同的收益，且土地权利人都期望从其所占有的土地上获取更多的收益，并以满足这一目的为确定土地利用方式的依据。所以，土地价格既要以最有效发挥本宗地效用为前提，又要以待估土地的规划方案为评估的最有效使用条件。

3. 预期收益原则

对于价格的评估，重要的并非是过去，而是未来。过去的收益是为推测未来的收益变化动向提供依据。所以，土地估价时必须了解过去的收益状况，并对土地市场现状发展趋势及政策规定对地价的影响进行细致分析和预测，以准确预测土地现在以至未来能给权利人带来的利润总和，即收益价格。预期收益原则对土地估价中的地区分析、交易实例价格的调查、纯收益及还原利率的确定非常重要。土地估价实践中，假设开发法和收益还原法中收益的确定，都是预期收益原则的具体应用。

4. 协调原则

土地总是处于一定的自然和社会环境之中，必须与周围环境相协调，若土地能适应周围环境，则该土地的收益或效用能最大限度地发挥。因此，在土地估价时，一定要认真分析土地与周围环境的关系，判断其是否协调，这直接关系到该地块的收益量和价格。

5. 多种方法相互验证补充原则

由于单纯采用一种估价方法很难客观评估地价，因而需要采用多种方法进行评估，确保评估结果的客观可靠性。本次选用了两种估价方法进行土地价格的评估。

总之，在评估过程中，要按照国家、地方有关规定，恪守客观、公正、科学、合法的原则进行土地价格评估，做到评估过程严谨，评估方法合理、科学，评估结果准确，严格保守估价秘密。

二、估价方法与估价过程

（一）估价方法

1. 估价方法的选择

一般而言，土地估价方法主要有收益还原法、市场比较法、假设开发法、成本逼近法、基准地价系数修正法和路线价法等几种方法。

根据待估宗地的土地利用特点和本次估价目的，宜采用假设开发法测算待估宗地地价。此外××市市区已有基准地价成果，因此还采用基准地价系数修正法进行评估，并对假设开发法评估结果进行验证和补充。

2. 估价技术路线

（1）基准地价系数修正法估价技术路线：首先分析待估宗地地价内涵与所在区域的基准地价在地价内涵方面的差异，测算引用的基准地价；然后根据替代原则，分析待估宗地与所在区域基准地价形成的区域因素和个别因素的差异，评估修正系数由基准地价经一系列修正得到待估宗地的地价。即：

待估宗地价格＝基准地价×期日修正系数×（1＋综合修正系数）×年期修正系数×

容积率修正系数。

(2) 假设开发法技术路线：假设开发法是在估算不动产开发完成后的正常售价的基础上，扣除建筑物建造费用与相关的专业费及利息、利润等费用后的价格余额，来确定待估地块土地价格的一种方法。计算公式为：

待估宗地价格＝动产总价－建筑费－专业费－利息－利润－销售税费

（二）估价过程

1. 基准地价系数修正法

(1) 宗地位置、用途：待估宗地位于××市××区××路×××街，地处××市××地区的西北部，位于×××大桥和××高架桥之间，地处××市市区五级地，用途为住宅用地。

(2) 基准地价的确定：根据《关于公布、执行××省城镇基准地价的通知》（×国土籍[××]126号、×价房[××]420文件），××市市区基准地价已向社会公布，目前××市执行此标准。

××市市区基准地价是指在估价期日1997年6月30日，地块红线内外通路、通电、通上水、通下水、通信及地块红线内土地平整的"五通一平"开发条件下，无限使用年期的国有土地使用权权利和预期收益的购买价格，比设定的地价内涵多地块内"五通"的开发费，且在估价期日和土地使用年期方面存在一定的差异。

待估宗地处于××市市区五级地，用途为住宅用地，根据《××省城镇基准地价表》，××市市区五级地住宅用地基准地价为2200元/m^2，故采用基准地价系数修正引用的基准地价为2200元/m^2。

(3) 期日修正：根据估价师的市场调查和××市房地产市场走势情况分析，××市该地区用地地价自1997年6月30日以来，上涨幅度较大，平均每月上涨0.47%。则1997年6月30日至2003年2月28日共68个月地价上涨幅度为：0.47%×68＝31.96%。故2003年2月28日时的基准地价为：

2200元/m^2×(1+31.96%)＝2903.12元/m^2。

××市市区五级住宅用地宗地地价修正系数表　　　　表14-21

土地级别	评价等级	修正系数								
		基础设施状况	公用设施状况	交通状况	环境质量	区域繁华	宗地自身条件	文体设施影响	规划限制	其他因素
五级	优	0.0739	0.0345	0.0607	0.0261	0.0449	0.0182	0.0167	0.0292	0.0139
	较优	0.0370	0.0172	0.0303	0.0130	0.0225	0.0091	0.0084	0.0146	0.0070
	一般	0.0000	0.0000	0.0000	0.0000	0.0000	0.0000	0.0000	0.0000	0.0000
	较劣	－0.0370	－0.0172	－0.0303	－0.0130	－0.0225	－0.0091	－0.0084	－0.0146	－0.0070
	劣	－0.0739	－0.0345	－0.0607	－0.0261	－0.0449	－0.0182	－0.0167	－0.0292	－0.0139

(4) 因素修正系数表及因素条件说明：根据《××市市区土地级别调整与基准地价评定报告》，××市市区五级地住宅用地宗地地价修正系数表和修正系数说明表见表14-21、表14-22。

××市市区住宅类宗地地价修正系数说明表　　　　表 14-22

因素 \ 修正条件		优	较优	一般	较劣	劣
基础设施状况		供水、供电保证率达100%，排水状况良好	供水、供电保证率达90%，排水状况良好	供水、供电保证率达90%，排水状况一般	用电、用水高峰期经常停电、停水，无排水设施	用电高峰期经常停电，无供水和排水设施
交通条件	道路通达	离主干道200m以内	离主干道200~300m，或距离次干道100m以内	距主干道300~500m，或距次干道100~200m	距主干道500~700m，或距次干道200~400m	距主干道700m以上，且距次干道400m以上
	公交状况	附近有2路以上公交站点	附近有1~2路公交站点	距公交站点200m以内	距公交站点200~400m	距公交站点400m以上
距离商服中心距离		400m以内	400~600m	600~800m	800~1000m	1000m以上
公用设施状况		距各类公用设施200m以内	距小学、幼儿园、医院、菜场200m以内，距其他公用设施200~600m	距各类公用设施600m以内	距各类公用设施600~800m以内	距各类公用设施800m以上
环境质量		周围200m内无水、声、气污染源，绿化好，环境优美	周围150m内无水、声、气污染源，绿化较好	周围150m内无水、声、气污染源，绿化一般	周围100m内无水、声、气污染源，绿化较差	周围100m内有污染源，几乎无绿化
宗地自身条件	面积形状	面积、形状对宗地利用有利	较有利，略有影响	有一定程度的影响	较严重影响	严重影响
	朝向	南	东南	东	西南、东北	西、北
规划限制		规划对土地的利用类型和利用强度无限制	规划对土地的利用类型无限制，对利用强度有所限制	规划对土地的利用类型无限制，利用强度有一定限制	规划对土地的利用类型基本无限制，对土地限制较大	规划改变土地利用类型
文体设施状况		周围300m内有文体设施	距文体设施300~500m	距文体设施500~1800m	距文体设施800~1500m	距文体设施1500m以上
其他因素		极为有利	较有利	无利也无弊	有一定影响	影响较大

(5) 修正系数评估：根据待估宗地所处的区位条件和宗地个别条件，对照××市市区五级地影响住宅用地地价各因素的平均状况，对影响待估宗地住宅用地地价的各项因素进行评价，并进行修正系数评估，评估结果见表 14-23。

(6) 待估宗地无限使用年期单位面积地价计算：

待估宗地无限使用年期单位面积地价 = 基准地价 × (1+综合修正系数)
$$= 2903.12 \times (1+0.0733)$$
$$= 3115.92 \text{ 元}/m^2$$

(7) 年期修正：上述计算的为待估宗地无限使用年期单位土地面积地价，因此需对之进行年期修正。年期修正系数 = $1-1/(1+$土地还原率$)^{使用年期}$，式中土地还原利率取××省常用还原利率8%，使用年期为待估宗地剩余使用年期61.92年，则待估宗地剩余使用年期61.92年。

单位面积地价 = $3115.92 \times [1-1/(1+8\%)^{61.92}]$

$$= 3115.92 \times 0.9915$$
$$= 3089.43 \, 元/m^2$$

(8) 容积率修正：待估宗地规划容积率很高，估价师根据《××市市区土地级别调整与基准地价评定报告》中住宅地容积率修正表及估价师认真分析，确定××市主城区五级地住宅用地容积率修正系数见表14-24。

待估宗地地价修正系数评估结果表 表14-23

因素名称	因素条件	评价等级	修正系数
基础设施状况	待估宗地供电保证率可达100%，供水保证率可达100%，排水状况良好	优	+0.0739
交通条件	待估宗地周围路网密度一般，距离主干道较近，道路通达度较高，交通便捷度较优	较优	+0.0303
区域商服繁华度	待估宗地距离商业服务中心较远，区内商服功能较低，繁华度较低	较劣	-0.0225
公用设施状况	区内公用设施状况一般	一般	+0.0000
环境质量	区域内综合环境质量一般	一般	+0.0000
宗地自身条件	待估宗地面积一般，形状基本规则，对宗地利用基本无影响	一般	+0.0000
规划限制	规划对住宅地利用有一定影响	一般	+0.0000
文体设施	距文体设施距离较近	较劣	-0.0084
其他因素	其他因素对待估宗地无影响	一般	+0.0000
综合修正系数			+0.0733

××市主城区五级住宅用地容积率修正系数 表14-24

容积率	<0.8	0.8	1.0	1.3	1.6	2.0	2.4	2.8	3.2	3.6	5	5.97
修正系数	0.88	0.90	0.95	1.00	1.04	1.10	1.16	1.22	1.28	1.34	1.46	1.48

待估宗地建筑容积率约为5.97，根据上表得委估标的容积率修正系数为：1.48。

则待估宗地单位面积地价 $= 3089.43 \times 1.48$
$$= 4572.36 \, 元/m^2$$

(9) 宗地开发状况修正：宗地开发指宗地红线内通路、通上水、通下水、通电、通信和土地平整等方面的土地开发。由于在估价期日待估宗地外完成"五通"，宗地内仅完成土地平整，基准地价内涵为宗地内外达到"五通"、宗地内土地平整，故需进行地价内涵修正，即扣除宗地内"五通"开发费用。根据××市有关文件和土地估价师的实地踏勘结果，××市市区五级住宅用地地块内部通路、通上水、通下水、通电、通信开发费用按土地面积合计为60.00元/m²。故基准地价扣除地块红线内通路、通上水、通下水、通电、通信费用后应为：

$$4572.36 - 60.00 = 4512.36 \, 元/m^2$$

2. 假设开发法

(1) 评估思路：假设开发法是地价评估的一种常用方法，该方法是以规划限制为条件，按照最佳利用原则，根据市场的正常售价和正常费用标准，先求得物业预期开发总价值与开发销售总费用，然后依据两者的余值得出地价评估值。

其基本公式：

地价 = 楼价 - 建筑费 - 专业费 - 利息 - 利润 - 销售税费

(2) 各类价格与费用的测算：

1) 确定最佳开发利用：待估宗地地处××市××区的最西边，西临长江，东临主干道×××路，北临×××大桥、××河入江口，属××重要的景观区，周围多为已开发成熟的住宅小区，如"××花园"一期、"××花苑"等，适宜开发建设高档次高层住宅楼。同时，根据委托估价方提供的有关资料，待估地块规划用途为住宅用地，规划建设2栋28层的高层住宅楼。综合上述分析和规划资料，本次评估确定待估地块的最佳用途为住宅用地，其最佳开发利用方式为建设高层住宅楼。规划开发建筑面积如下：地下室1层（汽车库、设备用房，共120个车位）：5500m²；地上住宅房：38766m²；配套会所：706m²。合计：44792m²。

2) 确定建设周期：根据项目的开发利用方式和地块现状，参考相同类型，同等规模建筑的开发期和开发进度，假设现在开始建设，预计需2年时间才能建设完成，投入使用。即建设期为2003年2月28日至2005年2月28日（含地块开发期）。

3) 确定楼盘销售价格：依据××市尤其是××区房地产市场的现状和发展趋势，结合委估宗地使用条件与开发建设规划，预测该房地产开发完成时各部分售价为：地下室车位按8万元/个计，住宅房平均售价为3800元/m²，设定上述售价在销售期内不变。

根据××市房地产市场现状和趋势，以及待估地块所在区域的实际情况，预计待估宗地商品房销售情况为开发完成时可售出40%，设定为均匀售出；开发结束1年内再售出40%，开发结束第2年内再售出20%。

4) 估算建筑费和专业费：根据委托方提供的有关该项工程建筑工程设计，并参考《××市工程造价信息》和其他造价资料，确定本项目建筑综合造价（含部分装修）平均为1500元/m²。专业费取建筑费用的6%。设该建筑费及专业费在开发期内均匀投入。

5) 开发商利润：根据××市及×××商服中心商服业房地产市场调查，该房地产开发项目的平均利润取成本投入的25%。

6) 销售税费：营业税、销售费用分别为售价的5.55%、3%。

(3) 计算地价：资金的时间统一贴现到估价期日，即2003年2月28日，贴现率取5.31%。

1) 不动产总价

不动产总价＝（8万元/个×120个＋3800元/m²×38766m²）[40%÷(1＋5.31%)＋40%÷(1＋5.31%)$^{2.5}$＋20%÷(1＋5.31%)$^{3.5}$]

＝140932921元

2) 建筑费和专业费

建筑费和专业费＝1500×（1＋6%）×44972÷（1＋5.31%）

＝67899991元

3) 开发商利润

开发商利润亦应考虑贴现（以下项目同）。

设委估宗地地价为X元。

则开发商利润＝25%X＋67899991×25%

＝0.25X＋16974998

4) 销售税费

销售税费＝140932921×5.55%
　　　　＝7821777 元
5）销售费用
销售费用＝140932921×3%
　　　　＝4227988 元
（4）地价计算
地价＝不动产总价－建筑费用及专业费－销售税费－销售费用－开发商利润
即 X＝(140932921－678899991－7821777－4227988－16974998)÷1.25
　　＝35206534 元。
单位地价＝总地价÷土地面积
　　　　＝35206534÷6610.8
　　　　＝5325.61 元/m²

（5）地块开发状况修正

以上所测算的地价是基于待估地块开发完成后的地价，包含了拆迁安置费、城市基础设施配套费和地块内土地开发费，而在估价期日，设定待估地块仅完成拆迁安置和土地平整，地块内部未进行道路、供水、供电、排水、通信等基础设施配套建设，故须在地价中扣除地块内部通路、通上水、通下水、通电、通信开发费用。

根据××市有关文件和有关土地开发资料，结合土地估价师的实地踏勘结果，××市区五级地综合用地宗地内部通路、通上水、通下水、通电、通信开发费用按单位土地面积计平均为 60.00 元/m²。

据此，可测算在本次估价所设定的开发水平下，待估宗地单位面积地价为：
5325.61 元/m²－60.00 元/m²
＝5265.61 元/m²

（6）方法应用评价

假设开发法是根据预期收益的原则，分析房地产市场现状和走势，估算不动产正常交易价格，确定待估地块不动产总售价，在此基础上扣除建筑费、专业费、税费、利润等费用，最终评估出土地价格。由于上述各项参数的选取客观、可靠，故运用假设开发法试算的结果具有一定的可信度。

经综合测算，确定待估宗地单位用地面积熟地地价为 5 265.61 元/m²。

三、地价的确定

1. 地价确定方法

本次评估采用基准地价系数修正法和假设开发法两种方法，这两种方法从不同侧面反映了委估宗地的市场价值。采用基准地价系数修正法测算的待估宗地单位土地面积地价为 4 512.36 元/m²，采用假设开发法测算的待估宗地单位土地面积地价为 5 265.61 元/m²。采用基准地价系数修正法和假设开发法评估，两种方法测算的结果有一定差距，主要是因为基准地价系数修正法所测算的地价水平有一定的局限性。考虑到假设开发法所测算的结果是以规划条件为前提，结果更趋于合理，故采取加权算术平均法求取待估宗地地价，分别赋予基准地价系数修正法和假设开发法两种结果的权重分别为 40%、60%。

即（4 512.36 元/m²×40%＋5 265.61 元/m²×60%）

= 4 964.31 元/m²

2. 估价结果

评估人员根据估价目的，遵循估价原则，按照估价工作程序，利用科学的评估方法，在认真分析现有资料的基础上，经过周密的测算，并结合估价经验，详细考虑了影响宗地价值的各项因素，经评估，××房地产开发有限公司××号宗地，土地总面积为6610.8m²，用途为住宅用地，在估价期日2003年2月28日，宗地外达到通路、通上水、通下水、通电、通信及宗地内部土地平整的开发条件下，剩余土地使用年期为61.92年，单位土地面积国有土地使用权地价为4964.31元/m²，即每平方米土地价格为人民币：肆仟玖佰陆拾肆元叁角壹分；总地价为32818061元，即人民币：叁仟贰佰捌拾壹万捌仟零陆拾壹元整。

第四部分 附 件

一、土地估价委托书（复印件）

二、委托估价方营业执照（复印件）

三、待估宗地国有土地使用证（复印件）

四、××市规划局建设工程设计方案审批意见通知书（复印件）

五、受托估价机构资质证书（复印件）

六、土地估价师资质证书（复印件）等

案 例 分 析 二

估价师根据待估宗地的土地利用特点和估价目的，考虑采用假设开发法、基准地价修正法两种评估方法测算待估宗地地价。首先，根据××市市区已有的基准地价成果，采用基准地价系数修正法进行评估，将评估结果与假设开发法评估结果进行验证和补充，最终得出宗地地价。假设开发法是地价评估的一种常用方法，该方法是以规划限制为条件，按照最佳利用原则，根据市场的正常售价和正常费用标准，先求得物业预期开发总价值与开发成本、销售总费用等，然后依据两者的余值得出地价评估值。该估价报告的技术路线清晰、合理，与待估宗地特点、估价目的相适应。但是：

1）估价师在基准地价修正法中采用期日修正时，平均每月地价上涨0.47%的依据不足，同时地价上涨一般应为环比指数，即 $(1+0.47\%)^{68}-1$ 为其上涨幅度，而不是 $0.47\%\times68$。

2）假设开发法中，对楼盘销售价格、地下室车位价格的预期缺乏足够依据，该价格应由市场比较法得出将更具有说服力。实际上对该地段的车位价格的预期明显偏高。

3）估价师对开发商利润的判断是根据××市及×××商服中心商服业房地产市场调查的结论得出的，然而待估宗地是住宅用地。

4）假设开发法中漏算了管理费用、投资利息的支出，使得评估结果较高。

5）估价师在假设开发法计算出地价后，又在地价中扣除了地块内部通路、通上水、通下水、通电、通信开发费用（60元/m²），这看上去没有问题，但由于这部分费用应同样计算投资利息，所以应该在假设开发法的计算公式中加入这一费用。

附录

中华人民共和国国家标准
房地产估价规范
Code for Real Estate Appraisal
GB/T 50291—1999

主管部门：中华人民共和国建设部
批准部门：中华人民共和国建设部
施行日期：1999年6月1日

1 总　则

1.0.1 为了规范房地产估价行为，统一估价程序和方法，做到估价结果客观、公正、合理，根据《中华人民共和国城市房地产管理法》、《中华人民共和国土地管理法》等法律、法规的有关规定，制定本规范。
1.0.2 本规范适用于房地产估价活动。
1.0.3 房地产估价应独立、客观、公正。
1.0.4 房地产估价除应符合本规范外，尚应符合国家现行有关标准、规范的规定。

2 术　语

2.0.1 房地产 real estate, real property
土地、建筑物及其他地上定着物，包括物质实体和依托于物质实体上的权益。
2.0.2 房地产估价 real estate appraisal, property valuation
专业估价人员根据估价目的，遵循估价原则，按照估价程序，选用适宜的估价方法，并在综合分析影响房地产价格因素的基础上，对房地产在估价时点的客观合理价格或价值进行估算和判定的活动。
2.0.3 估价对象 subject property
一个具体估价项目中需要估价的房地产。
2.0.4 估价目的 appraisal purpose
估价结果的期望用途。
2.0.5 估价时点 appraisal date, date of value
估价结果对应的日期。
2.0.6 客观合理价格或价值 value
某种估价目的特定条件下形成的正常价格。
2.0.7 公开市场 open market
在该市场上交易双方进行交易的目的在于最大限度地追求经济利益，并掌握必要的市场信息，有较充裕的时间进行交易，对交易对象具有必要的专业知识，交易条件公开并不具有排它性。

2.0.8 公开市场价值 open market value

在公开市场上最可能形成的价格。

采用公开市场价值标准时，要求评估的客观合理价格或价值应是公开市场价值。

2.0.9 类似房地产 similar property

与估价对象处在同一供求圈内，并在用途、规模、档次、建筑结构等方面与估价对象相同或相近的房地产。

2.0.10 同一供求圈 comparable search area

与估价对象具有替代关系、价格会相互影响的适当范围。

2.0.11 最高最佳使用 highest and best use

法律上允许、技术上可能、经济上可行，经过充分合理的论证，能使估价对象产生最高价值的使用。

2.0.12 市场比较法 market comparison approach, sales comparison approach

将估价对象与在估价时点近期有过交易的类似房地产进行比较，对这些类似房地产的已知价格作适当的修正，以此估算估价对象的客观合理价格或价值的方法。

2.0.13 收益法 income approach, income capitalization approach

预计估价对象未来的正常净收益，选用适当的资本化率将其折现到估价时点后累加，以此估算估价对象的客观合理价格或价值的方法。

2.0.14 成本法 cost approach

求取估价对象在估价时点的重置价格或重建价格，扣除折旧，以此估算估价对象的客观合理价格或价值的方法。

2.0.15 假设开发法 hypothetical development method, residual method

预计估价对象开发完成后的价值，扣除预计的正常开发成本、税费和利润等，以此估算估价对象的客观合理价格或价值的方法。

2.0.16 基准地价修正法 land datum value method

在政府确定公布了基准地价的地区，由估价对象所处地段的基准地价调整得出估价对象宗地价格的方法。

2.0.17 潜在毛收入 potential gross income

假定房地产在充分利用、无空置状态下可获得的收入。

2.0.18 有效毛收入 effective gross income

由潜在毛收入扣除正常的空置、拖欠租金以及其他原因造成的收入损失后所得到的收入。

2.0.19 运营费用 operating expenses

维持房地产正常生产、经营或使用必须支出的费用及归属于其他资本或经营的收益。

2.0.20 净收益 net income, net operating income

由有效毛收入扣除合理运营费用后得到的归属于房地产的收益。

2.0.21 建筑物重置价格 replacement cost of building

采用估价时点的建筑材料和建筑技术，按估价时点的价格水平，重新建造与估价对象具有同等功能效用的全新状态的建筑物的正常价格。

2.0.22　建筑物重建价格 reproduction cost of building

采用估价对象原有的建筑材料和建筑技术，按估价时点的价格水平，重新建造与估价对象相同的全新状态的建筑物的正常价格。

2.0.23　物质上的折旧 physical depreciation，physical deterioration

建筑物在物质实体方面的磨损所造成的建筑物价值的损失。

2.0.24　功能上的折旧 functional depreciation，functional obsolescence

建筑物在功能方面的落后所造成的建筑物价值的损失。

2.0.25　经济上的折旧 economic depreciation，economic obsolescence

建筑物以外的各种不利因素所造成的建筑物价值的损失。

2.0.26　估价结果 conclusion of value

关于估价对象的客观合理价格或价值的最终结论。

2.0.27　估价报告 appraisal report

全面、公正、客观、准确地记述估价过程和估价成果的文件，给委托方的书面答复，关于估价对象的客观合理价格或价值的研究报告。

3　估　价　原　则

3.0.1　房地产估价应遵循下列原则：

1　合法原则；

2　最高最佳使用原则；

3　替代原则；

4　估价时点原则。

3.0.2　遵循合法原则，应以估价对象的合法使用、合法处分为前提估价。

3.0.3　遵循最高最佳使用原则，应以估价对象的最高最佳使用为前提估价。

当估价对象已做了某种使用，估价时应根据最高最佳使用原则对估价前提作出下列之一的判断和选择，并应在估价报告中予以说明：

1　保持现状前提：认为保持现状继续使用最为有利时，应以保持现状继续使用为前提估价；

2　转换用途前提：认为转换用途再予以使用最为有利时，应以转换用途后再予以使用为前提估价；

3　装修改造前提：认为装修改造但不转换用途再予以使用最为有利时，应以装修改造但不转换用途再予以使用为前提估价；

4　重新利用前提：认为拆除现有建筑物再予以利用最为有利时，应以拆除建筑物后再予以利用为前提估价；

5　上述情形的某种组合。

3.0.4　遵循替代原则，要求估价结果不得明显偏离类似房地产在同等条件下的正常价格。

3.0.5　遵循估价时点原则，要求估价结果应是估价对象在估价时点的客观合理价格或价值。

4 估价程序

4.0.1 自接受估价委托至完成估价报告期间,房地产估价应按下列程序进行:
1 明确估价基本事项;
2 拟定估价作业方案;
3 搜集估价所需资料;
4 实地查勘估价对象;
5 选定估价方法计算;
6 确定估价结果;
7 撰写估价报告;
8 估价资料归档。

4.0.2 明确估价基本事项主要应包括下列内容:
1 明确估价目的;
2 明确估价对象;
3 明确估价时点。

注:1 估价目的应由委托方提出;
   2 明确估价对象应包括明确估价对象的物质实体状况和权益状况;
   3 估价时点应根据估价目的确定,采用公历表示,精确到日;
   4 在明确估价基本事项时应与委托方共同商议,最后应征得委托方认可。

4.0.3 在明确估价基本事项的基础上,应对估价项目进行初步分析,拟定估价作业方案。

估价作业方案主要应包括下列内容:
1 拟采用的估价技术路线和估价方法;
2 拟调查搜集的资料及其来源渠道;
3 预计所需的时间、人力、经费;
4 拟定作业步骤和作业进度。

4.0.4 估价机构和估价人员应经常搜集估价所需资料,并进行核实、分析、整理。

估价所需资料主要应包括下列方面:
1 对房地产价格有普遍影响的资料;
2 对估价对象所在地区的房地产价格有影响的资料;
3 相关房地产交易、成本、收益实例资料;
4 反映估价对象状况的资料。

4.0.5 估价人员必须到估价对象现场,亲身感受估价对象的位置、周围环境、景观的优劣,查勘估价对象的外观、建筑结构、装修、设备等状况,并对事先收集的有关估价对象的坐落、四至、面积、产权等资料进行核实,同时搜集补充估价所需的其他资料,以及对估价对象及其周围环境或临路状况进行拍照等。

4.0.6 完成并出具估价报告后,应对有关该估价项目的一切必要资料进行整理、归档和妥善保管。

5 估价方法

5.1 估价方法选用

5.1.1 估价人员应熟知、理解并正确运用市场比较法、收益法、成本法、假设开发法、基准地价修正法以及这些估价方法的综合运用。

5.1.2 对同一估价对象宜选用两种以上的估价方法进行估价。

5.1.3 根据已明确的估价目的，若估价对象适宜采用多种估价方法进行估价，应同时采用多种估价方法进行估价，不得随意取舍；若必须取舍，应在估价报告中予以说明并陈述理由。

5.1.4 有条件选用市场比较法进行估价的，应以市场比较法为主要的估价方法。

5.1.5 收益性房地产的估价，应选用收益法作为其中的一种估价方法。

5.1.6 具有投资开发或再开发潜力的房地产的估价，应选用假设开发法作为其中的一种估价方法。

5.1.7 在无市场依据或市场依据不充分而不宜采用市场比较法、收益法、假设开发法进行估价的情况下，可采用成本法作为主要的估价方法。

5.2 市场比较法

5.2.1 运用市场比较法估价应按下列步骤进行：

1 搜集交易实例；
2 选取可比实例；
3 建立价格可比基础；
4 进行交易情况修正；
5 进行交易日期修正；
6 进行区域因素修正；
7 进行个别因素修正；
8 求出比准价格。

5.2.2 运用市场比较法估价，应准确搜集大量交易实例，掌握正常市场价格行情。搜集交易实例应包括下列内容：

1 交易双方情况及交易目的；
2 交易实例房地产状况；
3 成交价格；
4 成交日期；
5 付款方式。

5.2.3 根据估价对象状况和估价目的，应从搜集的交易实例中选取三个以上的可比实例。

选取的可比实例应符合下列要求：

1 是估价对象的类似房地产；
2 成交日期与估价时点相近，不宜超过一年；
3 成交价格为正常价格或可修正为正常价格。

5.2.4 选取可比实例后,应对可比实例的成交价格进行换算处理,建立价格可比基础,统一其表达方式和内涵。

换算处理应包括下列内容:

1　统一付款方式;
2　统一采用单价;
3　统一币种和货币单位;
4　统一面积内涵和面积单位。

注:1　统一付款方式应统一为在成交日期时一次总付清;
　　2　不同币种之间的换算,应按中国人民银行公布的成交日期时的市场汇率中间价计算。

5.2.5　进行交易情况修正,应排除交易行为中的特殊因素所造成的可比实例成交价格偏差,将可比实例的成交价格调整为正常价格。

有下列情形之一的交易实例不宜选为可比实例:

1　有利害关系人之间的交易;
2　急于出售或购买情况下的交易;
3　受债权债务关系影响的交易;
4　交易双方或一方对市场行情缺乏了解的交易;
5　交易双方或一方有特别动机或特别偏好的交易;
6　相邻房地产的合并交易;
7　特殊方式的交易;
8　交易税费非正常负担的交易;
9　其他非正常的交易。

注:1　当可供选择的交易实例较少,确需选用上述情形的交易实例时,应对其进行交易情况修正;
　　2　对交易税费非正常负担的修正,应将成交价格调整为依照政府有关规定,交易双方负担各自应负担的税费下的价格。

5.2.6　进行交易日期修正,应将可比实例在其成交日期时的价格调整为估价时点的价格。

交易日期修正宜采用类似房地产的价格变动率或指数进行调整。在无类似房地产的价格变动率或指数的情况下,可根据当地房地产价格的变动情况和趋势作出判断,给予调整。

5.2.7　进行区域因素修正,应将可比实例在其外部环境状况下的价格调整为估价对象外部环境状况下的价格。

区域因素修正的内容主要应包括:繁华程度,交通便捷程度,环境、景观,公共配套设施完备程度,城市规划限制等影响房地产价格的因素。

区域因素修正的具体内容应根据估价对象的用途确定。

进行区域因素修正时,应将可比实例与估价对象的区域因素逐项进行比较,找出由于区域因素优劣所造成的价格差异,进行调整。

5.2.8　进行个别因素修正,应将可比实例在其个体状况下的价格调整为估价对象个体状况下的价格。

有关土地方面的个别因素修正的内容主要应包括:面积大小,形状,临路状况,基础设施完备程度，土地平整程度，地势，地质水文状况，规划管制条件，土地使用权年限等；有关建筑物方面的个别因素修正的内容主要应包括：新旧程度，装修，设施设备，平面布置，工程质量，建筑结构，楼层，朝向等。

个别因素修正的具体内容应根据估价对象的用途确定。

进行个别因素修正时，应将可比实例与估价对象的个别因素逐项进行比较，找出由于个别因素优劣所造成的价格差异，进行调整。

5.2.9 交易情况、交易日期、区域因素和个别因素的修正，视具体情况可采用百分率法、差额法或回归分析法。

每项修正对可比实例成交价格的调整不得超过20%，综合调整不得超过30%。

5.2.10 选取的多个可比实例的价格经过上述各种修正之后，应根据具体情况计算求出一个综合结果，作为比准价格。

5.2.11 市场比较法的原理和技术，也可用于其他估价方法中有关参数的求取。

5.3 收益法

5.3.1 运用收益法估价应按下列步骤进行：

1 搜集有关收入和费用的资料；
2 估算潜在毛收入；
3 估算有效毛收入；
4 估算运营费用；
5 估算净收益；
6 选用适当的资本化率；
7 选用适宜的计算公式求出收益价格。

注：潜在毛收入、有效毛收入、运营费用、净收益均以年度计。

5.3.2 净收益应根据估价对象的具体情况，按下列规定求取：

1 出租型房地产，应根据租赁资料计算净收益，净收益为租赁收入扣除维修费、管理费、保险费和税金。

租赁收入包括有效毛租金收入和租赁保证金、押金等的利息收入。

维修费、管理费、保险费和税金应根据租赁契约规定的租金涵义决定取舍。若保证合法、安全、正常使用所需的费用都由出租方承担，应将四项费用全部扣除；若维修、管理等费用全部或部分由承租方负担，应对四项费用中的部分项目作相应调整。

2 商业经营型房地产，应根据经营资料计算净收益，净收益为商品销售收入扣除商品销售成本、经营费用、商品销售税金及附加、管理费用、财务费用和商业利润。

3 生产型房地产，应根据产品市场价格以及原材料、人工费用等资料计算净收益，净收益为产品销售收入扣除生产成本、产品销售费用、产品销售税金及附加、管理费用、财务费用和厂商利润。

4 尚未使用或自用的房地产，可比照有收益的类似房地产的有关资料按上述相应的方式计算净收益，或直接比较得出净收益。

5.3.3 估价中采用的潜在毛收入、有效毛收入、运营费用或净收益，除有租约限制的之外，都应采用正常客观的数据。

有租约限制的，租约期内的租金宜采用租约所确定的租金，租约期外的租金应采用正常客观的租金。

利用估价对象本身的资料直接推算出的潜在毛收入、有效毛收入、运营费用或净收益，应与类似房地产的正常情况下的潜在毛收入、有效毛收入、运营费用或净收益进行比较。若与正常客观的情况不符，应进行适当的调整修正，使其成为正常客观的。

5.3.4 在求取净收益时，应根据净收益过去、现在、未来的变动情况及可获收益的年限，确定未来净收益流量，并判断该未来净收益流量属于下列哪种类型：

1 每年基本上固定不变；
2 每年基本上按某个固定的数额递增或递减；
3 每年基本上按某个固定的比率递增或递减；
4 其他有规则的变动情形。

5.3.5 资本化率应按下列方法分析确定：

1 市场提取法：应搜集市场上三宗以上类似房地产的价格、净收益等资料，选用相应的收益法计算公式，求出资本化率。

2 安全利率加风险调整值法：以安全利率加上风险调整值作为资本化率。安全利率可选用同一时期的一年期国债年利率或中国人民银行公布的一年定期存款年利率；风险调整值应根据估价对象所在地区的经济现状及未来预测，估价对象的用途及新旧程度等确定。

3 复合投资收益率法：将购买房地产的抵押贷款收益率与自有资本收益率的加权平均数作为资本化率，按下式计算：

$$R = M \cdot R_M + (1-M)R_E \tag{5.3.5}$$

式中 R —— 资本化率（%）；
M —— 贷款价值比率（%），抵押贷款额占房地产价值的比率；
R_M —— 抵押贷款资本化率（%），第一年还本息额与抵押贷款额的比率；
R_E —— 自有资本要求的正常收益率（%）。

4 投资收益率排序插入法：找出相关投资类型及其收益率、风险程度，按风险大小排序，将估价对象与这些投资的风险程度进行比较，判断、确定资本化率。

5.3.6 资本化率分为综合资本化率、土地资本化率、建筑物资本化率，它们之间的关系应按下式确定：

$$R = L \cdot R_L + B \cdot R_B \tag{5.3.6}$$

式中 R —— 综合资本化率（%），适用于土地与建筑物合一的估价；
R_L —— 土地资本化率（%），适用于土地估价；
R_B —— 建筑物资本化率（%），适用于建筑物估价；
L —— 土地价值占房地价值的比率（%）；
B —— 建筑物价值占房地价值的比率（%），$L+B=100\%$。

5.3.7 计算收益价格时应根据未来净收益流量的类型，选用对应的收益法计算公式。收益法的基本公式如下：

$$V = \sum_{i=1}^{n} \frac{A_i}{(1+R)^i} \tag{5.3.7}$$

式中 V —— 收益价格（元，元/m²）；

A_i——未来第 i 年的净收益（元，元/m²）；

R——资本化率（%）；

n——未来可获收益的年限（年）。

5.3.8 对于单独土地和单独建筑物的估价，应分别根据土地使用权年限和建筑物耐用年限确定未来可获收益的年限，选用对应的有限年的收益法计算公式，净收益中不应扣除建筑物折旧和土地取得费用的摊销。

对于土地与建筑物合一的估价对象，当建筑物耐用年限长于或等于土地使用权年限时，应根据土地使用权年限确定未来可获收益的年限，选用对应的有限年的收益法计算公式，净收益中不应扣除建筑物折旧和土地取得费用的摊销。

对于土地与建筑物合一的估价对象，当建筑物耐用年限短于土地使用权年限时，可采用下列方式之一处理：

1 先根据建筑物耐用年限确定未来可获收益的年限，选用对应的有限年的收益法计算公式，净收益中不应扣除建筑物折旧和土地取得费用的摊销；然后再加上土地使用权年限超出建筑物耐用年限的土地剩余使用年限价值的折现值。

2 将未来可获收益的年限设想为无限年，选用无限年的收益法计算公式，净收益中应扣除建筑物折旧和土地取得费用的摊销。

5.3.9 当利用土地与地上建筑物共同产生的收益单独求取土地价值时，在净收益每年不变、可获收益无限期的情况下，应采用下式：

$$V_L = \frac{A_O - V_B \cdot R_B}{R_L} \quad (5.3.9\text{-}1)$$

当利用土地与地上建筑物共同产生的收益单独求取建筑物价值时，在净收益每年不变、可获收益无限期的情况下，应采用下式：

$$V_B = \frac{A_O - V_L \cdot R_L}{R_B} \quad (5.3.9\text{-}2)$$

式中 A_O——土地与地上建筑物共同产生的净收益（元，元/m²）；

V_L——土地价值（元，元/m²）；

V_B——建筑物价值（元，元/m²）。

5.4 成本法

5.4.1 运用成本法估价应按下列步骤进行：

1 搜集有关成本、税费、开发利润等资料；

2 估算重置价格或重建价格；

3 估算折旧；

4 求出积算价格。

5.4.2 重置价格或重建价格，应是重新取得或重新开发、重新建造全新状态的估价对象所需的各项必要成本费用和应纳税金、正常开发利润之和，其构成包括下列内容：

1 土地取得费用；

2 开发成本；

3 管理费用；

4 投资利息；

5 销售税费;

6 开发利润。

注：开发利润应以土地取得费用与开发成本之和为基础,根据开发、建造类似房地产相应的平均利润率水平来求取。

5.4.3 具体估价中估价对象的重置价格或重建价格构成内容,应根据估价对象的实际情况,在第5.4.2条列举的价格构成内容的基础上酌予增减,并应在估价报告中予以说明。

5.4.4 同一宗房地产,重置价格或重建价格在采取土地与建筑物分别估算、然后加总时,必须注意成本构成划分和相互衔接,防止漏项或重复计算。

5.4.5 求取土地的重置价格,应直接求取其在估价时点状况的重置价格。

5.4.6 建筑物的重置价格或重建价格,可采用成本法、市场比较法求取,或通过政府确定公布的房屋重置价格扣除土地价格后的比较修正来求取,也可按工程造价估算的方法具体计算。

建筑物的重置价格,宜用于一般建筑物和因年代久远、已缺少与旧有建筑物相同的建筑材料,或因建筑技术变迁,使得旧有建筑物复原建造有困难的建筑物的估价。

建筑物的重建价格,宜用于有特殊保护价值的建筑物的估价。

5.4.7 成本法估价中的建筑物折旧,应是各种原因造成的建筑物价值的损失,包括物质上的、功能上的和经济上的折旧。

5.4.8 建筑物损耗分为可修复和不可修复两部分。修复所需的费用小于或等于修复后房地产价值的增加额的,为可修复部分,反之为不可修复部分。对于可修复部分,可直接估算其修复所需的费用作为折旧额。

5.4.9 扣除折旧后的建筑物现值可采用下列公式求取:

1 直线法下的建筑物现值计算公式:

$$V = C - (C - S)\frac{t}{N} \quad (5.4.9\text{-}1)$$

2 双倍余额递减法下的建筑物现值计算公式:

$$V = C\left(1 - \frac{2}{N}\right)t \quad (5.4.9\text{-}2)$$

3 成新折扣法下的建筑物现值计算公式:

$$V = Cq \quad (5.4.9\text{-}3)$$

式中 V——建筑物现值（元,元/m²）;

C——建筑物重置价格或重建价格（元,元/m²）;

S——建筑物预计净残值（元,元/m²）;

t——建筑物已使用年限（年）;

N——建筑物耐用年限（年）;

q——建筑物成新率（%）。

注：无论采用上述哪种折旧方法求取建筑物现值,估价人员都应亲临估价对象现场,观察、鉴定建筑物的实际新旧程度,根据建筑物的建成时间、维护、保养、使用情况,以及地基的稳定性等,最后确定应扣除的折旧额或成新率。

5.4.10 建筑物耐用年限分为自然耐用年限和经济耐用年限。估价采用的耐用年限应为经济耐用年限。

经济耐用年限应根据建筑物的建筑结构、用途和维修保养情况，结合市场状况、周围环境、经营收益状况等综合判断。

5.4.11 估价中确定建筑物耐用年限与折旧，遇有下列情况时的处理应为：

1 建筑物的建设期不计入耐用年限，即建筑物的耐用年限应从建筑物竣工验收合格之日起计；

2 建筑物耐用年限短于土地使用权年限时，应按建筑物耐用年限计算折旧；

3 建筑物耐用年限长于土地使用权年限时，应按土地使用权年限计算折旧；

4 建筑物出现于补办土地使用权出让手续之前，其耐用年限早于土地使用权年限而结束时，应按建筑物耐用年限计算折旧；

5 建筑物出现于补办土地使用权出让手续之前，其耐用年限晚于土地使用权年限而结束时，应按建筑物已使用年限加土地使用权剩余年限计算折旧。

5.4.12 积算价格应为重置价格或重建价格扣除建筑物折旧，或为土地的重置价格加上建筑物的现值，必要时还应扣除由于旧有建筑物的存在而导致的土地价值损失。

5.4.13 新开发土地和新建房地产可采用成本法估价，一般不应扣除折旧，但应考虑其工程质量和周围环境等因素给予适当修正。

5.5 假设开发法

5.5.1 运用假设开发法估价应按下列步骤进行：

1 调查待开发房地产的基本情况；

2 选择最佳的开发利用方式；

3 估计开发建设期；

4 预测开发完成后的房地产价值；

5 估算开发成本、管理费用、投资利息、销售税费、开发利润、投资者购买待开发房地产应负担的税费；

6 进行具体计算。

5.5.2 假设开发法适用于具有投资开发或再开发潜力的房地产的估价。运用此方法应把握待开发房地产在投资开发前后的状态，以及投资开发后的房地产的经营方式。

待开发房地产投资开发前的状态，包括生地、毛地、熟地、旧房和在建工程等；投资开发后的状态，包括熟地和房屋（含土地）等；投资开发后的房地产的经营方式，包括出售（含预售）、出租（含预租）和自营等。

5.5.3 运用假设开发法估算的待开发房地产价值应为开发完成后的房地产价值扣除开发成本、管理费用、投资利息、销售税费、开发利润和投资者购买待开发房地产应负担的税费。

5.5.4 预测开发完成后的房地产价值，宜采用市场比较法，并应考虑类似房地产价格的未来变动趋势。

5.5.5 开发利润的计算基数可取待开发房地产价值与开发成本之和，或取开发完成后的房地产价值。利润率可取同一市场上类似房地产开发项目相应的平均利润率。

5.5.6 运用假设开发法估价必须考虑资金的时间价值。在实际操作中宜采用折现的方法；难以采用折现的方法时，可采用计算利息的方法。

5.6 基准地价修正法

5.6.1 运用基准地价修正法估价应按下列步骤进行：
1 搜集有关基准地价的资料；
2 确定估价对象所处地段的基准地价；
3 进行交易日期修正；
4 进行区域因素修正；
5 进行个别因素修正；
6 求出估价对象宗地价格。

5.6.2 进行交易日期修正，应将基准地价在其基准日期时的值调整为估价时点的值。交易日期修正的方法，同市场比较法中的交易日期修正的方法。

5.6.3 区域因素和个别因素修正的内容和修正的方法，同市场比较法中的区域因素和个别因素修正的内容和修正的方法。

5.6.4 运用基准地价修正法评估宗地价格时，宜按当地对基准地价的有关规定执行。

6 不同估价目的下的估价

6.0.1 房地产估价按估价目的进行分类，主要有下列类别：
1 土地使用权出让价格评估；
2 房地产转让价格评估；
3 房地产租赁价格评估；
4 房地产抵押价值评估；
5 房地产保险估价；
6 房地产课税估价；
7 征地和房屋拆迁补偿估价；
8 房地产分割、合并估价；
9 房地产纠纷估价；
10 房地产拍卖底价评估；
11 企业各种经济活动中涉及的房地产估价；
12 其他目的的房地产估价。

6.1 土地使用权出让价格评估

6.1.1 土地使用权出让价格评估，应依据《中华人民共和国城市房地产管理法》、《中华人民共和国土地管理法》、《中华人民共和国城镇国有土地使用权出让和转让暂行条例》以及当地制定的实施办法和其他有关规定进行。

6.1.2 土地使用权出让价格评估，应分清土地使用权协议、招标、拍卖的出让方式。协议出让的价格评估，应采用公开市场价值标准。招标和拍卖出让的价格评估，应为招标和拍卖底价评估，参照 6.10 房地产拍卖底价评估进行。

6.1.3 土地使用权出让价格评估，可采用市场比较法、假设开发法、成本法、基准地价修正法。

6.2 房地产转让价格评估

6.2.1 房地产转让价格评估，应依据《中华人民共和国城市房地产管理法》、《中华人民共和国土地管理法》、《城市房地产转让管理规定》以及当地制定的实施细则和其他有关规定进行。

6.2.2 房地产转让价格评估，应采用公开市场价值标准。

6.2.3 房地产转让价格评估，宜采用市场比较法和收益法，可采用成本法，其中待开发房地产的转让价格评估应采用假设开发法。

6.2.4 以划拨方式取得土地使用权的，转让房地产时应符合国家法律、法规的规定，其转让价格评估应另外给出转让价格中所含的土地收益值，并应注意国家对土地收益的处理规定，同时在估价报告中予以说明。

6.3 房地产租赁价格评估

6.3.1 房地产租赁价格评估，应依据《中华人民共和国城市房地产管理法》、《中华人民共和国土地管理法》、《城市房屋租赁管理办法》以及当地制定的实施细则和其他有关规定进行。

6.3.2 从事生产、经营活动的房地产租赁价格评估，应采用公开市场价值标准。

住宅的租赁价格评估，应执行国家和该类住宅所在地城市人民政府规定的租赁政策。

6.3.3 房地产租赁价格评估，可采用市场比较法、收益法和成本法。

6.3.4 以营利为目的出租划拨土地使用权上的房屋，其租赁价格评估应另外给出租金中所含的土地收益值，并应注意国家对土地收益的处理规定，同时在估价报告中予以说明。

6.4 房地产抵押价值评估

6.4.1 房地产抵押价值评估，应依据《中华人民共和国担保法》、《中华人民共和国城市房地产管理法》、《城市房地产抵押管理办法》以及当地和其他有关规定进行。

6.4.2 房地产抵押价值评估，应采用公开市场价值标准，可参照设定抵押权时的类似房地产的正常市场价格进行，但应在估价报告中说明未来市场变化风险和短期强制处分等因素对抵押价值的影响。

6.4.3 房地产抵押价值应是以抵押方式将房地产作为债权担保时的价值。

依法不得抵押的房地产，没有抵押价值。

首次抵押的房地产，该房地产的价值为抵押价值。

再次抵押的房地产，该房地产的价值扣除已担保债权后的余额部分为抵押价值。

6.4.4 以划拨方式取得的土地使用权连同地上建筑物抵押的，评估其抵押价值时应扣除预计处分所得价款中相当于应缴纳的土地使用权出让金的款额，可采用下列方式之一处理：

1 首先求取设想为出让土地使用权下的房地产的价值，然后预计由划拨土地使用权转变为出让土地使用权应缴纳的土地使用权出让金等款额，两者相减为抵押价值。此时土地使用权年限设定为相应用途的法定最高年限，从估价时点起计。

2 用成本法估价，价格构成中不应包括土地使用权出让金等由划拨土地使用权转变为出让土地使用权应缴纳的款额。

6.4.5 以具有土地使用年限的房地产抵押的，评估其抵押价值时应考虑设定抵押权以及抵押期限届满时土地使用权的剩余年限对抵押价值的影响。

6.4.6 以享受国家优惠政策购买的房地产抵押的，其抵押价值为房地产权利人可处分和收益的份额部分的价值。

6.4.7 以按份额共有的房地产抵押的，其抵押价值为抵押人所享有的份额部分的价值。

6.4.8 以共同共有的房地产抵押的，其抵押价值为该房地产的价值。

6.5 房地产保险估价

6.5.1 房地产保险估价，应依据《中华人民共和国保险法》、《中华人民共和国城市房地产管理法》和其他有关规定进行。

6.5.2 房地产保险估价，分为房地产投保时的保险价值评估和保险事故发生后的损失价值或损失程度评估。

6.5.3 保险价值应是投保人与保险人订立保险合同时作为确定保险金额基础的保险标的的价值。

保险金额应是保险人承担赔偿或给付保险金责任的最高限额，也应是投保人对保险标的的实际投保金额。

6.5.4 房地产投保时的保险价值评估，应评估有可能因自然灾害或意外事故而遭受损失的建筑物的价值，估价方法宜采用成本法、市场比较法。

6.5.5 房地产投保时的保险价值，根据采用的保险形式，可按该房地产投保时的实际价值确定，也可按保险事故发生时该房地产的实际价值确定。

6.5.6 保险事故发生后的损失价值或损失程度评估，应把握保险标的房地产在保险事故发生前后的状态。对于其中可修复部分，宜估算其修复所需的费用作为损失价值或损失程度。

6.6 房地产课税估价

6.6.1 房地产课税估价应按相应税种为核定其计税依据提供服务。

6.6.2 有关房地产税的估价，应按相关税法具体执行。

6.6.3 房地产课税估价宜采用公开市场价值标准，并应符合相关税法的有关规定。

6.7 征地和房屋拆迁补偿估价

6.7.1 征地和房屋拆迁补偿估价，分为征用农村集体所有的土地的补偿估价（简称征地估价）和拆迁城市国有土地上的房屋及其附属物的补偿估价（简称拆迁估价）。

6.7.2 征地估价，应依据《中华人民共和国土地管理法》以及当地制定的实施办法和其他有关规定进行。

6.7.3 拆迁估价，应依据《城市房屋拆迁管理条例》以及当地制定的实施细则和其他有关规定进行。

6.7.4 依照规定，拆除违章建筑、超过批准期限的临时建筑不予补偿；拆除未超过批准期限的临时建筑给予适当补偿。

6.7.5 实行作价补偿的，可根据当地政府确定公布的房屋重置价格扣除土地价格后结合建筑物成新估价。

6.7.6 依法以有偿出让、转让方式取得的土地使用权，根据社会公共利益需要拆迁其地上房屋时，对该土地使用权如果视为提前收回处理，则应在拆迁补偿估价中包括土地使用权的补偿估价。此种土地使用权补偿估价，应根据该土地使用权的剩余年限所对应的正常市场价格进行。

6.8 房地产分割、合并估价

6.8.1 房地产分割、合并估价应注意分割、合并对房地产价值的影响。分割、合并前后的房地产整体价值不能简单等于各部分房地产价值之和。

6.8.2 分割估价应对分割后的各部分分别估价。

6.8.3 合并估价应对合并后的整体进行估价。

6.9 房地产纠纷估价

6.9.1 房地产纠纷估价，应对纠纷案件中涉及的争议房地产的价值、交易价格、造价、成本、租金、补偿金额、赔偿金额、估价结果等进行科学的鉴定，提出客观、公正、合理的意见，为协议、调解、仲裁、诉讼等方式解决纠纷提供参考依据。

6.9.2 房地产纠纷估价，应按相应类型的房地产估价进行。

6.9.3 房地产纠纷估价，应注意纠纷的性质和协议、调解、仲裁、诉讼等解决纠纷的不同方式，并将其作为估价依据，协调当事人各方的利益。

6.10 房地产拍卖底价评估

6.10.1 房地产拍卖底价评估为确定拍卖保留价提供服务，应依据《中华人民共和国拍卖法》、《中华人民共和国城市房地产管理法》和其他有关规定进行。

6.10.2 房地产拍卖底价评估，首先应以公开市场价值标准为原则确定其客观合理价格，之后再考虑短期强制处分（快速变现）等因素的影响确定拍卖底价。

6.11 企业各种经济活动中涉及的房地产估价

6.11.1 企业各种经济活动中涉及的房地产估价，包括企业合资、合作、联营、股份制改组、上市、合并、兼并、分立、出售、破产清算、抵债中的房地产估价。这种估价首先应了解房地产权属是否发生转移，若发生转移，则应按相应的房地产转让行为进行估价；其次应了解是否改变原用途以及这种改变是否合法，并应根据原用途是否合法改变，按"保持现状前提"或"转换用途前提"进行估价。

6.11.2 企业合资、合作、股份制改组、合并、兼并、分立、出售、破产清算等发生房地产权属转移的，应按房地产转让行为进行估价。但应注意破产清算与抵押物处置类似，属于强制处分、要求在短时间内变现的特殊情况；在购买者方面在一定程度上与企业兼并类似，若不允许改变用途，则购买者的范围受到一定限制，其估价宜低于公开市场价值。

6.11.3 企业联营一般不涉及房地产权属的转移。企业联营中的房地产估价，主要为确定以房地产作为出资的出资方的分配比例服务，宜根据具体情况采用收益法、市场比较法、假设开发法，也可采用成本法。

6.12 其他目的的房地产估价

6.12.1 其他目的的房地产估价，包括房地产损害赔偿估价等。

6.12.2 房地产损害赔偿估价，应把握被损害房地产在损害发生前后的状态。对于其中可修复部分，宜估算其修复所需的费用作为损害赔偿价值。

7 估价结果

7.0.1 对不同估价方法估算出的结果,应进行比较分析。当这些结果差异较大时,应寻找并排除出现差异的原因。

7.0.2 对不同估价方法估算出的结果应做下列检查:
1 计算过程是否有误;
2 基础数据是否准确;
3 参数选择是否合理;
4 是否符合估价原则;
5 公式选用是否恰当;
6 选用的估价方法是否适宜估价对象和估价目的。

7.0.3 在确认所选用的估价方法估算出的结果无误之后,应根据具体情况计算求出一个综合结果。

7.0.4 在计算求出一个综合结果的基础上,应考虑一些不可量化的价格影响因素,对该结果进行适当的调整,或取整,或认定该结果,作为最终的估价结果。

当有调整时,应在估价报告中明确阐述理由。

8 估价报告

8.0.1 估价报告应做到下列几点:
1 全面性:应完整地反映估价所涉及的事实、推理过程和结论,正文内容和附件资料应齐全、配套;
2 公正性和客观性:应站在中立的立场上对影响估价对象价格或价值的因素进行客观的介绍、分析和评论,作出的结论应有充分的依据;
3 准确性:用语应力求准确,避免使用模棱两可或易生误解的文字,对未经查实的事项不得轻率写入,对难以确定的事项应予以说明,并描述其对估价结果可能产生的影响;
4 概括性:应用简洁的文字对估价中所涉及的内容进行高度概括,对获得的大量资料应在科学鉴别与分析的基础上进行筛选,选择典型、有代表性、能反映事情本质特征的资料来说明情况和表达观点。

8.0.2 估价报告应包括下列部分:
1 封面;
2 目录;
3 致委托方函;
4 估价师声明;
5 估价的假设和限制条件;
6 估价结果报告;
7 估价技术报告;

8 附件。

8.0.3 对于成片多宗房地产的同时估价，且单宗房地产的价值较低时，估价结果报告可采用表格的形式。除此之外的估价结果报告，应采用文字说明的形式。

8.0.4 估价报告应记载下列事项：

1 估价项目名称；
2 委托方名称或姓名和住所；
3 估价方（房地产估价机构）名称和住所；
4 估价对象；
5 估价目的；
6 估价时点；
7 价值定义；
8 估价依据；
9 估价原则；
10 估价技术路线、方法和测算过程；
11 估价结果及其确定的理由；
12 估价作业日期；
13 估价报告应用的有效期；
14 估价人员；
15 注册房地产估价师的声明和签名、盖章；
16 估价的假设和限制条件；
17 附件，应包括反映估价对象位置、周围环境、形状、外观和内部状况的图片，估价对象的产权证明，估价中引用的其他专用文件资料，估价人员和估价机构的资格证明。

8.0.5 估价报告中应充分描述说明估价对象状况，包括估价对象的物质实体状况和权益状况，其中：

1 对土地的描述说明应包括：名称，坐落，面积，形状，四至、周围环境、景观，基础设施完备程度，土地平整程度，地势，地质、水文状况，规划限制条件，利用现状，权属状况。

2 对建筑物的描述说明应包括：名称，坐落，面积，层数，建筑结构，装修，设施设备，平面布置，工程质量，建成年月，维护、保养、使用情况，地基的稳定性，公共配套设施完备程度，利用现状，权属状况。

8.0.6 估价报告中注册房地产估价师的声明应包括下列内容，并应经注册房地产估价师签名、盖章：

1 估价报告中估价人员陈述的事实，是真实的和准确的。
2 估价报告中的分析、意见和结论，是估价人员自己公正的专业分析、意见和结论，但受到估价报告中已说明的假设和限制条件的限制。
3 估价人员与估价对象没有（或有已载明的）利害关系，也与有关当事人没有（或有已载明的）个人利害关系或偏见。
4 估价人员是依照中华人民共和国国家标准《房地产估价规范》进行分析，形成意见和结论，撰写估价报告。

5 估价人员已（或没有）对估价对象进行了实地查勘，并应列出对估价对象进行了实地查勘的估价人员的姓名。

6 没有人对估价报告提供了重要专业帮助（若有例外，应说明提供重要专业帮助者的姓名）。

7 其他需要声明的事项。

8.0.7 估价报告应由注册房地产估价师签名、盖章并加盖估价机构公章才具有法律效力。在估价报告上签名、盖章的注册房地产估价师和加盖公章的估价机构，对估价报告的内容和结论负责任。

9 职 业 道 德

9.0.1 估价人员和估价机构不得作任何虚伪的估价，应做到公正、客观、诚实。

9.0.2 估价人员和估价机构应保持估价的独立性，必须回避与自己、亲属及其他有利害关系人有关的估价业务。

9.0.3 估价人员和估价机构若感到自己的专业能力所限而难以对某房地产进行估价时，不应接受该项估价委托。

9.0.4 估价人员和估价机构应妥善保管委托方的文件资料，未经委托方的书面许可，不得将委托方的文件资料擅自公开或泄漏给他人。

9.0.5 估价机构应执行政府规定的估价收费标准，不得以不正当理由或名目收取额外的费用，或降低收费标准，进行不正当的竞争。

9.0.6 估价人员和估价机构不得将资格证书借给他人使用或允许他人使用自己的名义，不得以估价者身份在非自己估价的估价报告上签名、盖章。

附录 A 估价报告的规范格式

A.0.1 封面：
（标题：）房地产估价报告
估价项目名称：（说明本估价项目的全称）
委托方：（说明本估价项目的委托单位的全称，个人委托的为个人的姓名）
估价方：（说明本估价项目的估价机构的全称）
估价人员：（说明参加本估价项目的估价人员的姓名）
估价作业日期：（说明本次估价的起止年月日，即正式接受估价委托的年月日至完成估价报告的年月日）
估价报告编号：（说明本估价报告在本估价机构内的编号）

A.0.2 目录：
（标题：）目录
一、致委托方函
二、估价师声明
三、估价的假设和限制条件

四、估价结果报告
（一）
（二）
……
五、估价技术报告（可不提供给委托方，供估价机构存档和有关管理部门查阅等）
（一）
（二）
……
六、附件
（一）
（二）
……

A.0.3　致委托方函：
（标题：）致委托方函
致函对象（为委托方的全称）
致函正文（说明估价对象、估价目的、估价时点、估价结果）
致函落款（为估价机构的全称，并加盖估价机构公章，法定代表人签名、盖章）
致函日期（为致函的年月日）

A.0.4　估价师声明：
（标题：）估价师声明
我们郑重声明：
1　我们在本估价报告中陈述的事实是真实的和准确的。
2　本估价报告中的分析、意见和结论是我们自己公正的专业分析、意见和结论，但受到本估价报告中已说明的假设和限制条件的限制。
3　我们与本估价报告中的估价对象没有（或有已载明的）利害关系，也与有关当事人没有（或有已载明的）个人利害关系或偏见。
4　我们依照中华人民共和国国家标准《房地产估价规范》进行分析，形成意见和结论，撰写本估价报告。
5　我们已（或没有）对本估价报告中的估价对象进行了实地查勘（在本声明中应清楚地说明哪些估价人员对估价对象进行了实地查勘，哪些估价人员没有对估价对象进行实地查勘）。
6　没有人对本估价报告提供了重要专业帮助（若有例外，应说明提供重要专业帮助者的姓名）。
7　（其他需要声明的事项）
参加本次估价的注册房地产估价师签名、盖章（至少有一名）。

A.0.5　估价的假设和限制条件：
（标题：）估价的假设和限制条件
（说明本次估价的假设前提，未经调查确认或无法调查确认的资料数据，估价中未考虑的因素和一些特殊处理及其可能的影响，本估价报告使用的限制条件）

A.0.6　估价结果报告：

(标题：)房地产估价结果报告

(一)委托方(说明本估价项目的委托单位的全称、法定代表人和住所,个人委托的为个人的姓名和住所)

(二)估价方(说明本估价项目的估价机构的全称、法定代表人、住所、估价资格等级)

(三)估价对象(概要说明估价对象的状况,包括物质实体状况和权益状况。其中,对土地的说明应包括：名称,坐落,面积,形状,四至、周围环境、景观,基础设施完备程度,土地平整程度,地势,地质、水文状况,规划限制条件,利用现状,权属状况；对建筑物的说明应包括：名称,坐落,面积,层数,建筑结构,装修,设施设备,平面布置,工程质量,建成年月,维护、保养、使用情况,公共配套设施完备程度,利用现状,权属状况)

(四)估价目的(说明本次估价的目的和应用方向)

(五)估价时点(说明所评估的客观合理价格或价值对应的年月日)

(六)价值定义(说明本次估价采用的价值标准或价值内涵)

(七)估价依据(说明本次估价依据的本房地产估价规范,国家和地方的法律、法规,委托方提供的有关资料,估价机构和估价人员掌握和搜集的有关资料)

(八)估价原则(说明本次估价遵循的房地产估价原则)

(九)估价方法(说明本次估价的思路和采用的方法以及这些估价方法的定义)

(十)估价结果(说明本次估价的最终结果,应分别说明总价和单价,并附大写金额。若用外币表示,应说明估价时点中国人民银行公布的人民币市场汇率中间价,并注明所折合的人民币价格)

(十一)估价人员(列出所有参加本次估价的人员的姓名、估价资格或职称,并由本人签名、盖章)

(十二)估价作业日期(说明本次估价的起止年月日)

(十三)估价报告应用的有效期(说明本估价报告应用的有效期,可表达为到某个年月日止,也可表达为多长年限,如一年)

A.0.7　估价技术报告：

(标题：)房地产估价技术报告

(一)个别因素分析(详细说明、分析估价对象的个别因素)

(二)区域因素分析(详细说明、分析估价对象的区域因素)

(三)市场背景分析(详细说明、分析类似房地产的市场状况,包括过去、现在和可预见的未来)

(四)最高最佳使用分析(详细分析、说明估价对象最高最佳使用)

(五)估价方法选用(详细说明估价的思路和采用的方法及其理由)

(六)估价测算过程(详细说明测算过程,参数确定等)

(七)估价结果确定(详细说明估价结果及其确定的理由)

A.0.8　附件：

(标题：)附件

估价对象的位置图，四至和周围环境图，土地形状图，建筑平面图，外观和内部照片，项目有关批准文件，产权证明，估价中引用的其他专用文件资料，估价人员和估价机构的资格证明等。

A.0.9 制作要求：

估价报告应做到图文并茂，所用纸张、封面、装订应有较好的质量。纸张大小应采用A4纸规格。

规范用词用语说明

1. 为便于在执行本规范条文时区别对待，对要求严格程度不同的用词说明如下：

（1）表示很严格，非这样做不可的用词：

正面词采用"必须"，反面词采用"严禁"；

（2）表示严格，在正常情况下均应这样做的用词：

正面词采用"应"，反面词采用"不应"或"不得"；

（3）表示允许稍有选择，在条件许可时首先应这样做的用词：

正面词采用"宜"，反面词采用"不宜"；

表示有选择，在一定条件下可以这样做的，采用"可"。

2. 规范中指定应按其他有关标准、规范执行时，写法为：

"应符合……的规定"或"应按……执行"。

参 考 文 献

1. 中国房地产估价师与房地产经纪人学会　编写. 房地产估价理论与方法. 北京：中国建筑工业出版社，2005
2. 中国房地产估价师与房地产经纪人学会　编写. 房地产估价案例与分析. 北京：中国建筑工业出版社，2005
3. 赵财福　赵小虹　编写. 房地产估价. 上海：同济大学出版社，2004
4. 中国房地产估价师与房地产经纪人学会　编写. 房地产估价报告精选 2004. 北京：中国建筑工业出版社，2004